本教材获广西大学行健文理学院教材建设项目（编号：X1743604）基金资助

跨境电商实用教程
（阿里篇）

主　编　覃玉荣
副主编　林镜福

光明日报出版社

图书在版编目（CIP）数据

跨境电商实用教程．阿里篇 / 覃玉荣主编．－－北京：
光明日报出版社，2023.4

ISBN 978－7－5194－7207－8

Ⅰ.①跨… Ⅱ.①覃… Ⅲ.①电子商务—商业经营—
教材 Ⅳ.①F713.365.2

中国国家版本馆 CIP 数据核字（2023）第 086393 号

跨境电商实用教程（阿里篇）
KUAJING DIANSHANG SHIYONG JIAOCHENG（ALI PIAN）

主　　编：覃玉荣

责任编辑：郭思齐　　　　　　责任校对：史　宁　李海慧
封面设计：中联华文　　　　　责任印制：曹　净

出版发行：光明日报出版社
地　　址：北京市西城区永安路 106 号，100050
电　　话：010－63169890（咨询），010－63131930（邮购）
传　　真：010－63131930
网　　址：http：// book. gmw. cn
E - mail：gmrbcbs@ gmw. cn
法律顾问：北京市兰台律师事务所龚柳方律师

印　　刷：三河市华东印刷有限公司
装　　订：三河市华东印刷有限公司
本书如有破损、缺页、装订错误，请与本社联系调换，电话：010－63131930

开　　本：170mm×240mm
字　　数：286 千字　　　　　　印　　张：17.5
版　　次：2023 年 4 月第 1 版　　印　　次：2024 年 1 月第 1 次印刷
书　　号：ISBN 978－7－5194－7207－8
定　　价：95.00 元

序言一

改革开放四十多年来,国家发生了翻天覆地的变化。以进出口贸易为例,全国进出口贸易总额已从 1978 年的 200 多亿元增至 2022 上半年的 19.8 万亿元。从全球的视野看,这个时移势变的进程还可以前移 30 年。以中、美、德、日四国出口占全球出口份额的变化为例,美国、德国和日本的出口份额已从 1948 年以来历史最高的 22%、12% 和 10% 分别下降到了 2015 年的 9%、8% 和 4%;与此同时,中国的出口份额却从 1948 年的不到 1% 上升至 2015 年的约 14%。尽管我国成为第一出口大国,但是德国的人口仅占全球总人口的 1.1%,却占据了全球出口市场 7% 的份额;我国的人口约占全球总人口的 18.9%,却仅占了约14% 的出口市场份额。这些数据表明,目前我们还仅仅是一个贸易大国,而不是贸易强国。

为了推进贸易强国建设,习近平在党的二十大报告中宣布了一系列顶层设计。这些顶层设计包括但不仅限于坚持推动构建人类命运共同体,奉行互利共赢的开放战略;坚持引进来和走出去并重,拓展对外贸易,培育贸易新业态新模式,推进贸易强国建设;实行高水平的贸易和投资自由化、便利化政策,大幅度放宽市场准入原则;探索建设自由贸易港;创新对外贸易方式,促进国际产能合作,形成面向全球的贸易、投融资、生产、服务网络,加快培育国际经济合作和竞争新优势;积极促进"一带一路"国际合作,打造国际合作新平台;支持多边贸易体制,促进自由贸易区建设,推动建设开放型世界经济等。

在建设贸易强国的进程中,跨境电子商务具有非常重要的战略意义。作为推动经济一体化、贸易全球化的贸易模式,跨境电子商务正在引起世界经济贸易的巨大变革。对企业来说,跨境电子商务构建的多边经贸模式,极大地拓宽了进入国际市场的路径,促进了多边资源的优化配置与企业间的互利共赢;对于消费者来说,跨境电子商务使他们可以更加便捷地获取其他国家的信息并买到物美价廉的商品。

因此,近年来跨境电子商务发展速度很快。根据中国跨境电商行业市场调研与发展前景的相关报告,2022 年中国出口跨境电商(含零售及 B2B)整体交易规模已经达到 7.73 万亿元,预计 2023 年中国出口跨境电商交易规模将突破 9 万亿元。由此可见,跨境电商在经济活动中的份额和重要性。

覃玉荣教授主编的《跨境电商实用教程(阿里篇)》顺应了跨境电商迅速发展的形势和对专门人才的需求。覃玉荣教授具有丰富的英语教学经验,并长期从事社会语言学、跨文化交际、国别和区域等领域的研究,在教学和科研方面都取得了丰硕成果。其他编者中既有教学经验丰富的大学教授和讲师,也有实践经验丰富的跨境电商企业经理,还有信息技术人员和相关管理人员。这个产学研技管协同的编写团队使得《跨境电商实用教程(阿里篇)》针对性强、内容丰富、特色明显,较好地融合了基础理论知识、最新电商规则、实操展示和案例分析,并预先设计了教材内容更新和后续操作平台的维护的保障措施。

在《跨境电商实用教程(阿里篇)》出版之际,我相信,本教材能有助于丰富高等院校外语类、经济与贸易类和工商管理类专业学生的跨境电商知识并提高相关能力。

中国国际贸易学会国际商务英语研究会名誉理事长
叶兴国
2022 年 6 月写于镜湖

序言二

近年来,跨境电子商务因移动智能终端的发展、互联网的普及和支付方式的便捷,展现出巨大的发展潜力。迄今,我国跨境电商平台企业已超过5000家,境内通过各类平台开展跨境电商的企业已超过20万家。2022年,我国海淘跨境电商交易总额约为20.5万亿元。预计到2023年,中国出口跨境电商交易规模将达9万亿元。疫情冲击下,全球平均在线购物时长增长47%,不同年龄段的消费者皆提高在线消费比例。

我国跨境电商的飞速发展,对高校跨境电商人才培养提出了新要求。《中国跨境电商人才报告》(2017)调查显示,企业海外业务越多,对各种综合性人才,特别是有外语能力和平台知识的综合性人才的需求就比较强烈。商务英语本科专业是一个新兴的跨学科专业,旨在培养复合型商务人才。2018年1月,教育部颁布的《外国语言文学专业本科教学质量国家标准》中提及的商务英语本科专业核心课程之一,就是《跨境电子商务》,旨在培养商务英语学生的跨境电子商务技能,为电商企业输送既懂英语,又懂跨境电商知识与操作技能的复合型人才。

人才的培养不仅需要一套合乎教育规律又具特色的课程体系,还需要一本合适的教材。广西大学外国语学院覃玉荣教授主编的《跨境电商实用教程(阿里篇)》正是在我国跨境电商快速发展大环境下,为培养英语类专业学生的跨境电商能力而推出的一本力作。该教材的编写取材于企业的一手资料,理论和实践相结合,实现了与相关电商联盟及其企业对跨境电商人才知识与技能要求的无缝对接。教材融合了跨境电商基础理论与操作技能、英语能力和跨文化交际能力的培养需求,非常适合我国高校英语类专业,特别是应用型本科高校商务英语专业学生使用。

该教材的编写出版从一个侧面反映了覃玉荣教授率领的团队的教研成果,"路漫漫其修远兮,吾将上下而求索",我深知教材编写之艰辛,一本教材的问世,凝聚了编写者的一片心血及对一个专业建设的热忱投入。当然,教材编写过程中也难免会出现一些错漏现象,诚望广大使用者在使用过程中给予批评指正,为该教材的进一步完善与提升提供真知灼见,与教材编写者一起,为培养学生跨境电商能力以及推动商务英语本科专业的发展而努力。

受教材主编覃玉荣教授委托,谨以此为序,与广大商务英语专家学者共勉。

中国国际贸易学会国际商务英语研究会副理事长兼秘书长

郭桂杭

2022 年 6 月写于广东外语外贸大学

序言三

一、本教材的编写目的

本教材是融知识性、实用性和实践性为一体的商务英语系列教材之一。本教材面向商务英语专业、英语专业、非英语专业本专科学生及广大跨境电子商务学习爱好者及相关研究者，着重培养学生 B2B 跨境电子商务（阿里篇）的基础知识、实践能力和创新创业能力，引入一线电商企业实际培训、操作内容与程序，能快速了解电子商务、跨境电子商务及其发展历程、B2B 阿里启橙、B2B 平台操作、B2B 询盘及成交、优秀 B2B 外贸企业案例分析及跨境电商商务礼仪与人员素质要求。

通过本教材的学习，第一，各类不同层次学生快速入门跨境电子商务。熟练掌握国际商务与国际贸易领域专业基础理论，跨境电子商务基本操作平台与客户管理系统。第二，学生熟知跨境电商企业对专业人员的要求与专业技能。了解国内外电子商务发展历程与趋势及国家、区域和社会经济发展的关系。第三，学生掌握跨境电商基础知识与基本英语表述。具备跨境商务英语能力，灵活处理和应对国际商务和国际贸易领域实际专业问题。第四，培养与提高商务英语、英语专业学生商务人文素养与跨文化交际能力。B2B 是跨境电子商务重要组成部分，需通晓跨境电商操作与国际贸易流程；电商人员除了需要基本操作技能，更重要的是具备较强沟通与跨文化交际能力。第五，增强多元文化意识、跨国合作意识，熟悉不同国家文化背景与知识，具备适应变化多样的国际环境能力。第六，学生具备较强的创新精神、创业意识与能力。综合运用所学知识，找到实现自我价值和社会价值的合适途径。

二、本教材特色与意义

本教材特色主要体现在如下几点。第一，针对商务英语专业学生、英语专业学生、非英语专业本专科学生及广大跨境电商爱好者,许多概念和专业术语运用中英文对照表述,是一本具备双语商务英语知识的教材。有利于学生进入企业实习或工作后,能快速进入角色,无英文障碍,得心应手地与外商打交道;这是本教材区别于其他跨境电子商务英语或电子商务英语书或教材的突出点与特色。第二,一改传统教材重视理论知识,缺乏实践操作,与企业要求与实际脱轨的诟病。本书注重实际操作讲解,图文并茂,直接使用企业第一手资料,内容翔实,囊括跨境电商英语或电子商务英语基本知识、运营实践、业务拓展、技术操作等领域,直观真实易懂,理论知识与实践、运营经验与实践案例相结合。第三,从企业经营管理者对外贸人才需要出发,与相关电商联盟及其企业要求无缝对接,让学习者迅速掌握跨境电商英语基础业务。第四,本教材每章开篇都有重点索引,每章结束都有思考问题与作业。依据学生的认知规律和实际水平,结合企业内部培训资料,实践操作上深入浅出,内容讲解由简单到综合,引导与调动学生学习的兴趣与主动性,培养学生思考问题与解决问题能力,促进学生自主学习能力与创新、创业能力的提高。

三、本教材写作框架

本教材在介绍基础理论知识的同时,结合最新电商规则、注重实操的展示、外贸案例等的分析与分享。同时可开通真实企业电商平台账号,教师在授课中可让学生直接操作、展示企业的电商平台和管理系统。本教材从学习者对事物的认知规律出发,由浅入深,由简单到系统地介绍跨境电子商务的背景及其操作需求。本教材将电商商务、国际贸易、进出口物流、跨文化交际等方面的理论内容融入实际的阿里巴巴国际站、亚马逊国际站、客户管理软件等电子商务平台的操作讲解中,在理论知识中结合操作、外贸案例分析。本教材结合阿里巴巴后台操作平台、联盟软件等平台操作,既有纸质书面内容讲解,又有实际可操作账号与运作平台。

本教材编委有多个高校教授、跨境电商大鳄、金牌讲师、技术人员及管理人员支撑,能保障教材教学信息的更新和后续操作平台的更新与维护。下面我们邀请主编和各章节作者,对整本书的编写工作和各章节进行简要介绍。

主编覃玉荣(广西大学外国语学院三级教授,博士):主要负责全书框架设计,确定篇章具体核心内容,编委整体分工与协调,全书总校、核校与质量把控等工作。

黄一臻、李珊珊(商务英语骨干教师):第一章介绍电子商务理论知识。本章介绍了电子商务及其发展历程以及它对区域经济的促进作用,跨境电商的定义、模式、优势以及跨境电商发展的四个阶段,并介绍了全球主要电商平台的特点,分析了跨境电商商务的发展模式以及各个模式的优缺点,分析了"一带一路"对跨境电商发展的影响;对国际物流的含义、特点、分类、国际物流系统进行了详细讲解,具体分析了国际主要物流运输线路网络的覆盖区域,结合跨境电商,介绍了跨境物流的特点以及主要的跨境物流方式,还涉及了境外配送及退货处理,重点介绍了海外仓模式兴起的原因及特点,提出了实现互联网+物流模式所需的关键技术,对比了第三方支付平台以及商业银行两种主要的跨境电子支付方式,最后对跨境电子商务人才所需具备的素质进行了说明。

林镜福(东莞"在一起"电子商务有限公司总经理)、万正发(商务英语骨干教师):第二章是 B2B 阿里启橙介绍(阿里篇)。本章标题"启橙"谐音"启程",用于表达阿里巴巴的企业文化,象征开启阿里巴巴跨境电商之旅。同时结合阿里巴巴国际站针对外贸业务学习的启橙学院和针对企业老板的交流分享的组织"橙功营"。本章主要介绍阿里巴巴国际站的名称开始"启橙",从实操的角度和实操截图的方式描述了阿里巴巴国际站的基本要素,以及平台注册和实地认证,同时也针对阿里巴巴国际站的 B2B 业务要求,对外贸从业人员素质进行了一些总结和归纳,也对作为阿里巴巴国际站的卖家中国供应商的工厂接待要求进行了剖析。本章通过 Alibaba.com 的例子,也为除了阿里巴巴之外的 B2B 平台的开通和使用提供参考。B2B 外贸万变不离其宗,只要遵循相应的规则,成功使用 B2B 平台,一定会为企业的外贸之路开拓一条新的渠道。

李佩锜、韦金凤老师(商务英语金牌讲师):第三章为本教材的重点内容之一,详细讲解 B2B 平台操作(阿里篇)。本章主要介绍了 B2B 平台(阿里巴巴国际站)的构成要素及平台的规则、术语(包括曝光占比、重要因素、网页定位等),在了解平台的基础上介绍了平台其前端页面分析及制作和平台的基本操作;在平台外贸业务操作上,重点讲解了阿里后台平台图片及产品发布等图片处理以及阿里后台旺铺的构成要素及其装修方法;在产品管理上,重点讲解三方面运营管理:一是产品方面,要对橱窗产品进行监控、管理、优化;二是店铺数据运营方面,各方面都有数据的沉淀;三是主动营销三个板块管理,即 RFQ 报价、营销管理和平台各类促销活动。在产品营销上,介绍外贸直通车、顶级展位、橱窗、采购直达的内容及其功能,使产品更加完善优化,带来高质量的询盘;在网页搜索引擎优化上,对关键词搜索、优化、产品优质引流、客户搜索分析等方面详细地讲解了常用的 SEO 及网页命令等内容。本章结合对 B2B 平台的基本介绍融合了平台各重点板块的操作讲解。读者在对 B2B 平台要素清晰了解的同时也能熟悉操作平台。

　　陈冰、李婷、宁静(商务英语骨干教师):第四章介绍 B2B 询盘及成交(阿里篇)。第一节主要介绍鉴别询盘的方法、回复询盘的原则以及处理询盘的技巧;第二节主要介绍客户分析的重要性、内容和技巧以及客户档案的建立;第三节主要讲解报价的技巧;第四节主要涉及外贸邮的功能简介和开通方法以及文件函电管理办法;第五节主要介绍了什么是客户验厂,验厂的目的、步骤、主要操作要点以及接待验厂客户的准备、陪同及结束后的具体实施方案和注意事项;第六节介绍中国进出口商品交易会、信用保障服务、优商专区以及 Google 推广,包括 BBS 营销、Twitter 服务、Facebook 服务、Google 网站;第七节主要涉及进出口代理、退税及物流,包括一达通进出口代理服务、退税服务、一达通物流服务,包括海运、国际空运、国际快递和国际陆运等内容。

　　潘彩霓(商务英语骨干教师):第五章优秀 B2B 外贸企业案例分析。本章共有四节,第一节介绍了阿里巴巴的基本情况,分析了其存在的优势和问题;第二节介绍了阿里巴巴的商业模式和理念,包括战略目标、目标客户、产品和服务收入来源与盈利、核心竞争力等;第三节介绍了阿里巴巴的经营模式与理念,包括阿里巴巴的组织机构、人力资源管理、阿里巴巴的企业文化;第四节介绍了阿里巴巴的技术模式和资本模式。

　　韦希杰(商务英语骨干教师):第六章讲解跨境电商商务礼仪与人员素质要求。它以跨境电商的商务礼仪和从业人员的素质要求为核心,分成四小节。第一节介绍了世界主要国家的商务礼仪文化和各国客户的消费习惯;第二节介绍了常用的外贸单证和国际结算方式;第三节介绍了一般进出口货物的基本通关程序以及报关单的分类和用途;第四节介绍了现代通信工具 Skype 和 WhatsApp 的主要功能和使用方法,外贸从业人员与客户在线沟通交流应注意的问题、时机和技巧,以及跨境电商人才的素质要求。本章知识是跨境电商从业人员需要了解的背景知识和需要掌握的基本技能,要注意理论联合实际,具体问题具体分析。

主编　广西大学外国语学院覃玉荣教授
2022 年 9 月 18 日于广西大学

目 录
CONTENTS

第一章

电子商务理论知识
（Electronic Commerce Theory）

学习要点

电子商务的定义

电子商务的类型

电子商务与区域经济发展的关系

跨境电子商务的含义和特点

跨境电子商务的支付方式

跨境电商与"一带一路"

国际物流的含义和特点

国际物流系统的运输子系统和储存子系统

海外仓的优势

互联网+物流

第一节　电子商务及其发展历程
（Electronic Commerce and Its Development）

　　"电子商务"是近年来的一个热门词汇,常常出现在报纸、电视、广播和新媒体中。进入 21 世纪以来,电子商务成为主要的商务模式,也是推动社会、经济和文化进步的重要力量。全球性的电子商务正逐渐渗透到人们生活的各个方面,并对人们的工作方式、商业关系,以及政府作用产生深远影响。

　　The term electronic commerce is heard frequently in corporate board rooms, in management meetings, on the news, in newspapers(both hard copy and on-line), and on Capitol Hill. Electronic commerce is one of the most common business terms in use as we embark on the 21st century.①

The amount of trade conducted electronically has grown extraordinarily since the rapid spread of the Internet. A wide variety of commerce is conducted in this way, which leads to innovations in many aspects such as electronic funds transfer, supply chain management, Internet marketing, online transaction processing, electronic data interchange and so on.②

那么,什么是电子商务? 电子商务有哪些特点和类型? 电子商务经历了怎样的发展历程? 本节将回答这些问题。

一、电子商务的定义(**Definition of Electronic Commerce**)

"电子商务"一词源于英文短语 Electronic Commerce,简写为 E-Commerce 或 e-commerce。顾名思义,电子商务包含两个方面的内容:一是电子方式,二是商务活动。

不少专家、学者对电子商务下过不同的定义。

Electronic Commerce refers to the buying and selling of products or services over electronic systems such as the Internet and other computer networks.③

E-Commerce is the use of the Internet and the Web to transact business. More formally, digitally enabled commercial transactions between and among organizations and individuals.④

玛丽莲·格林斯坦(Marilyn Greenstein)和托德·费恩曼(Todd Feinman)在《电子商务:安全、风险管理与控制》(*Electronic Commerce: Security Risk Management and Control*)一书中对电子商务做出如下定义:

利用电子传播媒体来从事产品和服务的买卖交换,这种交换包括数据信息和实体物品的传输。

The use of electronic transmission mediums (telecommunications) to engage in

---

① WANG Y. An English Course in E-Commerce [M]. Chongqing: Chongqing University Press, 2013:1.

② ZHANG H. An English Course for E-Commerce [M]. Beijing: China Water Power Press, 2014: 2.

③ ZHANG H. An English Course for E-Commerce [M]. Beijing: China Water Power Press, 2014: 2.

④ LAUDON K C, TRAVER C G. E-Commerce. Business. Technology. Society. [M]. New Jersey: Pearson Prentice Hall, 2008:10.

the exchange, including buying and selling, of products and services requiring transportation, either physically or digitally, from location to location.①

20世纪90年代中期,卡拉科塔(Kalakota)和温斯顿(Whinston)认为可以从不同的角度对电子商务下定义。

从通信角度来说,电子商务指通过电话线路、计算机网络或其他电子方式来传送信息、产品、服务或付款。从企业流程的角度看,电子商务指应用技术实现交易及工作流程的自动化。从服务角度看,电子商务是一种帮助公司、消费者和管理者减少服务成本、提高产品质量、加快服务速度的工具。从在线角度看,电子商务通过因特网及其联机服务提供商品与信息的购买和销售。

From a communication perspective, Electronic Commerce is the delivery of information, products/services, or payments over telephone lines, computer networks, or any other electronic means. From a business process perspective, Electronic Commerce is the application of technology toward the automation of business transactions and work flow. From a service perspective, Electronic Commerce is a tool that addresses the desire of firms, consumers, and managers to cut service costs while improving the quality of goods and increasing the speed of service delivery. From an online perspective, Electronic Commerce provides the capability of buying and selling products and information on the Internet and other online services.②

2009年,美国学者阿瓦德(Awad)在他的著作《电子商务:从愿景到实现》(*Electronic Commerce:From Vision to Fulfillment*)中也认为应该从多个方面定义电子商务。

从通信的角度看,它具有通过网络(如互联网)来交付产品、提供服务和信息或进行支付的能力。

从接口的观点来看,电子商务意味着信息和交易的交换:B2B(企业对企业)、B2C(企业对客户)、C2C(客户对客户)和B2G(企业对政府)。

作为商业过程,电子商务意味着一种通过网络连接支持商业电子化的活动。例如,商业过程(如产品制造和库存)以及B2B过程(如供应链管理),都可以由与B2C过程中同样的网络所管理。

---

① GREENSTEIN M,FEINMAN T M.Electronic Commerce:Security,Risk Management and Control [M].New York:McGraw-Hill,1999:2.
② KALAKOTA R,WHINSTON A B.Electronic Commerce:A Manager's Guide [M].Indianapolis:Addison-Wesley Professional,1997:3.

从在线角度看,电子商务是一个电子环境,允许卖家在因特网上买卖产品、服务和信息。产品可以是物质的,如汽车;也可以是服务,如新闻或咨询。

作为结构,电子商务处理不同的媒介,包括数据、文本、网页、网络电话和网上视频。

作为市场,电子商务是一个世界范围的网络。本地小店只要在网上开一个门面,那么就会发现整个世界就在门外——客户、供货商、竞争者和支付服务,当然广告是必须的。

There are several ways of defineding e-commerce:

From a communication perspective, it has the ability to deliver products, services, information, or payments via over the networks like the Internet.

From an interface point of view, e-commerce means information and transaction exchanges: business-to-business(B2B), business-to-consumer(B2C), consumer-to-consumer(C2C), and business-to-government(B2G).

As a business process, e-commerce means an activity that supports commerce electronically by networked connections. For example, business processes like manufacturing and inventory and business-to-business processes like supply chain management are managed by the same networks as business-to-consumer processes.

From an online perspective, e-commerce is an electronic environment that allows sellers to buy and sell products, services, and information on the Internet. The products may be physical, like cars, or services like news or consulting.

As a structure, e-commerce deals with various media: including data, text, Web pages, Internet television, and Internet desktop video.

As a market, e-commerce is a worldwide network. A local store can open a Web storefront and find the world at its doorstep-customers, suppliers, competitors, and payment services. Of course, an advertising presence is essential.[1]

张润彤在其《电子商务》一书中指出,电子商务包含以下几层含义。

采用多种电子方式,特别是采用互联网(Internet)方式。

实现商品交易、服务交易(其中包含人力资源、资金和信息服务等)。既包含企业间的商务活动,又包含企业内部的商务活动(生产、经营、管理和财务

---

① AWAD E M. Electronic Commerce: From Vision to Fulfillment [M]. Beijing: Posts & Telecom Press, 2009:7-8.

等）。

涵盖交易的各个环节，如询价、报价、订货和售后服务等。采用电子方式是形式，跨越时空、提高效率是主要目的。

综合以上分析，可以针对电子商务做出如下定义：电子商务是各种具有商业活动能力和需求的实体（生产企业、商贸企业、金融企业、政府机构、个人消费者等）为了跨越时空限制，提高商务活动效率，采用信息通信技术实现商品交易和服务交易的一种贸易形式。①

根据这些定义我们知道，电子商务指使用电子方式进行交易。这些电子方式包括早期的电报、电话和电子邮件、现代社会的国家信息基础设施（National Information Infrastructure）和全球信息基础设施（Global Information Infrastructure）。电子商务又可以指掌握信息技术和贸易条例的人士在商品和信息交易过程中系统地采用电子方式提高交易效率、降低成本的过程。

电子商务有四个构成要素，分别是电子商城（Electronic Mall）、消费者（Consumer）、商品（Commodity）和物流（Logistics）。电子商务区别于传统商务的关键是电子商城取代了传统的有形市场。

电子商城是销售日常用品、书籍、服饰、鞋帽、玩具、软件、唱片和家电等物品并送货上门的网络购物平台，人们熟悉的电子商城有天猫商城、亚马逊商城、京东商城、当当网、凡客诚品、唯美购网上商城、搜房家居商城等。

"物流"这个概念于20世纪30年代起源于美国，原意为"实物分配"或"货物配送"。1963年，物流概念被引入日本，其日文的意思是"物的流通"。我国的"物流"一词是从日文资料引进来的，根据我国相关的国家标准，物流的定义："物流是供应链（Supply Chain）活动的一部分，是将信息、采购、运输、仓储、保管、装卸搬运以及包装等物流活动综合起来的一种新型的集成式管理，其任务是尽可能降低物流的总成本，为顾客提供最好的服务。"②

Logistics is defined as the process of planning, implementing and controlling the efficient and cost-effective flow, storage of raw materials, in-process inventory, finished goods and related information from the point of origin to the point of consumption, for the purpose of conforming to customer requirements.③

---

① 张润彤.电子商务（第三版）[M].北京：科学出版社，2014：4.
② 杨长春，顾永才.国际物流 [M].北京：首都经济贸易大学出版社，2015：4.
③ ZHANG H.An English Course for E-Commerce [M].Beijing：China Water Power Press，2014：146.

全球十大物流公司为美国联合包裹运送服务公司(UPS快递)、联邦快递公司(FedEX)、德国邮政世界网(Deutsche Post World Net)、马士基集团(A.P. Moller-Maersk Group)、日本运通公司(Nippon Express)、莱德系统(Ryder System)、TNT快递公司(TNT Post Group)、康捷国际公司(Expeditors International)、泛亚班拿(Panalpina)、英运物流(Exel)。我国主要的物流公司为中国远洋运输(集团)总公司、中国海运(集团)总公司、中国对外贸易运输(集团)总公司、中国物资储运总公司、中国国际货运航空有限公司等。"物流可能是创造企业利润的源泉,也可能是吞噬企业利润的无底黑洞,是企业取得竞争优势的关键。"[①]

电子商城、消费者、商品和物流四个要素互相作用,完成三个目标:买卖、合作和服务。"买卖"指的是各大网络平台为消费者提供质优价廉的商品,吸引消费者购买的同时促使更多商家入驻。"合作"的意思是电子商务企业与物流公司建立合作关系,为消费者的购买行为提供最终保障。"服务"强调为消费者提供良好的购买服务和舒适体验,从而实现再次交易。

从这几个构成要素可以看出,电子商务本质上是电子商务实体围绕交易事务通过电子市场发生的经济活动关系。这些经济活动关系是通过物流(Logistics)、资金流(Capital Flow)、商流(Business Flow)和信息流(Information Flow)来实现的。商流是物流、资金流和信息流的起点和前提。一方面,没有商流就很难产生物流、资金流和信息流。另一方面,没有配套的物流、资金流和信息流,商流也不可能实现。

例如,两个企业通过电子方式达成了一笔供货协议,签订了合同,商流就开始了。接下来进入物流环节,将货物进行包装、装卸、保管和运输。接下来是付款环节,即进入资金流的过程。买卖交易、物流和资金流三大过程都离不开信息的传递和交换。也就是说,没有及时的信息流就没有顺畅的商流、物流和资金流。没有资金流,商流不会成立,物流也不会发生。

二、电子商务的主要类型(Classification of Electronic Commerce)

按电子商务交易双方的不同,主要的电子商务的运行模式有企业间的电子商务(B2B)、企业对消费者的电子商务(B2C)和消费者间的电子商务(C2C)。

B2B transactions primarily target companies and other wholesale buyers, while

---

①　杨长春,顾永才.国际物流［M］.北京:首都经济贸易大学出版社,2015:4.

transactions targeting individuals are called B2C, or business – to – customer. Many organizations have both B2B and B2C components, but it's not unusual for a company to specialize in B2B services or sales. In fact, the vast majority of products and services sold are considered to be B2B in nature.①

（一）企业间的电子商务（B2B）

Business-to-business(B2B) refers to a situation where one business makes a commercial transaction with another. Most of Electronic Commerce is of this type. It includes electronic market transactions between organizations.②

企业间的电子商务（Business-to-business，简称 B2B）指企业供应商与代理商及其他合作伙伴之间利用电子技术的商务往来。如利用计算机通信网络交换信息，传递各种票据，支付货款等。目前 B2B 的主要形式以企业间的产品批发业务为主，因此 B2B 也称为批发电子商务。

目前，应用最广泛的 B2B 型电子商务是基于交易中介服务平台的模式，即交易双方企业之间的一切活动都是通过中介服务平台提供的各种电子商务服务实现的。B2B 电子商务服务商一般能够为企业提供从构建企业网站到网站推广、贸易撮合等一系列的专业服务，为企业顺利使用互联网开展电子商务提供极大的便利。如全球最大的网上交易市场阿里巴巴就是著名的企业间（B2B）电子商务服务公司，它为来自 220 个国家和地区的 200 多万企业和商人提供网上商务服务，是全球首家拥有百万商人的商务网站。

B2B 电子商务运作模式有五项竞争优势：使买卖双方信息交流快捷而且成本低廉，降低企业间的交易成本，减少企业的库存，缩短企业的生产周期和 24 小时/7 天无间断运作。③

（二）企业对消费者的电子商务（B2C）

Business– to– consumer is retailing transactions with individual shoppers. The typical shopper at Amazon.com is a consumer, or customer.④

---

① ZHANG H. An English Course for E–Commerce ［M］. Beijing：China Water Power Press，2014：43.

② WANG Y. An English Course in E–Commerce ［M］. Chongqing：Chongqing University Press，2013：13.

③ 张润彤. 电子商务（第三版）［M］. 北京：科学出版社，2014：43.

④ WANG Y. An English Course in E–Commerce ［M］. Chongqing：Chongqing University Press，2013：3.

Just as the term "e-commerce" refers to all online transactions, B2C stands for "business-to-consumer" and applies to any business or organization that sells its products or services to consumers over the Internet for its own use. When most people think of B2C e-commerce, they think of Amazon.com, the online bookseller that launched its site in 1995 and quickly took on the nation's major retailers. In addition to online retailers, B2C has grown to include services such as online banking, travel services, online auctions, health information and real estate sites.[①]

企业对消费者的电子商务(Business-to-consumer,简称 B2C)是人们最熟悉的一种电子商务类型,其交易起点为企业,终点为消费者。这种形式的电子商务一般以网络零售业为主,主要借助互联网开展在线销售活动。企业通过互联网为消费者提供一个新型的购物环境——网上商店,消费者在网上购物及支付。亚马逊、当当网和苏宁等 B2C 平台致力于满足用户一站式的购物需求。

B2B 和 B2C 是目前较为常见的电子商务模式,它们的不同点体现在五个方面。第一,B2B 侧重于与其他企业的交易,而 B2C 侧重于与个体顾客的交易。第二,B2B 主要是大宗且交易间隔时期较为固定的模式,B2C 不具备量大、定期重复等特点。第三,B2B 的支付方式比 B2C 更多样。第四,对许多 B2B 买家来说,采购是他们工作的一部分。他们购物不是为了自己,而是别人付工资让他们这么做,购物花的也是别人的钱。第五,因为 B2B 买家会再次购买,甚至定期购买,所以买卖双方的关系比 B2C 买卖双方的关系更密切。

(三)消费者间的电子商务(C2C)

In this category, consumers sell directly to consumers. Examples are individuals selling in classified ads and selling residential property, cars and so on. Advertising personal services on the Internet and selling the knowledge and expertise is another example of C2C. Several auction sites allow individuals to put items up for auctions. Finally, many individuals are using intranet and other organizational internal networks to advertise items for sale or services.[②]

消费者间的电子商务(Consumer-to-consumer,简称 C2C)。网上拍卖就是典型的 C2C 型电子商务的应用。它通过互联网为买卖双方消费者提供一个在

---

① ZHANG H. An English Course for E-Commerce [M]. Beijing: China Water Power Press, 2014: 47.

② WANG Y. An English Course in E-Commerce [M]. Chongqing: Chongqing University Press, 2013: 3.

线交易平台,使卖方可以主动提供商品上网拍卖,而买方可以自行选择商品进行竞价。典型的 C2C 网站包括美国的 eBay 和中国的天猫商城。

虽然企业和消费者是电子商务的主角,但由于企业和个人消费者总是要与政府及其他事业性组织打交道,各级政府机构作为经济、文化和社会活动的参与者、管理者和服务者也不可避免地被卷入这场信息革命中来,逐步形成了企业与政府(B2G)、消费者与政府(C2G)、政府机构之间(G2G)等电子商务类型,从政府角度来看也可被称为电子政务,属广义电子商务范畴。

三、电子商务的特点(Features of Electronic Commerce)

高效性(High efficiency):电子商务最基本的特点是为买卖双方提供高效的服务。例如,网上购物为消费者提供了方便、快捷的购物方式,为商家提供了遍布世界的、有巨大消费潜力的消费群体。网络销售可以为企业省下大量的开销,不需要大量营业员,不需要实体店铺;在大数据时代,企业可以记录下客户每次访问和购买的情况,从而为产品的生产和研发提供有效的信息;销售平台能根据客户的访问内容较为准确地判断出他们的购买意愿,从而向他们推送相关商品信息,提高交易成功率。

方便性(Convenience):传统的交易方式易受时间、空间和天气的限制。传统交易场所的营业时间有限制,消费者不能随时选购商品。消费者只能在自己居住区域的商店购物,可挑选的商品不多。如果天气不好,消费者便无法出门消费。在电子商务环境中,消费者能打破这些限制,不仅可以在更大的范围内,在更多的商铺里挑选商品,还可以在任何时间、任何地点、任何天气状况下尽情购物。

社会性(Sociality):电子商务的目标是实现商品的网上交易,这个过程是比较复杂的。商务活动是一种协调运作的过程,它需要雇员和客户、生产方与供货方、销售方与购买方之间的相互协调。电子商务要以各种相关技术和系统的协同处理来保证交易的顺利完成。电子商务还涉及许多问题,如商品和资金流转方式的变革,法律的保障,政府的支持与统一管理,公众对网上购物的认可等。这些问题,不是一个企业或部门能够解决的,需要全社会的努力和协调才能最终实现。

国际性(Internationality):因特网/国际互联网(Internet)是由那些使用公用语言互相通信的计算机连接而成的全球网络。使用者一旦连接到它的任何一个节点上,那么他的计算机就已经连入因特网上了。因特网是一个全球性的巨大的计算机网络体系,它把全球数百万个计算机网络、数亿台计算机主机连接起来,包含了无穷无尽的信息资源,向全世界提供信息服务。基于因特网的电子商务让企业或消费者不受地域限制,在全球范围内进行交易。不但跨国大公司可以进行全球性的商务活动,中小企业也能进入国际市场,开拓商机。例如,我国消费者可以在天猫商城的天猫国际板块购买澳大利亚的乳制品、美国的服饰和鞋包、韩国的化妆品或日本的数码产品。

四、电子商务的发展历程(Development of Electronic Commerce)

现代电子商务起步于 20 世纪 90 年代,它的发展得益于全球经济一体化(Global Economic Integration)的快速发展,得益于信息处理技术(Information Processing Technology)和通信技术(Communication Technology)的迅速发展。

在《电子商务案例》(*Cases in Electronic Commerce*)一书中,西德尼·霍夫(Sidney Huff)、迈克尔·韦德(Michael Wade)、迈克尔·帕伦特(Michael Parent)、斯科特·施尼博格(Scott Schneberger)等学者提出了电子商务的起始时间。

1995 is usually cited as the first year in which the Internet first began to be taken seriously as a basis for commerce.[1]

从世界各国电子商务的发展情况来看,北美地区的电子商务发展较快。近几年,北美地区在线零售额以每年翻几番的速度增长。虽然欧洲电子商务的起步晚于美国,但它的发展也很快。

欧美国家电子商务飞速发展的原因包括以下几点。[2]

网民普及率高:欧美国家拥有电脑的家庭、企业众多,网民占总人口的三分之二以上,优裕的经济条件和庞大的网民群体为电子商务的发展创造了良好的环境。

网络支付体系完善:欧美国家普遍实现信用卡消费制度,每个人有一个独一无二的信用代码,持此卡进行消费。发卡银行允许持卡人大额度透支,但持卡人需要在限定的时间内还款。如果企业或个人恶意透支后不还款就会在信用记录上留下污点。所以,持卡人一般会及时在网购后还款。

物流配送体系完善:第二次世界大战后,许多美国企业将军队后勤保障体

---

① HUFF S.Cases in Electronic Commerce [M].New York:Irwin McGraw-Hill,2000:4.
② 张润彤.电子商务(第三版)[M].北京:科学出版社,2014:31.

系的运作模式有效地加以改造,建立了星罗棋布的物流配送网络。在电子商务时代到来后,美国只需将各个配送点用电脑连接起来就制造出完善、高效的配送网络。不同地区的网民往往能在网上购物的当天或第二天收到自己购买的物品。

我国电子商务的发展经历了五个阶段。

1999—2002 年是我国电子商务的萌芽阶段。当时,中国网民的数量非常少,仅 1000 万,网民们主要使用网络来收发电子邮件或浏览新闻。欧美电子商务发展初期,许多小型企业并没有积极主动地采用新技术参与电子商务的发展,而中型企业意识到了信息科技的重要性。

When Information Communication Technology applications, such as personal computers, modems and e-mail, were first introduced, small businesses, especially the smaller microfirms, were initially slow to adopt the new technologies…Medium firms in the ICT sector, business services, distribution and manufacturing are likely to be more aware of new applications and to have in-house ICT skills and so be more open to a technology-push approach.[①]

在科技技术应用这方面,我国的情况与欧美的情况相似。由于网民、技术、企业与市场都未成熟,所以这一时期仅产生了以 8848 网站为代表的少量较为成功的电子商务网站。

2003—2006 年是我国电子商务的高速发展阶段。这一阶段网民大量增加,他们逐步接受了网络购物方式。许多中小型企业获得 B2B 电子商务订单。电子商务基础环境不断成熟,物流、支付等瓶颈得到解决。卓越、当当、阿里巴巴、淘宝、京东多媒体网等电子商务企业成为互联网领域的热点。

2007—2010 年是我国电子商务的纵深发展阶段。这一时期,电子商务不再是互联网企业的天下,传统企业纷纷涌入电子商务领域。阿里巴巴的上市标志着 B2B 企业进入了规范发展阶段。京东商城等网购平台的火爆让数不清的传统商家跟进。

"十二五"时期是我国电子商务行业的迅猛发展阶段。电子商务产业规模迅速扩大,电子商务信息、交易和技术等服务企业不断涌现。国家发展改革委

① GRAY C.Impact of E-Commerce on Small Firms:Stage Models of ICT Aadoption in Small Firms [M]//ZAPPALA S, GRAY C. Impact of E-Commerce on Consumers and Small Firms. Hampshire:Ashgate Publishing Limited,2006:4.

出台一系列政策措施,从可信交易、移动支付、网络电子发票、商贸流通和物流配送共 5 方面支持电子商务发展。在可信交易方面,国家市场监督管理总局推进电子商务交易主体、客体和交易过程中基础信息的规范管理和服务;质检总局着力建立电子商务交易产品基础信息的规范化管理制度,建立基于统一产品编码体系的质量公开制度;商务部着力推进信用监测体系的建设。在移动支付方面,中国人民银行针对当前移动支付快速发展的需求,制定移动支付发展的具体政策,引导商业银行、各类支付机构实施移动支付的金融行业标准。在网络电子发票方面,国家税务总局推进网络电子发票试点,完善电子发票的管理制度和标准规范;财政部研究完善电子快捷档案的管理制度。在商贸流通领域,商务部会同有关部门进一步完善交易、物流配送、网络拍卖领域的电子商务应用的政策、管理制度和标准规范。在物流配送方面,国家邮政局建立重点地区快递准时通报机制,健全电子商务配送系列保障措施,同时创新电子商务快递服务机制。

"十三五"以来,我国电子商务的发展日趋成熟。2020 年全国网上零售额达 11.76 万亿元,同比增长 10.9%,实物商品网上零售额达 9.76 万亿元,同比增长 14.8%,占社会消费品零售总额的比重接近四分之一。电子商务规模持续扩大,创新融合不断加速,引领作用日益凸显。①

参考文献

[1]杨长春,顾永才.国际物流［M］.北京:首都经济贸易大学出版社,2015.

[2]张润彤.电子商务(第三版)［M］.北京:科学出版社,2014.

[3]商务部.2020 年全年网络零售市场发展情况［R/OL］.商务部网站,2021-01-25.

[4] AWAD E M. Electronic Commerce:From Vision to Fulfillment［M］.Beijing:Posts & Telecom Press,2009.

[5] GRAY C.Impact of E-Commerce on Small Firms:Stage Models of ICT Adoption in Small Firms［M］//ZAPPALA S,GRAY C.Impact of E-Commerce on Consumers and Small Firms.Hampshire:Ashgate Publishing Limited,2006.

[6] GREENSTEIN M,FEINMAN T M. Electronic Commerce:Security,Risk Management and Control［M］.New York:McGraw-Hill Education,1999.

---

① 商务部.2020 年全年网络零售市场发展情况［R/OL］.商务部网站,2021-01-25.

［7］HUFF S.Cases in Electronic Commerce［M］.New York：Irwin McGraw-Hill,2000.

［8］KALAKOTA R,WHINSTON A B.Electronic Commerce：A Manager's Guide［M］.Indianapolis：Addison-Wesley Professional,1997.

［9］LAUDON K C,TRAVER C G.E-Commerce.Business.Technology.Society.［M］.New Jersey：Pearson Prentice Hall,2008.

［10］WANG Y.An English Course in E-Commerce［M］.Chongqing：Chongqing University Press,2013.

［11］ZHANG H.An English Course for E-Commerce［M］.Beijing：China Water Power Press,2014.

第二节 电子商务与区域经济发展
（Electronic Commerce and Regional Economic Development）

2015 年,我国进入"互联网+"时代。李克强在政府工作报告中提出,制订"互联网+"行动计划（Internet Plus Initiative）,推动移动互联网（Mobile Internet）、云计算（Cloud Computing）、大数据（Big Data）、物联网（Internet of Things）等与现代制造业（Modern Manufacturing）结合,促进电子商务（E-commerce）、工业互联网和互联网金融（Internet Finance）健康发展,引导互联网企业拓展国际市场（Guide International Expansion by Internet Companies）。在"互联网+"时代,以互联网为基础的电子商务将广泛应用于人类生产和生活的各个领域,并将在全球经济发展中发挥推动作用。①

Implementation of the "Internet Plus" initiative in promoting the development of Electronic Commerce has become a trend and more innovative business models are seen in the area. "Apart from traditional online retails,Cross-border E-commerce, rural E-commerce and online services,the white-hot boom of the online to offline （O2O） models indicates that E - commerce has gone deep into traditional industries," said Nie Linhai,deputy director-general of the department of electronic

---

① 新华社.国务院就积极推进"互联网+"行动印发《指导意见》［R/OL］.中国政府网,2015-07-4.

commerce and information at the Ministry of Commerce, during the 2015 China - Beijing E-commerce Conference(CBEC).

电子商务对区域经济发展的积极影响包括拉动区域经济内需(Stimulate Domestic Demand),改革区域经济增长模式与调整区域经济结构(Promote the Transformation of Economic Development Mode and Structural Adjustment),促进区域新型城镇化建设(Promote New Urbanization Construction),促进区域特色发展(Promote Development of Regional Characteristics),推动区域制造业升级与就业(Promote the Upgrading of Manufacturing Industry and Employment)。[①]

一、拉动经济内需(Stimulating Domestic Demand)

进入21世纪,我国人民生活水平提高,网民的数量越来越多。第47次《中国互联网络发展状况统计报告》指出,截至2020年12月,我国网民规模达9.89亿人。[②] 他们分布于我国的各个地区,成为区域电子商务发展的拉动力量。与实体商务相比,电子商务平台出售的商品种类更加齐全,功能更加完善,设计更加新颖,价格更加低廉,这极大刺激了消费者,特别是众多网民的消费欲望。

Electronic Commerce allows some merchandise to be sold at lower prices, thereby increasing people's standard of living. It enables people in developing countries and rural areas to enjoy products and services that are otherwise not available.

2020年,天猫"双十一"当天的交易额超4982亿元,京东直播带货6秒破亿元,全国一天处理快递6.75亿件。[③] 从这些金额数可以看出,我国网民有很强的购买需求和购买力,我国的消费品市场在电子商务的拉动下不断扩大,电子商务有利于拉动区域经济内需。

---

① Rana Deljavan Anvaria, Davoud Norouz. The impact of e-commerce and R&D on economic development in some selected countries [C]. 5th International Conference on Leadership, Technology, Innovation and Business Management 2015, ICLTIBM 2015, 10 - 12 December 2015, Istanbul, Turkey, in Procedia Social and Behavioral Sciences[J]. Edited by Cemal Zehir, Esra Erzenginözdemir Volume 229, Pages 1-452(19 August 2016)

② 中国互联网信息中心.中国互联网络发展状况统计报告[R/OL].中国互联网络信息中心网,2021-02-3.

③ 新华社.中国消费"火起来"全球市场"动起来"——2020年"双11"观察[R/OL].中国政府网,2020-11-13.

二、改革经济增长模式与调整经济结构(Promoting the Transformation of Economic Development Mode and Structural Adjustment)

要使我国国民经济持续、快速、健康发展,推动社会全面进步,就必须实现经济增长方式的根本转变,即由粗放型增长方式(Extensive Growth)向集约型增长方式(Intensive Growth)转变。目前,我国经济正由低级结构向高级结构转变,经济结构不断优化,区域经济的协调发展也是经济改革的目标。

大力发展服务业(Vigorously Develop the Service Industry)是实现经济结构调整的重要途径。电子商务本质上是一种服务业,它具有高效性、方便性和社会性等特点。它通过资源共享方式(Sharing Resources)实现了传统服务业(Traditional Service Industry)与互联网的结合,使不同的产业联系更紧密,使不同的企业合作更默契。单个企业的核心职能得到增强,相关企业群也能因此增加竞争力。此外,电子商务还有利于推动制造业与服务业的融合(Promote the Integration of Manufacturing Industry and Service Industry),贡献更多的产值给区域经济,并进一步优化(Optimize)区域经济结构与产业结构。

网络教学是在一定教学理论和思想指导下,应用多媒体和网络技术,通过教师、学生、媒体等多边、多向互动和对多种媒体教学信息的收集、传输、处理、共享,来实现教学目标的一种教学模式。网络教学是电子商务的应用,也是教学机构服务社会的重要手段。典型的网络教学平台有网易云课堂、传课网、YY教育以及各种公益的公开课等。

Electronic Commerce can also make products and services available in remote areas.For example,distance education is making it possible for people to learn skills and earn degrees no matter where they live or which hours they have available for study.①

三、促进区域新型城镇化建设(Promoting New Urbanization Construction)

传统的城镇化发展以中心城市(Center City)为核心,以集中式城镇化(Centralized Urbanization)为特点。当今世界网络技术、通信技术和信息技术飞速发展,互联网在全球普及,电子商务蓬勃发展,这些因素促进了新型城市化建设。城镇不再围绕中心城市发展,逐渐改为区域分布式城镇化(Distributed Urbanization),小规模城镇化初步形成。资源配置(Resource Allocation)也由物

---

① SCHNEIDER G P.E-Business [M].Beijing:China Machine Press,2009:18.

资聚集方式(Material Accumulation)转变为门对门方式(Door-to-Door Resource Allocation),配置效率显著提高(Improve the Efficiency of Resource Allocation)。

四、电子商务有利于促进区域特色发展(**Promoting Development of Regional Characteristics**)

有些区域具有比较有特色的产品和文化(Unique Products and Cultures),但是在实体商务条件下它们难以推广。制造商可以利用电子商务平台大范围地宣传自身的特色和文化,打造区域优势品牌。

广西是全国较大的热带水果生产基地,每年生产出大量的百香果、香蕉、芒果、火龙果、波罗蜜、木瓜和番石榴。广西在线下交易的基础上注重将产品放到电子商务平台上销售。比如,每年8月,广西产的百香果、番石榴、芒果和火龙果放到天猫超市网络平台的生鲜水果板块销售,这一措施拓展了广西的水果市场,也形成了鲜明的区域特色经济。广西壮乡河谷集团是一家农业企业,主营圣女果、芒果、米酒和金橘。它们除了在广西的大城市开设实体店"壮乡河谷"外,也在大型网络平台开设了旗舰店,销售芒果等特色水果,扩大了广西水果的知名度。广西柳州的特产是螺蛳粉,不少商家利用电子商务平台将方便螺蛳粉卖到了美国和澳大利亚等国家。

Electronic Commerce expands a company's marketplace to national and international markets. With minimal capital outlay, a company can quickly locate customers, the best suppliers, and the most suitable partners worldwide.[①]

除了有丰富的水果和米粉资源外,广西还有丰富的少数民族资源,壮族、瑶族、苗族、侗族等11个少数民族拥有灿烂的文化艺术,并形成了自己独特的文化特点,如壮族的铜鼓(Bronze Drum)、花山壁画(Huashan Fresco)、壮锦(Zhuang Brocade)、刺绣(Embroidery)、陶瓷(Ceramics)、竹编(Bamboo Weaving)和芒编(Awn Weaving),它们是广西各少数民族文化艺术的瑰宝。因为有了电子商务网络平台,壮族的绣球(Embroidered Ball)、壮锦、苗族的银饰品,京族的葵帽(Bamboo Hat),彝族的服装能销售到全国各地,促进了民族文化的宣传、保护、传承、发展和创新。

---

① NURAY TERZIA. The Impact of E-commerce on International Trade and Employment[J]. Procedia Social and Behavioral Sciences ,2011(24):745-753.

五、电子商务有利于推动区域制造业升级和就业(**Promoting the Upgrading of Manufacturing Industry and Employment**)

我国是世界制造业大国,写着"中国制造"字样的商品在全球市场随处可见。从电器、玩具,到衣服、食品等,各类产品应有尽有,中国产品凭借价廉物美(Cheap and Cheerful)的特点已经融入不少国家百姓的日常生活。但是,受经济危机(Economic Crisis)的冲击,我国制造业对外贸易的增长日趋缓慢或衰退。而借助电子商务平台,我国的制造业可以从出口转为内销。一方面,电子商务平台能为消费者提供价廉物美的商品,促进这些商品的销售以及制造业的持续发展。另一方面,电子商务平台对商品的性价比(Cost Performance)提出越来越高的要求,有利于制造业进一步创新,降低生产成本,提高产品质量,最终实现区域制造业的升级(Upgrade)。另外,开网店只需要以电子商务平台为基础,能够省去房租,减少库存困扰,操作简单,资金投入不多,能够吸纳众多的就业者;电子商务企业也必须招募电子商务后台管理人员。因此,电子商务能进一步推动区域经济的发展。

参考文献

[1]新华社.国务院就积极推进"互联网+"行动印发《指导意见》[R/OL].中国政府网,2015-07-4.

[2]新华社.中国消费"火起来"全球市场"动起来"——2020年"双11"观察[R/OL].中国政府网,2020-11-13.

[3]中国互联网络信息中心.中国互联网络发展状况统计报告[R/OL].中国互联网络信息中心网站,2021-02-3.

[4]Rana Deljavan Anvaria, Davoud Norouz.The impact of e-commerce and R&D on economic development in some selected countries [C].5th International Conference on Leadership, Technology, Innovation and Business Management 2015, ICLTIBM 2015, 10-12 December 2015, Istanbul, Turkey, in Procedia Social and Behavioral Sciences[J].Edited by Cemal Zehir, Esra Erzenginözdemir Volume 229, Pages 1-452(19 August 2016)

[5]NURAY TERZIA.The Impact of E-commerce on International Trade and Employment[J].Procedia Social and Behavioral Sciences,2011(24).

[6]SONG Y.English Course for Electronic Commerce [M].Harbin:Harbin Institute of Technology Press,2006.

第三节 跨境电子商务及发展历程
（Cross-border Electronic Commerce and Its Development）

一、什么是跨境电子商务? （**What is Cross-border Electronic Commerce?**）

提到跨境电商,大多数人首先浮现在脑海里的便是"海淘"和"代购",也就是通过网络从境外购买物品。还有很多人认为,跨境电商跟境内电商的本质是一样的,不同的只是买卖双方来自不同的国家。① 其实这些认识都是不够全面和正确的。

跨境电商的全称是跨境电子商务(Cross-border Electronic Commerce),是指通过电子商务平台达成交易、进行结算,并通过跨境物流送达、完成交易的一种国际商业活动。跨境电商的买卖双方分属不同的海关境域,因此商务的销售需要"过海关"。而商品过海关必须借助跨境物流完成商品配送,从而达成交易。跨境电商分为两大类:出口跨境电商和进口跨境电商。

跨境电商的主要模式有四种:M2C、B2C、C2C、B2B2C。M2C 模式,指的是媒介对消费者的购物模式,即生产厂家直接对消费者提供自己生产的产品或服务的一种商业模式,其特点是流通环节减少至一对一,销售成本降低,从而保障了产品品质和售后服务质量。B2C 模式,是指直接面向消费者销售产品和服务的商业零售模式,一般以网络零售业为主,主要借助于互联网开展在线销售活动。C2C 模式,实际是电子商务的专业用语,是个人与个人之间的电子商务,即一个消费者通过网络将商品出售给另一个消费者。C2C 领域发展最为壮大的当数淘宝,其占据了超过 60% 的市场份额。B2B2C 模式,指的是在广大供应商和消费者之间铸造起一种实现交易的平台,包括现存的 B2C 和 C2C 平台的商业模式,更加综合化,可以提供更优质的服务。

随着跨境电商的迅速发展,传统的外贸模式和固有的商业格局正在发生变化。相对于传统的外贸模式,跨境电子商务具有以下优势。

直接性。跨境电商通过外贸 B2B、B2C 平台实现了企业之间、企业与终端

---

① 大头商学院.跨境电商政府实操指南［M］.北京:新世界出版社,2016:1.

消费者之间的直接对话,买卖双方可直接产生交易。跨境电商具有去中间商作用,越过一些国外渠道直接面对当地消费者,使传统外贸模式中利润多被国外渠道攫取的状况大大改观。因此,有别于传统外贸模式,跨境电商具有环节少、时间短、成本低等优势。

灵活性。跨境电商能够满足中小进口商将大额采购分割为中小额采购,将长期采购变为短期采购,以期分散风险的需求。跨境电商省去了一些中间环节,因此企业或消费者可根据自身需求即时采购、销售,大大提高了跨境电商交易的频率。由此可见,跨境电商小批量、多批次、快速发货的特点使得其比以大批量采购订单为主的传统外贸在操作上更为灵活。

高利润。传统制造企业长期的 OEM 模式本质上拼的是价格优势,中国供应商长期处于价值链的最底层,赚取微薄的利润。中国制造企业最有能力生产出物美价廉的商品,通过跨境电商的出口模式,如果选择好正确的市场定位,很容易在跨境市场赚取非常可观的回报,一般跨境零售出口的利润率基本上保持在零售价格 5~10 倍的利润率。跨境电商避免了一些不必要的流通环节,这就大大降低了流通成本,数据显示,境内企业通过跨境电商平台进行销售,其利润率一般可达 30%~40%。

近年来,国家出台了一系列的扶植政策,从政策层面上承认了跨境电子商务,并通过跨境电商试点城市开放给予了跨境电商税收上的优惠政策,即通过跨境电商渠道购买的海外商品只需要缴纳行邮税,免去了一般进口贸易的"关税+增值税+消费税",除此之外降低进口产品关税试点、税制改革和恢复增设口岸免税店的相关政策,都是政策红利的信号,由此表明跨境电商大势向好不可挡。

二、跨境电商发展历程(Development of Cross-border Electronic Commerce)

萌芽期。2005 年之前是推动跨境电商发展阶段,外贸以 B2B 为主导。进口海淘以留学生代购及边境口岸"蚂蚁搬家"为主要方式。跨境配套服务不完善,如订单、物流、清关、货代、支付等停留在传统外贸层面。2004 年敦煌网成立,小额外贸 B2B 线上交易模式被行业认知。

探索期。2006 年 eBay 退出中国并展开全球外贸服务,大卖家兰亭、环球易购、有棵树、大龙网、米兰网、纵腾、炽昂等先后成立。2007 年淘宝网"全球购"上线,2008 年"毒奶粉"事件成为海淘代购及物流转运发展的导火索,2009 年"一签多行"政策实施,加速代购及水货入境。2010 年,阿里巴巴集团成立速卖通,拓展跨境 B2C 在线交易;进口直邮持续火爆,海关针对个人物品行邮税大幅调整。2012 年年底,发改委和海关总署在郑州召开动员大会,开启跨境电商城市试点。

发展期。海关通关服务试点开启,"沪杭甬郑渝+广深",首批形成"5+2"格局,促进海淘阳光化,大批电商如考拉、蜜芽、聚美等涉足保税进口。2013 年外贸 B2C 兰亭集势 IPO 交所成为跨境首股,同年 Wish 转型跨境电商平台,迅速成为业界一极。以 2014 年海关总署 56/57 号文为代表,之后两年间各级政府出台几十个跨境政策,涉及外贸、跨境支付、结汇退税、物流及海外仓等,国内物流企业纷纷在境外设点。杭州跨境模式受推,2016 年年初第二批 12 个跨境试点城市获批;4 月针对跨境电商保税进口的新政实施,继续完善税收及监管手段。

成熟期。跨境电商配套政策、电子化监管模式趋于稳定,跨境电商平台作用完善。全球邮政推进邮件电子化通关,2021 年中欧世贸项目"欧盟海关代码",便利小件包裹跨境物流。进口商品多渠道,多模式趋于均衡,消费者权益得到保障。各大跨境电商平台提供一站式外贸供应链服务,为全球更大范围提供多地区、多语种的外贸在线零售。①

参考文献

[1]大头商学院.跨境电商政府实操指南[M].北京:新世界出版社,2016.

[2]孙韬.跨境电商与国际物流[M].北京:电子工业出版社,2017.

第四节　跨境电子平台概况及简介
(Cross-border Electronic Commerce Platforms)

一、速卖通(AliExpress)

2010 年 4 月 26 日"出生"的速卖通,目前已经是全球第三大英文在线购物网站,Alexa 全球网站排名第 59 位,目前服务覆盖全球二百多个国家和地区。速卖通(AliExpress)跟阿里巴巴(Alibaba)的区别就是零售和批发。2015 年速卖通从一开始 C2C 的模式转型做 B2C,提高了平台门槛,企业和品牌才能够入

---

① 孙韬.跨境电商与国际物流[M].北京:电子工业出版社,2017:4.

驻,剔除了一些个人卖家和铺货的卖家,也希望像亚马逊(Amazon)一样做精品。速卖通海外独立买家数已达到 1 亿,交易量排名 Top5 的国家为俄罗斯、美国、西班牙、法国和英国。

二、亿贝(eBay)

eBay 是电子商务的鼻祖和先锋,2006 年 C2C 模式被淘宝击败后,eBay 悄然开辟了中国 B2C 跨境电商零售出口业务。eBay 平台上产品多样化、种类繁多,全球消费者可以在 eBay 上买到所需产品。作为一个 2C 的电子商务平台,平台服务佣金、广告是主要的营收手段,将近一半的盈利来自 PayPal,另外超过一半的盈利来自其本身。eBay 强势发展和盈利多的地区是美、德、澳、加、法等欧美国家。就覆盖面而言,eBay 仍是全球最大的电商平台,在俄罗斯、巴西、以色列、西班牙、挪威、阿根廷、意大利、希腊、瑞典等国家也有不俗的表现。

三、亚马逊(Amazon)

目前亚马逊是跨境电商中实力最强、人气最高的平台,全球拥有 14 大站点,125 个运营中心,可以覆盖 185 个国家和地区的运输和消费者。2012 年年初,亚马逊在中国正式启动“全球开店”项目;2014 年 6 月,亚马逊“全球开店”业务增加了日本和加拿大两个站点,至此,中国卖家可以在美国、德国、英国、法国、意大利、西班牙、加拿大以及日本网站进行全球跨境业务的拓展。亚马逊的运营哲学是以极致的用户体验拉升流量而驱动营收,平台上高品质、服务好的店铺能够获得更多的流量倾斜,其店铺推荐系统中用户评分权重也越高。在物流方面,亚马逊自建仓储,推出 FBA(Fulfilled by Amazon)项目,为跨境卖家解决物流问题。

四、敦煌网(DHgate)

敦煌网于 2004 年创立,作为首家整合在线交易和供应链服务的 B2B 跨境电商出口交易平台,敦煌网率先开启了跨境电商交易的创新模式和“为成功付款”的盈利模式。经过 10 余年的积累,敦煌网目前已实现 120 万家国内供应商、3300 万买家实时在线采购,每 3 秒产生一张订单。从模式来看,相对于 B2C 海外购物平台,敦煌网模式实际上是 B2B2C,中间多了一个环节,而电商的本质优势是中间环节减少。敦煌网主要有两种盈利模式:一是佣金收入,交易成功之后,向买家收取一定比例的交易佣金;二是服务费收入,向企业提供集约化外贸综合服务。

五、威什(Wish)

Wish 移动电商购物 APP,主打移动端,是纯粹的第三方集市平台。Wish 在用户界面按移动端的性别和爱好进行推荐,主要以销量和收藏度来做权重排序。由于移动设备显示屏展示有限,用户无法进行价格比较,所以卖家在选品方面不能一味地选择低价产品,要建立适合移动端的产品线。Wish 通过用户的注册信息,对过往浏览信息进行分析,推测用户的喜好,进行精准营销。Wish 通过自身系统算法给用户推荐商品,不同于其他平台的卖家需要买广告位、买流量,因此 Wish 的流量分配更加公平。移动端最大的特点就是随时随地随身,进而带来碎片化需求:某个手机用户可能仅仅是想在等电梯的 30 秒内在购物 APP 上逛逛。这个时候,如果能够了解用户偏好,并据此推荐相关商品给用户,则能够极大地增加用户"冲动性"购物下单的可能性,这就是 Wish 模式。

第五节　跨境电子商务发展模式
(Development Models of Cross-border Electronic Commerce)

一、跨境电商行业范畴(Industry Scope of Cross-border Electronic Commerce)

跨境电子商务将贸易活动重组为跨境一体的电子商务生态,是"通过互联网达成进出口的 2B/2C 信息交换、交易等应用,以及与这些应用关联的各类服务和环境"①。

跨境电商包括四个方面:①信息和交易相关的进出口应用;②各类围绕应用的平台,如电子商务平台、供需信息平台、交易平台、供应链平台和信用平台;③物流、支付、贸易通关、检测验货等基础服务和代运营、咨询培训、翻译、旺铺、法务等衍生服务,服务参与者可以包含平台商,也可以包含服务提供商、参与者,还可以包含接入的监管机构及其相关企事业单位;④国家环境(文化、市场、

---

① 亿邦动力网.揭秘:搭上一带一路顺风车的电商长啥样? [EB/OL].亿邦动力网站,2016-02-18.

法律差异等），技术环境（如移动互联网、云计算等）和贸易规则、监管、政策环境（关、检、税、进出口管制政策等）。

跨境电商的相关经营主体包括电商平台、境外买家、外贸卖家、生产/制造商、跨境支付、收汇结算、国际物流、运营服务等，涉及的各类在线商业活动则包括货物的电子贸易、在线客户服务、数据信用、电子资金划拨、电子货运单证、物流跟踪等内容。跨境电商企业要包括多种类型，如综合电商平台、B2B 信息服务平台、品牌电商、直营 B2C 类、返利导购网站、供应链服务、微商买手等；第三方服务企业包括 IT、营销、代运营、店铺装修、人员培训、法律咨询等围绕跨境电商交易的一系列相关服务；外贸综合服务商或跨境物流综合服务商，这是一类包括物流、支付、融资、清关、保险等线下服务体系的贸易中间服务商。

二、跨境电商商务发展模式（Development Models of Cross-border Electronic Commerce）

目前我国电商运营模式包括六种：M2C，C2C，B2C，特卖会，返利导购/代运营和社交性导购类。下面我们来谈一谈这几种模式的优缺点。

M2C：以商家入驻平台，交易在商家与消费者间进行，平台解决支付和信息沟通问题。代表商家：天猫国际，洋码头。M2C 模式轻，投入低，虽然没有盈利模式，但是由于跨境本身的特殊时效性，现金流的周转期非常长，手上可以沉淀大把现钞，怎么赚钱已经无所谓了，平台要做的实际就是成交量，无所谓赚不赚钱，平台模式最重要的是将互联网本质发挥到最大，减少所有中间环节，这才是电子商务的本质。缺点是无盈利点，对商品质量无法控制，售后服务差，跨境纠纷毕竟和国内不同，一旦有问题，退换货是个非常麻烦的事情。

做平台必须解决供应链问题，本土电商的强悍是因为多家快递物流公司解决了供应链问题，跨境物流目前没有一家做得足够成熟，所以天猫、洋码头都会自己建仓，打造物流体系，洋码头甚至有自己的转运公司，解决供应链的问题。

C2C：海外买手制，核心是供应链和选品的宽度，电商发展至今，不论进口出口线上线下，其本质还是商业零售和消费者认知。从工业经济到信息经济，商业零售的几点变化：消费者主导化、生产商多元化、中间商信息化；而商品核心竞争力变成了个性需求和情感满足。在移动互联网时代，人群的垂直细分，让同类人群在商品的选择和消费能力上有很大的相似度，人与人之间相互的影响力和连接都被放大了，流量不断碎片化是由当代人的价值观和生活消费方式决定的，千人千面个性化是当代人的基本消费需求逻辑，因此移动电商应场景化。

面对商品丰富度如此之高的现状，提高资源分配效率，更快地选到我们想要的商品，节约选择成本也尤为重要——don't make me think。C2C 达人经济模式可以在精神社交层面促进用户沉淀，满足正在向细致化、多样化、个性化发展的需求，这一代人更注重精神消费，作为一个平台，每一个买手都是一个 KOL（Key Opinion Leader，关键意见领袖），有自己的特质和偏好，优秀买手可以通过自己的强时尚感和强影响力打造一些品牌，获得价值观层面的认同和分享，同时也建立个人信任机制。但该模式缺点在于管理成本高，售后客诉量巨大，假货太多。后台功能如果做得不好，容易流失买手，并且物流时效性无法控制。同质化竞争过于激烈，商品重复太多。

B2C：是各种传统企业转型做跨境企业采取的模式。代表有京东、顺丰等。该模式的优点在于采购价格低，所以容易以便宜的价格吸引消费者，因为跨境海淘的本质就是"我要既便宜又好的商品"，便宜是很重要的一个特质；商品质量容易把控，售后难度不高，客诉率不高；物流统一，相对的在时效上更容易控制，可以在最短的时间内到达消费者手里；有足够的资金支持，在品类上可以横向铺开，比较容易丰富产品线。目前此模式还是以爆品、标品为主，有些地区商检海关是独立的，能进入的商品根据各地政策不同都有限制（例如，广州不能走保健品和化妆品）；同时还有资金压力：不论是搞定上游供应链，还是要提高物流清关时效，在保税区自建仓储，又或者做营销、打价格战，补贴用户、提高转化复购率，都需要钱；爆品、标品毛利空间现状极低，却仍要保持稳健发展，此刻资本注入意义尤为重大。在现阶段，有钱有流量有资源有谈判能力的大鳄纷纷介入，此模式基本已经构建了门槛，不适合创业企业轻易入场了。

特卖会：代表是唯品会和考拉海淘，考拉采用自营模式，而唯品会则是供应商压货。特卖本身的性质符合海淘的特征，海淘本身的货源采购通常都是不确定的，正好符合特卖会的本质——卖完结束。由于可以拿到很低的折扣，该模式有足够的利润空间。特卖会本身容易提高用户回头率，每天都有新商品，新鲜感是互联网的营销核心。由于跨境海淘的时效特殊性，所以基本上跨境的现金都是先收取再采购的，特卖会是最大化地利用现金流，这才是跨境特卖模式的核心价值之一。该模式需要有很强的企业背景或者海外货源背景，且入门门槛不高，竞争十分激烈，物流成本也较为昂贵。

返利导购/代运营：一种是技术型，目前形态典型的玩家有么么嗖、Hai360、海猫季。这些是技术导向型平台，通过自行开发系统自动抓取海外主要电商网站的 SKU（Stock Keeping Unit，最小存货单位），全自动翻译，利用语义解析等技术处理,提供海量中文 SKU 帮助用户下单,这也是最早做跨境电商平台的模式。还有一种是中文官网代运营,即直接与海外电商签约合作,代运营其中文官网。这两种方式有着早期优势:易切入,成本低,能够解决信息流处理问题,SKU 丰富,方便搜索。而痛点在于中长期缺乏核心竞争力,库存价格实时更新等技术要求高,蜜淘等一些早期以此为起点的公司纷纷转型。

社交性导购类:典型代表如小红书,内容引导消费,自然转化。导购类的优势就是利用社交的口碑效应、粉丝效应去强化品牌,很容易在人群中获取属于自己的忠实粉丝。优势是团队小,模式轻,投入不多,有品牌效应,用户忠诚度高,有权威,擅长炒作一些商品和打造爆款。由于模式很轻,所以极度依赖于外部供应商,供应链都需要外包,比较不容易把控质量以及时效。即使找到合适的供应商以及供应链的外包公司,在可复制性上面也很弱,商业模式的复制性不强,规模不容易快速爆炸。

三、跨境电子商务发展优势(Development Strengths of Cross - border Electronic Commerce in China)

首先,我国发展跨境电商具有优质的市场基础。如今跨境电商订单的特点是小批量、高频次,直接化。而这些特点正好迎合了我国国内海量的中小外贸企业的碎片化优势,跨境电子商务成了他们开辟海外市场的有力武器。数不胜数的小微企业能够提供充足的货源,直接支撑起我国的世界级跨境电商供应链。截至 2013 年,我国已经成为全球最大的电子商务市场,也是世界第三大跨境网购市场。在跨境贸易出口对象方面,除了已经较为稳定的美国和欧洲市场以外,还涌现了一些新兴市场,如巴西、阿根廷、俄罗斯以及东南亚地区等。这些新兴市场的政府和当地企业都很乐意与中国跨境电商企业发展更深的合作往来关系,帮助中国跨境企业供应的商品更深地扎根于他们的市场,从而创造一个双赢局面。

其次,跨境电商平台的快速发展。据不完全数据统计,我国现在已经有超过 5000 家电子商务平台企业,还有不止 20 万家的外贸企业借助这些电商平台发展跨境外贸交易。电子商务平台带来的是中间贸易环节的缩减,从而使得国内电商企业与境外客户的交易成本大幅降低,缩短了交易流程和运营周期,加快了资金周转速度。

完善的第三方跨境电子商务交易平台,是跨境电商发展不可或缺的推动力。兰亭集势、敦煌网、阿里速卖通等国内的跨境电子商务企业自身发展也日趋成熟。

最后，我国政府的大力支持。近年来跨境电子商务的蓬勃发展吸引了政府部门的密切关注。各级政府积极出台政策措施，旨在扫除广大跨境外贸企业发展道路上的各种阻碍，为跨境电商的发展营造了有利环境。2015年以来，政策导向开始有所侧重，如B2B模式成主流，降低出口查验率，推动扶持企业走出去建"海外仓"。李克强要求"部署促进跨境电子商务健康快速发展，推动开放型经济发展升级"：一是优化通关流程，对跨境电商出口商品简化归类，实施经营主体和商品备案管理，对进出口商品采取集中申报、查验、放行和24小时收单等便利措施；二是落实跨境电商零售出口货物退免税政策，鼓励开展跨境电子支付，推进跨境外汇支付试点，支持境内银行卡清算机构拓展境外业务；三是鼓励外贸综合服务企业为跨境电商提供通关、仓储、融资等服务，引导企业规范经营；四是鼓励跨境电子商务零售出口企业通过海外仓、体验店等拓展营销渠道，培育自有品牌和自建平台，促进外贸提速放量增长。①

四、跨境电商与"一带一路"（Cross-border Electronic Commerce and the Belt and Road Initiative）

作为国家级顶层战略，"一带一路"（丝绸之路经济带和21世纪海上丝绸之路）在政治、经济、文化等方面深深地影响着欧亚大陆的相关国家，也为沿线地区开启了新的机遇之窗和新的国际合作平台。在经济层面，除了基础设施互联互通、贸易更加便利、资金更加融通之外，全球快速崛起的电子商务自然也是搭上了"快车"。

"一带一路"倡议主要包括新亚欧陆桥经济带、中蒙俄经济带、中国—南亚—西亚经济带、海上丝绸之路经济带，涉及东北亚、中亚、南亚、东南亚、欧洲等地区，沿线总人口约44亿，经济总量约21万亿美元，分别约占全球的63%和29%。而从电子商务的发展状况来看，各沿线地区呈现出较大的差异。"一带一路"大致走向可以将沿线电商市场串联成北线、中线、南线三条线路，每条线路均从中国出发，经过不同的地区，最终抵达欧洲。

北线A：北美洲（美国、加拿大）—北太平洋—日本、韩国—东海（日本海）—符拉迪沃斯托克（扎鲁比诺港、斯拉夫扬卡等）—珲春—延吉—吉林—长春—蒙

---

① 亿邦动力网.揭秘：搭上一带一路顺风车的电商长啥样？［EB/OL］.亿邦动力网站，2016-02-18.

古国—俄罗斯—欧洲(北欧、中欧、东欧、西欧、南欧)

北线 B:北京—俄罗斯—德国—北欧

蒙古国全国人口约 300 万,网民约占总人口的 68%(210 万人),人口少、体量小,这是蒙古国电商市场的关键词。15~39 岁的青年人占蒙古国总人口一半以上,这些人对时尚、新奇的东西都很感兴趣,也是网购的主要群体。在电商基础设施方面,蒙古国于 1995 年进入互联网,目前国内无线网络和手机 3G、4G 网络比较普及,首都乌兰巴托的餐馆、宾馆、企业等公共区域大都铺设了免费Wi-Fi。而蒙古国国内物流配送体系相较完善,其自 2011 年起实行户户通邮政计划,市内递送服务开始发展,能够基本满足网购配送需求。

2015 年俄罗斯跨境电子商务增速相当明显,居民在国外网店的订单数量增长了 88%,购物金额达到了 26 亿美元。其中,中国网店在俄罗斯跨境电子商务中的份额超过三分之二,占据主导地位。

北欧电商基础设施健全,居民五分之一的购物发生在网上。2015 年第三季度,以瑞典为首的斯堪的纳维亚国家电商业务增长 16%,而到年底达到约 500亿瑞典克朗(约合 53.6 亿欧元)的规模。其居民五分之一的购物发生在网上,而整个国家将近四分之一的网络销售额产生在跨境电商上。虽然瑞典有宜家和 H&M 这样的行业精英走向国际市场,但随着经济全球化和互联网的发展,其国内还是面临着来自国外电子零售商的竞争。据悉,瑞典人尤其偏爱跨境购物,他们对美国、中国、英国的网站钟爱有加,主要购买的品类包括服装、家具等。此外,2015 年 9 月,阿里巴巴旗下的跨境出口平台速卖通曾对外表示,其在瑞典的在线购物应用中已经排到了第一名的位置。

中线:中国(北京、郑州、西安、乌鲁木齐)—中亚—西亚及中东—中欧—西欧

目前,中亚大部分国家(包括哈萨克斯坦、乌兹别克斯坦、土库曼斯坦、吉尔吉斯斯坦、塔吉克斯坦和阿富汗)已经有宽带接入,网络基础设施建设有助于互联网用户的增长,但中亚地区互联网的商业用途还远远低于亚洲其他国家。同时,由于物产相对匮乏,中亚地区居民生活所需品严重依赖进口,跨境电商是其目前主要的电商形式。

由于联系亚、欧、非三大洲,沟通大西洋、印度洋,中东地区自古以来就凭借十分重要的地理位置成为国际贸易要塞。这一地区给人的总体感觉是,居民有钱(石油输出国),但物资缺乏,所以人们跨境网购的热情非常高。在这一背景下,Amazon、eBay 等全球电商早早地就进入中东市场,而近年来,中国的电商企

业在此也颇为活跃。根据中国跨境出口电商商家的反馈,中东客户能接受中国制造的产品,也愿意从中国的购物网站买东西,且客单件非常高。

紧邻中东地区,以土耳其为首的西亚国家在电子商务方面的发展也值得关注。从2007年开始,土耳其网零售市场的发展速度已达到实体零售市场的7倍。根据土耳其贸易部的数据,2022年上半年土耳其电商销售额同比飙升116%,达到3480亿土耳其里拉(187亿美元)。① 其中,国内电商销售总额为3080亿里拉,占比88%;进口电商销售总额为247亿里拉,占比7%;出口电商销售总额为158亿里拉,占比5%。

中欧包括德国、波兰、捷克、斯洛伐克、匈牙利、奥地利、列支敦士登和瑞士8个国家。其中,德国是最大的电商市场。根据德国零售业研究院的报告,德国电商规模在2015年增长了约43亿欧元,全国电商行业总值达到463亿欧元。尽管德国本土有强劲的竞争者,来自美国的亚马逊还是成为德国最大的在线零售商。

虽然比起美国和中国,英国的消费者市场体量小,但花钱却不甘落后。英国电商为何成功?第一,作为英语国家,它是亚马逊等美国电商巨头的首要目标。第二,英国电商本土网站吸引着很多国外消费者来购物,比如,北欧国家消费者用得最多的外国网站就是英国的,中国消费者也热衷于"英淘"。第三,电商商品在英国国内和欧洲的运输距离要比美国短,英国的通用邮政服务也使得运费比较便宜。第四,英国人比其他欧洲国家人民更常使用信用卡和借记卡,智能手机的使用率也是欧洲最高的。另外一个西欧大国——法国的电商发展也不逊色。有数据显示,2015年第三季度,法国线上零售交易量同比增长20%,营业额达到155亿欧元,同比增长15%。

南线:中国(云南、广西、环渤海、长三角、海峡西岸、珠三角海路)—东南亚—南亚—东非—南欧(地中海沿岸)

目前,东南亚的网络购物仅占全部零售销售额的2%,但如果这一比例上升到5%,那么市场规模就可达到218亿美元。因此,该地区被认为未来有望成为仅次于中国和印度并超过美国的第三大电子商务市场。阿里研究院发布的《海上丝绸之路大数据报告》显示,中国的消费升级给"一带一路"沿线国家和地区的商品带来了巨大需求。其中,来自泰国的商品销售额排名最高。2016年,124

---

① 腾讯新闻.2022年上半年土耳其电商销售额突破180亿美元!订单量激增38%![EB/OL].腾讯网,2022-11-18.

个泰国品牌在天猫国际平台上销售,成交额同比增长152%。其中,乳胶枕、乳胶床垫销售最火;美妆个护、食品、营养品等也很畅销。此外,以饼干、速溶咖啡和袋装奶茶为代表的马来西亚食品,2016年在天猫国际平台的成交额同比增长140倍;新加坡商品总成交额上涨183%。

根据一份公开报告,2014年印度共有2.43亿网民,其中3500万人参与了在线购物,零售电商市场规模在2014年达到52亿美元。来自中国的互联网大鳄在过去一两年时间内加速了在印度市场的布局。比如,阿里入股了印度第三方支付企业Paytm和电商企业Snapdeal,小米上线印度官网并通过本土电商平台大卖手机,百度也试图投资印度电商创业公司,已接洽过的企业包括折扣电商Mydala、订餐网站Zomato、票务网站BookMyShow和在线超市BigBasket。

非洲大陆有50多个国家,这些国家总人口接近14亿人口,在这片大洲所有国家拥有超过4.6亿的互联网用户,然而,非洲拥有电子商务网上购物的国家并不多,这些国家仍然主要限于物流配送和网络普及率服务,能解决这两个问题也只有十多个非洲的国家,发展电子商务比较成熟的有南非、尼日利亚,有不少企业进行在线企业对企业或企业对消费者的交易,电子商务发展中的国家有肯尼亚站、卢旺达、乌干达、坦桑尼亚、塞内加尔、加纳、阿尔及利亚、突尼斯、科特迪瓦、摩洛哥站、埃及,而这部分国家均有跨境电商平台或本地电子企业。非洲主要电子商务用户群体是年轻用户与白领和中产家庭,[1]这些群体会成为国际商品的主力消费群体。这里的线下零售商店非常分散,而且只有小店,没有大型商场,也没有足够多的产品供庞大的消费群体去购买。因此,电商(尤其是跨境电商)迎来一个很好的机遇。中国制造网平台数据显示,2022年非洲是全年流量最高的区域,占比22%。[2]

南欧经济发展较好,大多数国家为发达国家,同时,由于特殊的地理位置(东濒黑海,南临地中海,西濒大西洋),南欧成为欧洲联系外界的交通中心,也是"一带一路"南线的重要经济地带。居民在线消费的前十大品类依次为3C、服饰、旅游及交通、娱乐及教育(数字下载)、玩具、娱乐及教育(实物)、户外、珠宝及手表、美妆、家居用品。其中,3C类和服饰类产品的在线消费分别高达37%和36%的比例。

---

① Tospino跨境电商平台.非洲主要电子商务用户群体是年轻用户与白领和中产家庭[EB/OL]邦阅网,2021-12-01.

② 网易新闻.2022年非洲是全年流量最高的区域,占比22%[EB/OL].网易网站,2022-11-18.

参考文献

[1]孙韬.跨境电商与国际物流[M].北京:电子工业出版社,2017.

[2]亿邦动力网.揭秘:搭上"一带一路"顺风车的电商长啥样?[EB/OL].
亿邦动力网站,2016-02-18.

[3]阿里研究院.跨境电商模式与商业生态框架分析报告[R/OL].阿里研
究院网站,2016-04-11.

[4]网易新闻.2022年非洲是全年流量最高的区域,占比22%[EB/OL].网
易网站,2022-11-18.

[5]Tospino跨境电商平台.非洲主要电子商务用户群体是年轻用户与白领
和中产家庭[EB/OL]邦阅网,2021-12-01.

第六节　国际物流与支付方式
(International Logistics and Cross-border Payments)

一、国际物流的含义和特点(Definition and Features of International Logistics)

国际物流(International Logistics)是指当生产消费分别在两个或在两个以上的国家(或地区)独立进行时,为了克服生产和消费之间的空间间隔和时间距离,对货物(商品)进行物流性移动的一项国际商品或交流活动,从而完成国际商品交易的最终目的,即实现卖方交付单证、货物和收取货物。例如,意大利有一家专门经营服装的公司,它有5000家专卖店,分布在60个国家,每年销售的服装约5000万件。其总部在意大利,所有的工作都是通过80家代理商进行。若某一专卖店发现某一款式的服装需要补货,就立即通知所指定的某一代理商,该代理商立即将此信息通知意大利总部,总部再把这一信息反馈给配送中心,配送中心便根据专卖店的需求在一定的时间内进行打包、组配、送货。整个物流过程可在一周内完成,包括报关、清关等。

国际物流是国内物流的自然延伸,它具备国内物流的一些基本属性,但是国际物流与国内物流二者之间也有许多不同之处,主要表现在以下方面。

(一)完成周期长短不同

这是国际物流与国内物流的主要区别,由于国际物流系统涉及多个国家,

系统的地理范围大,因而,国际物流作业的完成周期一般较长,除一些国际专线物流之外,其长短通常以周或月为单位来衡量。

由于通信传输延迟、融通资金需要、特殊包装要求、远洋运输船期表、长途运输时间以及海关清关手续等因素综合作用的影响,国际物流作业需要较长的完成周期,通信传输是由于时间和语言的差异而延迟;融通资金是因为大多数国际贸易需要开信用证而延迟;特殊包装要求是为了保护产品免遭搬运作业和水分侵袭的损害,因为集装箱常常由于温度和气候条件湿度很高。货物一旦被集装箱化,就必须按照周期如期装船,目的港必须有合适的装卸设备。

如果运输路线属于交通流量较高的航线,或者驶往预期港口的船舶缺乏必要的设备,那么,这种进展过程可能需要长达一个月的时间,而这些问题都是国内运输作业所存在的。一旦船舶处在运输途中,转移时间范围在 10～21 天,海关清关手续至少增加一天时间,使完成周期延长。虽然现在越来越普遍采用 EDI 传输技术,但上述过程所消耗的完成周期依然很长。

正是上述原因使得国际物流的完成周期更长,更缺乏一致性,也更缺少灵活性。完成周期的延长,会导致物流过程中库存投资的增加,占用大量资金;一致性的降低,增加了物流计划和工作的难度;而灵活性的降低,会使企业在迅速满足客户需要方面存在困难。因此,在等待国际装运交付货物的到达和清关期间,需要不断地对存货空间进行评估。

（二）复杂程度不同

多种语言的使用。国际作业要求货物和有关单证使用多国语言。诸如计算机或计算器之类的货物必须具有地方特征,比如,产品本身的键盘字母和说明书上的语言等。从物流角度来看,语言的差别会增加复杂性,因为货物一旦用语言定制的话,它就被限制在一个特定的国家或地区,除了产品的语言外,国际物流作业对装运交付所经过的每一个国家都需要使用多种语言的物流单证。

尽管英语是通用的商业语言,但有的国家要求提供用当地语言翻译好的物流单证和海关文件,这就增加了国际物流的作业时间和难度,因为在装运交付前必须将复杂的物流单证翻译完毕。值得庆幸的是,在科学技术高度发展的今天,可以通过标准 EDI 方式的交易来克服这类通信传输和物流单证上的困难。

货物数目众多。货物本身有可能存在特点的差异,如性能特征、能源供应特点以及安全上的需要等。在国与国之间的这种细微区别也有可能大大增加所需的库存单位数以及随之而来的存货水平。

单证数量大。国内作业一般只用一份发票和一份提货单就能完成,而国际作业往往需要大量的有关订货项目、运输方式、资金融通，以及政府控制等方面的单证和文件。

运输复杂性。在国内市场上，物流作业只需要与单一的或者数量有限的承运人签订合同，这是件相对比较简单的工作，但是在国际运输市场中需要从事的是全球化的物流作业，托运人很难与单一的承运人签订合同来有效管理其他承运人的服务，因此运输的复杂性大大加强了。

（三）系统一体化

由于每一个国家的作业都可以被看作是一个独立而又自治的合法整体，所以造成国际物流协作有一定的难度，由此所导致的成本费用就会使跨国企业的竞争能力受到抑制。因此，第三方物流在作业上的差异要求企业加强整个系统一体化的作业协调，包括发送订货的能力，以及要求使用 EDI 方式在世界上任何地方从事存货管理的能力。这要求物流企业应该具备一体化的全球物流信息系统。

（四）联盟

物流企业承运人和专业化服务供应商的联盟对于国际作业来说比对国内作业更加重要。如果没有联盟，对于一个从事国际作业的企业来说，就必须与全世界的零售商、批发商、制造商、供应商以及服务供应商保持合同关系，而维持这种合同关系就要花费大量的时间。国际联盟能够提供市场通道和专业人员，并且减少在全球物流作业中的潜在风险。

二、国际物流的基本分类（Types of International Logistics）

根据划分标准的不同，国际物流主要可以分为以下三种类型。

第一，根据货物在国与国间的流向分类可分为进口物流和出口物流。当国际物流服务于一国的货物进口时，即可称为"进口物流"；而当国际物流服务于一国的货物出口时，则可称为"出口物流"。由于各国在物流进出口政策，特别是海关管理制度上的差异，进口物流和出口物流相比，既有交叉的业务环节，也存在不同的业务环节，需要区别对待。

第二，根据货物流动关税区域分类可分为不同国家间的物流和不同经济区域间的物流。区域经济的发展是当今世界经济发展的一大特征。比如，欧洲经济共同体国家属于同一关税区，其成员国之间物流运作与欧洲经济共同体成员国和其他国家或经济区域间的物流运作方式和环节都有很大的差异。

第三,根据跨国运送货物的特征分类可分为国际军火物流、国际商品物流、国际邮品物流、捐助或救助物资物流、国际展品物流和废弃物物流等。

围绕国际物流活动而涉及的国际物流业务的企业有国际货运代理、国际船舶代理、国际物流公司、国际配送中心、国际运输及仓储和报关行等具体企业。

三、国际物流系统(**International Logistic System**)

国际物流系统(International Logistic System),是由商品的包装、储存、运输、检验、流通加工和其前后的整理、再包装以及国际配送等子系统组成。其中,储存和运输子系统是物流的两大支柱。国际物流通过商品的储存和运输,实现其自身的时间和空间效益,满足国际贸易活动和跨国公司经营的要求。

(一)运输子系统

国际货物运输是国际物流系统的核心子系统,其作用是将商品使用价值进行空间移动,物流系统依靠运输作业克服商品生产地和需要地点的空间距离,创造了商品的空间效益。国际货物运输是国际物流系统的核心。商品通过国际货物运输作业由卖方转移给买方。国际货物运输具有路线长、环节多、涉及面广、手续繁杂、风险性大、时间性强等特点。运输费用在国际贸易商品价格中占有很大比重。国际运输主要包括运输方式的选择、运输单据的处理以及投保等。

国际货物运输包括国内运输段(包括进、出口国内)和国际运输段。出口货物的国内运输段是指商品从生产地或供货地运到出运港(站、机场)的国内运输。国内运输是国际运输的前提,是国际物流中不可或缺的重要环节。国际运输段是国内运输的延伸和扩展,是国际物流畅通的重要环节,主要是指被集运到出运港(站、机场)的出口货物可以直接装船发运,有的则需要暂进港口仓库储存一段时间,等待有泊位、有船后再出仓装船外运。

现代物流业的发展与国际货物运输业的技术革命息息相关,相辅相成。运输设施的现代化发展极大推进了国际物流和国际贸易的发展,是两者发展的前提。

(二)储存子系统

商品储存、保管使商品在其流通过程中处于一种或长或短的相对停滞状态,这种停滞是完全必要的。因为,商品流通是一个由分散到集中,再由集中到分散的源源不断的流通过程。国际贸易和跨国经营中的商品从生产厂或供应部门被集中运送到装运港口,有时需临时存放一段时间,再装运出口,这是一个集和散的过程。

商品储存与保管主要是在各国的保税区和保税仓库进行的。主要涉及各国保税制度和保税仓库建设等方面。保税制度是对特定的进口货物,在进境后,尚未确定内销或复出的最终去向时,暂缓缴纳进口税,并由海关监管的一种制度。这是各国政府为了促进对外加工贸易和转口贸易而采取的一项关税措施。保税仓库是经海关批准专门用于存放保税货物的仓库。它必须具备专门储存、堆放货物的安全设施,健全的仓库管理制度和详细的仓库账册,配备专门的经海关培训认可的专职管理人员。

保税仓库的出现,为国际物流的海关仓储提供了既经济又便利的条件。有时会出现对货物最后不知做何处理的情况,这时买主(或卖主)会将货物在保税仓库暂存一段时间。若货物最终复出口,则无须缴纳关税或其他税费;若货物将内销,可将纳税时间推迟到实际内销时为止。从物流角度看,应尽量减少储存时间、储存数量,加速货物和资金周转,实现国际物流的高效率运转。

除了运输子系统和储存子系统两大支柱外,国际物流主要系统还包括商品检验子系统、商品包装子系统和国际物流信息子系统。上述主要系统应该和配送系统、装搬系统以及流通加工系统等有机联系起来,统筹考虑,全面规划,建立我国适应国际竞争要求的国际物流系统。

四、国际物流运输路线(International Logistic Transport Route)

随着国际物流的发展,我国已形成了由国际远洋航线及海上通道、航空网线、公路网线和铁路网线等组成的国际化运输线路网络。

第一,国际远洋航线及海上通道包括海洋通道、运河通道和海峡通道。海洋通道以太平洋和大西洋为主。大西洋沿岸拥有世界3/4的港口和3/5的货物吞吐量,周围几乎都是各大洲的发达地区,贸易、货运繁忙,其海运量居各大洋之首。太平洋的货运量居世界第二,沿岸有30多个国家和地区,拥有世界1/6的港口。运河通道主要包括居亚非欧三洲要冲,连接大西洋和印度洋的苏伊士运河;沟通太平洋和大西洋的巴拿马运河;位于德国东北部,沟通波罗的海和北海的基尔运河。主要的海峡通道有马六甲海峡,是太平洋和印度洋的主要海上要道;英吉利海峡,是连接北欧与北美的主要航线;霍尔木兹海峡,世界著名的石油海峡,东连阿曼湾,西接波斯湾。

第二,世界重要的国际航空线有北大西洋航空线,连接西欧和北美两大经济中心区,是当今世界最繁忙的航空线;北太平洋航空线,连接远东和北美两大经济中心;西欧—中东—远东航空线,连接西欧各主要航空港和远东的主要大城市的重要机场,为西欧与远东两个经济中心区之间的往来航线。除此以外,世界各大洲主要国家的首都和重要城市均设有航空站。

第三,美国大陆桥、加拿大大陆桥和西伯利亚大陆桥是世界上主要的公路和铁路运输路线。①

五、跨境物流(Cross-border Logistics)

跨境物流(Cross-border Logistics)是指以海关关境两侧为端点的实物和信息有效流动和存储的计划,对其实施和控制管理的过程。跨境物流需要应对跨境电商及消费者的快速需求,向具有跨境物品传递需求的组织和个人提供跨境全称交付服务,通常由航空海运、国际快递、清关公司和各国邮政公司等第三方承运商运至世界各地。跨境物流具有以下特点。

第一,竞争集中于东南沿海地区,中西部地区竞争较少。环渤海地区、长三角、珠三角等东南沿海地区经济发达,跨境运输需求旺盛,加之该地区海运、空运等基础设施较为完善,因此,对货源的争夺和对运力资源的争夺最为激烈。中西部地区则因经济相对不活跃,跨境运输需求较少,且运成本较高,该地区国际货代服务资源投入较少。

第二,区域内或单一行业竞争激烈,跨地区、跨行业的竞争较少。跨境物流行业尽管市场竞争者众多,但受自身资金实力、管理和技术能力所限,以及由于全国物流市场相互割裂,其竞争表现在某一区域市场的企业之间的竞争,例如,长三角区域跨境物流企业之间的竞争;或者对某一行业客户资源的争夺,例如,对电子制造行业的客户资源的争夺,而跨地区、跨行业的竞争较少。

第三,服务功能单一,增值服务较少,同质化竞争现象较为严重。大部分跨境物流企业只能提供海运物流或者空运物流服务,能提供多式联运(如海空联运)和满足客户其他不同需求的跨境物流企业较少;在提供跨境物流服务时,局限于报关、订舱等传统服务,在提供运输方案优化设计、综合物流服务方面较少,因此同质化竞争现象较为严重。②

物流环节是跨境购物最大的制约之一,包括无法全程追踪,成本高、配送时

---

① 王任祥.国际物流 [M].杭州:浙江大学出版社,2013:27-37.
② 王明辉.中国跨境物流与供应链贸易市场分析[J].中国市场,2011(10):16.

间长、清关障碍等几乎是各家跨境电商都会面临的难题。为了适应跨境电商业务的发展,跨境物流表现出极强的整合性和多态性,可以利用自贸区、货物代理、互联网技术、国际物流网络、清关及仓储等综合资源能力,对接海关、电商平台与消费者,系统性地提升整个跨境电商的效率;也可以利用强大的国际快递网络、清关能力及口岸关系、出口国海外仓和保税仓资源、航空海运货代体系和资源、采购及货源分拨能力,甚至强大的外贸风险管控等条件,成为跨境物流企业独占一方并强大的依据。

六、跨境电子商务物流(Cross-border Electronic Commerce Logistics)

跨境物流一直是制约整个跨境电商行业发展的关键性因素,尽管问题在不断地解决,服务水平在不断地提高,境况似乎仍不够理想,卖家只能感叹"适合自己的就是最好的"。面对各式各样的物流方案、物流服务商,从业人员又该如何选择那个"适合自己的"呢? 作为卖家需要优化物流成本,考虑客户体验,整合物流资源并探索新的物流形式,无疑物流的确是一个复杂的问题。为了更好地解决这个问题,现从跨境电商出口的角度,介绍五种主流跨境物流方式。

邮政包裹。邮政网络基本覆盖全球,比其他任何物流渠道都要广。而且,邮政一般为国营,有国家税收补贴,因此价格非常便宜。据不完全统计,中国跨境电商出口业务70%的包裹都通过邮政系统投递,其中中国邮政占据50%左右的份额,新加坡邮政等也是中国跨境电商卖家常用的物流方式。但邮政包裹一般以私人包裹方式出境,不便于海关统计,也无法享受正常的出口退税。同时,速度较慢,丢包率高。

国际快递。国际快递主要是指 UPS、Fedex、DHL、TNT 这四大巨头,其中 UPS 和 Fedex 总部位于美国,DHL 总部位于德国,TNT 总部位于荷兰。国际快递对信息的提供、收集与管理有很高的要求,以全球自建网络以及国际化信息系统为支撑。速度快、服务好、丢包率低,尤其是发往欧美发达国家非常方便。比如,使用 UPS 从中国寄包裹送到美国,最快可在 48 小时内到达,TNT 发送欧洲一般 3 个工作日可到达。但是,国际快递价格昂贵,且价格资费变化较大。一般跨境电商卖家只有在客户强烈要求时效性的情况下才会使用,且会向客户收取运费。

国内快递。随着跨境电商火热程度的上升,国内快递也开始加快国际业务的布局,比如,EMS、顺丰均在跨境物流方面下了功夫。由于依托着邮政渠道,EMS 的国际业务相对成熟,可以直达全球 60 多个国家。顺丰也已开通了到美国、澳大利亚、韩国、日本、新加坡、马来西亚、泰国、越南等国家的快递服务,并启动了中国大陆往俄罗斯的跨境 B2C 服务。国内快递的优势是速度较快,费用低于四大国际快递巨头,EMS 在中国境内的出关能力强。但由于并非专注跨境业务,相对缺乏经验,对市场的把控能力有待提高,覆盖的海外市场也比较有限。

专线物流。跨境专线物流一般是通过航空包舱方式将货物运输到国外,再通过合作公司进行目的地国国内的派送,是比较受欢迎的一种物流方式。目前,业内使用最普遍的物流专线包括美国专线、欧洲专线、澳大利亚专线、俄罗斯专线等,也有不少物流公司推出了中东专线、南美专线。EMS 的"国际 E 邮宝"、中环运的"俄邮宝"和"澳邮宝"、俄速通(Ruston)中俄专线都属于跨境专线物流推出的特定产品。优点是集中大批量货物发往目的地,通过规模效应降低成本,因此,价格比商业快递低,速度快于邮政小包,丢包率也比较低。但相比邮政小包来说,运费成本还是高了不少,而且在国内的揽收范围相对有限,覆盖地区有待扩大。

海外仓储。所谓海外仓储服务是指由网络外贸交易平台、物流服务商独立或共同为卖家在销售目标地提供的货品仓储、分拣、包装、派送的一站式控制与管理服务。卖家将货物存储到当地仓库,当买家有需求时,第一时间做出快速响应,及时进行货物的分拣、包装以及递送。整个流程包括头程运输、仓储管理和本地配送三个部分。目前,由于优点众多,海外仓成了业内较为推崇的物流方式。比如,2017 年 eBay 将海外仓作为宣传和推广的重点,联合万邑通(Winit)推出美国仓、英国仓、德国仓。出口易、递四方等物流服务商也大力建设海外仓储系统,不断上线新产品。海外仓储模式用传统外贸方式走货到仓,可以降低物流成本;相当于销售发生在本土,可提供灵活可靠的退换货方案,提高了海外客户的购买信心;发货周期缩短,发货速度加快,可降低跨境物流缺陷交易率。此外,海外仓可以帮助卖家拓展销售品类,突破"大而重"的发展瓶颈。但需要注意的是,不是任何产品都适合使用海外仓,最好是库存周转快的热销单品,否则容易压货。同时,海外仓储对卖家在供应链管理、库存管控、动销管理等方面提出了更高的要求。因此,对于海外仓,中国卖家需要根据自身产品需求,结合销售区域实际情况,并综合考虑海外仓使用成本及其中可能存在的法律风险,做出最适合自己的选择。

以上五种跨境物流方式基本涵盖了当前跨境电商的物流模式和特征。对于跨境电商卖家来说,最重要的是要根据所售产品的尺寸、安全性、通关便利性等特点来选择合适的物流方式,如大件物品更适合海外仓储模式,而不适合走邮政包裹渠道。另外,淡旺季对物流方式的选择也有所不同,在淡季时使用邮政包裹可以降低物流成本,旺季或者大型促销活动时使用香港邮政或者新加坡邮政更能保证时效性。最后,卖家需明确向买家说明不同物流方式的特点,为买家提供多样化的物流选择,让买家更好地根据自己的需求来选择合适的物流方式。

七、境外配送及退货处理(Overseas Delivery and Refund)

任何物流方式,都离不开境外的末端配送,"最后一公里"的运作既简单又复杂。不同国家的邮政及快递投递有很大的差异。比如,在美国,主要的邮递方式有三种:美国邮政 USPS,商业快递及 FedEx。其中 USPS 收费相对便宜,2~8 个工作日可送达。需要注意的是,欧美很多快递是休息日不送货的,因此卖家在选择配送方式时应将此考虑在内。

退货是网络购物常见却又不可避免的现象。在遇到纠纷时,绝大多数的平台都是倾向于保护买家的,也就是说一旦买家申请退货,卖家一般只能接受。退货主要受消费习惯、文化和法规政策等方面的影响,根据 DHL2015 年各国网购退货率水平报告,德国和奥地利的整体退货率高达 13%,而意大利和日本的退货率则最低,仅为 2%,中国的退货率为 5%,低于全球平均值。相对于境内退货,跨境退货又有其特殊性。跨境退货成本非常高,大多数情况下都高于产品本身的价值,因此大多数跨境退货都采取境外设点退货,并当地销毁,以节约运输成本。

八、跨境电商物流新模式——海外仓(Overseas Warehouse)

海外仓是指建立在海外的仓储设施。在跨境贸易电子商务中,海外仓是指国内企业将商品通过大宗运输的形式运往目标市场国家,在当地建立仓库,储存商品,然后再根据当地的销售订单,第一时间做出响应,及时从当地仓库直接进行分拣、包装和配送。海外仓会兴起是因为如下几点。

(一)跨境贸易电子商务的迅速发展对物流业的要求日益提高

退换货在国内网购中较为普遍,国外买家的心态与国内买家是一样的,也希望购买的东西快点送到手中,不满意还能轻松退换货,那怎么解决这个问题呢?回答是走出国门,提供与国外电商一样的本土化服务,充分利用中国制造的优势参与国际竞争,这将是跨境贸易电子商务实现可持续发展的关键。

（二）跨境电商根据企业自身需求转型建仓

第一，跨境电商与国内电商最大的区别就是把货物卖到国外，不稳定的物流体系是一大挑战。无论是企业还是个体电商，要想把生意做大，不仅要维护好自己的电子商务平台，还需要一个能降低成本、加快配送时效、规避风险的海外仓储。在前期，卖家只要把货物大批量运到海外仓库，就有专门的海外仓工作人员代替商家处理后续各项琐事，在线处理发货订单，一旦有人下单就立即完成抓货、打包、贴单、发货等一系列物流程序，这可以给商家腾出时间和精力进行新产品开发，从而获取更大的利润。第二，在海外市场，当地发货更容易取得买家的信任，大多数传统买家更相信快捷的本土服务，在价格相差不大的情况下，他们更愿意选择设置海外仓的商品，境内配送速度更快、安全性更高。特别是在黑色星期五、圣诞节等购物旺季，订单暴增，跨境配送的效率受到影响，丢包的风险加大，加上各国海关的抽查政策更加严格，例如，在途经意大利、西班牙海关时，包裹很容易被扣关检查，这将延迟配送的时间。而速度是与买家的满意度直接挂钩的，买家满意度的降低会威胁卖家账号的安全。因此，越来越多的国内卖家意识到应该选择海外仓。海外仓不仅可以将跨境电商贸易中的物流风险"前置"，还会提高客户满意度，增加成交量，待卖家的信誉和评价提高了，营业额也必然增长。第三，除了本地发货的可信度和时效性，海外仓储及其配套系统，也能给卖家带来更好的跨境贸易购物体验，节省更多的时间，降低出错率。

（三）海外仓的数据化物流体系带动跨境电商产业链的升级

从长远来看，数据化物流日趋完善将进一步带动跨境电商产业链的升级。通过数据管理物流，分析流程中的时间点数据，有利于卖家在配送过程、成品发货流程等方面找出问题，在供应链管理、库存水平管控、动销管理等方面提高效率。[①]

虽然海外仓有许多优势，但并非所有的产品都适合海外仓。以下几类商品是适合海外仓的选品：①"三高"商品，体积超大、重量超限、价值超高的产品，直邮无法满足其物流需求，快递包裹无法运送或运费太贵，如家具、园艺、灯饰、汽配、户外等品类，注意包装标准化，通过海运批量运到海外仓，物流成本能大大降低；②品牌商品，商家品牌觉醒，方便精品化管理，品牌商品需要用品质和

---

①　宋海英，许琳.海外仓——电商时代物流业发展的必然趋势［J］.全国商情（经济理论研究），2015（3）：25.

服务来实现品牌溢价，海外仓能够实现的服务正是品牌的需求，未来中国制造的品牌商品将会成为主流需求，海外仓凸显服务价值必为标配；③低值易耗品，非常符合本地需求的快消品，以及那些需要快速送达的产品，最好是热销的单品，因为库存周转快，卖家不用担心压货的事情，如工具类、家居必备用品、玩具、3C配件、爆款服装等；④国内小包快递无法运送的产品，如带电产品、液体、膏状类产品，高风险和高利润的产品，以及便于清仓的长效标品类，周转不快、不愁销路，都会有强劲的表现。现在，欧洲、美国、日本、澳大利亚等发达国家的海外仓都较为成熟，拉美、非洲、东南亚及俄罗斯等新兴市场的海外仓，因为政策法律等因素制约仍在摸索中。

跨境电子商务的迅速崛起给电子商务物流业带来了巨大的考验，随着海外订单的迅猛增长，海外仓必然成为国际物流的新模式，也是电子商务物流发展的必然趋势。

九、互联网+物流（Internet + Logistics）

李克强主持国务院常务会议时提出"推进互联网+物流，既是发展新经济，又能提升传统经济。要推动互联网、大数据、云计算等信息技术与物流深度融合，推动物流业乃至中国经济的转型升级"①。

物流行业是一个传统行业，是现代服务业中所不可或缺的一部分，但同时也是我国的行业短板。要想发展物流业，首先应规范行业行为，完善行业标准，同时也要构筑物流信息共享的体系，加快智能化配送的发展，发展冷链物流。最重要的是，在"互联网+"时代，物流不能仅仅成为配送的工具，物流业与金融业、制造业的多元融合将成为"互联网+"时代物流业发展的方向。

"互联网+物流"真正想改变的是物流环节中信息不对等以及利益链条过长的问题，直接打通供给方与需求方之间的渠道，改变旧供应链中的落后环节。

然而"互联网+物流"并不仅仅是物流环节、物流信息的变革，最终目的是完成商品流通体系的转型，让物流社区更加智能化、智慧化、便捷化，最终构筑出透明、高效、信息对等的现代物流体系，完善的商品流通系统。要实现"互联网+物流"，必须具备以下关键技术。

移动技术，包括移动通信、移动设备和移动计算。物流本质是移动的，货

---

① 中央政府网.李克强谈互联网+物流：既是发展新经济，又能提升传统经济［EB/OL］.中央政府网站，2016-07-20.

物、运输工具、人员以及操作都是移动的,移动技术可普遍应用于物流各环节,如车辆定位、货物跟踪、指令调度、客户反馈等。

大数据。物流是天然的数据制造业,地理、时间、重量、尺寸、客户、车辆等伴随包裹的存储和流动所产生的数据,以及公共交通、气候、经济等外部关联数据,构成了企业的数据池。要实现大数据驱动业务可从运营业绩、客户体验和创新业务模型三方面进行改进。

云计算与混合 IT。从软件即服务 SaaS 到现在 IT 全服务化,如基础设施即服务、平台即服务、存储即服务等,基于云服务的 IT 资源管理正颠覆企业信息化的传统路线。

消费化智能终端。智能手机更加灵活耐用,柔性屏、电池续航、三防、多模等提升,自带设备 BYOD 将成为趋势,将企业应用与员工自由智能设备统一,成为帮助 IT 轻资产化举措。

智能运输。以无人驾驶、电动汽车、增强实境 AR 及低空无人机 UAV 等为代表,基于自动驾驶系统、车载以太网、车联网及实时遥控跟踪等技术,大幅改善人机混合体验及运营业绩。

传感与物联网。低成本传感技术的普及将万事万物可数据化衡量,且采集维度多样化。数据透过移动设备间传输,将超过后台服务器间的集中式交换,从而信息与实物真正达到时空一致性,并实现流程的自驱动。

十、国际物流发展趋势(International Logistics Development Trend)

由于现代物流业对本国经济发展、国民生活提高和竞争实力增强有着重要的影响,因此,世界各国都十分重视物流业的现代化和国际化,从而使国际物流发展呈现出一系列新的趋势和特点。

系统更加集成化。国际物流的集成化,是将整个物流系统打造成一个高效、通畅、可控制的流通体系,以此来减少流通环节、节约流通费用,达到实现科学的物流管理、提高流通的效率和效益的目的,以适应在经济全球化背景下"物流无国界"的发展趋势。国际物流向集成化方向发展主要表现在两个方面:一是大力建设物流园区,物流园区建设有利于实现物流企业的专业化和规模化,发挥它们的整体优势和互补优势;二是加快物流企业整合,特别是一些大型物流企业跨越国境展开"横联综合"式的并购,或形成物流企业间的合作并建立战略联盟,有利于拓展国际物流市场,争取更大的市场份额,加速本国物流业深度地向国际化方向发展。

管理更加网络化。信息化与标准化是对当前国际物流的整合与优化起到了革命性影响的两大关键技术。标准化的推行,使信息化的进一步普及获得了广泛的支撑,使国际物流可以实现跨国界、跨区域的信息共享,物流信息的传递更加方便、快捷、准确,加强了整个物流系统的信息连接。

标准更加统一化。随着经济全球化的不断发展,本国物流与国际物流的相互衔接问题越发受到重视。现在一些国际物流企业和协会,在国际集装箱和EDI技术发展的基础上,开始进一步对物流的交易条件、技术装备规格,特别是单证、法律条件、管理手段等方面推行统一的国际标准,使物流的国际标准更加深入地影响到国内标准,国内物流日益与国际物流融为一体。

配送更加精细化。在市场需求瞬息万变和竞争环境日益激烈的情况下,要求物流在企业和整个系统必须具有更快的响应速度和协同配合的能力。更快的响应速度,要求物流企业必须及时了解客户的需求信息,全面跟踪和监控需求的过程,及时、准确、优质地将产品和服务递交到客户手中。协同配合的能力,要求物流企业必须与供应商和客户实现实时的沟通与协同,使供应商对自己的供应能力有预见性,能够提供更好的产品、价格和服务;使客户对自己的需求有清晰的计划性,以满足自己生产和消费的需要。

国际物流园区更加便利化。为了适应国际贸易的急剧扩大,许多发达国家都致力于港口、机场、铁路、高速公路、立体仓库的建设,一些国际物流园区也因此应运而生。这些园区一般选择靠近大型港口和机场兴建,依托重要港口和机场,形成处理国际贸易的物流中心,并根据国际贸易的发展和要求,提供更多的物流服务。在通关和其他办证方面,也提供许多便利。国际物流和国内物流,实际上是货物在两个关税区的转接和跨国界的流动,要实现国内流通体系和国际流通体系的无障碍连接,必须减轻国际物流企业的负担,简化行政手续,提高通关的便利化程度。

运输更加现代化。运输与仓储作为国际物流的支柱,必须实现现代化才能满足现代物流的需求。国际物流运输的最主要方式是海运,有一部分是空运,但它还会渗透在其国内的其他一部分运输,因此,国际物流要求建立起海路、空运、铁路、公路的"立体化"运输体系,来实现快速便捷的"一条龙"服务。为了提高物流的便捷化,当前世界各国都在采用先进的物流技术,开发新的运输和装卸机械,大力改进运输方式,比如,应用现代化物流手段和方式,发展集装箱运输、托盘技术等。

十一、跨境电子商务支付(Cross-border Payment)

金钱交易是跨境电商的基础,但跟国内支付不同,跨境电商因为是国与国之间买卖双方的交易,所以支付流程更显复杂。目前,面向跨境电商卖家的支付手段并不少,每个支付工具优势各异,便捷性和时效性都不同。在众多的支付工具中选择一个合适的工具,是做好跨境电商的首要条件。支付机构是境内外交易的资金通道,目前主要有以下两种支付机构。

第三方支付平台。国内电商常用的第三方支付收付款,也叫线上收单,中间交易担保并收佣,是基于本币的结算服务。用户通过有效注册,绑定自己的银行卡即可开通第三方支付。通过第三方支付平台,买卖双方可以直接在线上完成跨境支付。PayPal是一个国际第三方在线支付方式,在线付款方便快捷,另外可以解除买家付款收不到货的担忧,国外买家使用率占80%以上,买家在欧美地区覆盖广,只需要一个邮箱便能注册,开户免费。而其作为一个第三方工具,像支付宝一样,PayPal买家有什么问题是可以向PayPal投诉的。鉴于PayPal资金安全、快速以及全球市场接受度广的特点,业内普遍认为,Paypal是小额支付的首选。阿里巴巴支付宝国际版(ESCROW SERVICE)是阿里巴巴国际站和支付宝联合为国际买卖双方建立的全新在线支付平台。但是因为其现在是非常新的支付方式,目前国际市场接受度不高,主要还是应用在阿里巴巴推出的速卖通平台,操作的原理跟国内的支付宝类似。

商业银行。很多跨境电商平台都支持使用VISA、Mastercard、美国运通、JCB、银联等银行卡支付。用户只需在网上输入卡号、姓名等信息即可完成交易。其实在欧洲和美国,主流的付款方式还是信用卡方式,在欧洲和美国信用卡是连接个人信用资料的。所以信用卡的方式也是非常安全的付款方式。国际信用卡付款的风险控制,信用卡付款的风险核心点就是客户的退单和小部分的信用卡诈骗行为。例如,消费者退单或者悔单,因为国际小额贸易前期物流等其他费用投入,对卖家来说往往损失不少。而且现在很多主流的跨境电子商务平台也倾向买家。一般支付公司在提供支付服务时都提供了比较安全的各种验证加密措施,比如,跟卡组织的黑卡库等信息共享一旦碰到黑卡或者盗卡,则会被系统拒绝付款,导致订单失败。

第三方支付平台和商业银行之间既有竞争又有合作。第三方支付平台并非金融机构,但其拥有较为成熟的网络支付技术,熟悉电商行业;而商业银行作为金融机构,其网络支付技术不够成熟,对电商行业的了解不及第三方支付平台,但是他们拥有消费者和商户的账户资源,从这个方面看,两者是一种互补合作的关系。另一方面,两者又存在着竞争关系,第三方支付出现前,银行是跨境支付的唯一选择,而第三方支付出现后,用户可以绕开银行完成跨境支付。这种既是竞争又是合作的关系,促使支付机构提高跨境支付的安全性和便捷性,提升了跨境购物的用户体验。竞争必然带来支付成本的降低,现在大多数的支付机构面向买卖双方都是免费的,因此跨境商户也将从此获益。

十二、跨境电子商务人才需求(Demand for Cross-border Electronic Commerce Talents)

目前,在国家政策的推动下,许多跨境电商如雨后春笋般成长起来。另外,大量的传统外贸进出口企业也纷纷转型,向跨境电商进军,行业的迅速发展与乐观前景催生了大量的人才需求,那么跨境电商人才需要具备哪些素质呢?

首先,了解海外买家市场。海外买家从年龄上看大多为 80 后、90 后乃至"00 后"的年轻人,在布置商品和回复询盘时,卖家都需要考虑这一年龄群体的特点。同时,还应考虑到海外国家的不同国情,这样才能选对销售商品,从而获取较多利润。因此,跨境电商从业者必须深入调研海外市场,准确把握市场脉搏。

其次,熟悉跨境电商流程。跨境电商流程在贸易方式、客户主体以及适用规则上与国内电子商务有着明显的区别,因此熟悉跨境电商的基本流程十分有必要,包括跨境电商进口流程、运营流程和报关流程等。

再次,具备一定的交流能力。由于跨境电商卖家面对的是海外客户,所以能够与国外买家用外语进行日常沟通,以及为自己的商品撰写文案和软文是非常必要的。相关数据表明,速卖通上约有 30%的买家是与卖家沟通后才下单的,沟通语言大多为英语,主要方式包括电子邮件和站内信。

最后,把控物流环节。物流是跨境电商发展的关键,跨境电商人才必须了解跨境物流的主要方式,以及不同方式的优缺点,才能更好地控制物流成本,调配物流资源,为客户提供最适合的物流选择。

总之,跨境电商发展日新月异,呈现地域集中性、产业集中性、人才集中性、技术和工具的集中性特征,能否通过"互联网+"的方式完成外贸积极性的绝地反弹,关键在于跨境电商人才队伍建设,特别是构建新型的跨境电商人才培养模式,这成为当务之急。①

问答题:

1.电子商务的定义是什么?

2.电子商务有什么特点?

3.电子商务有多少种类型?

4.B2B 与 B2C 有什么区别?

5.电子商务和传统商务有什么区别?

6.电子商务对企业有什么影响?

7.电子商务对地区经济有什么影响?

8.什么是跨境电子商务?

9.相对于传统外贸方式,跨境电子商务有什么特点?

10.各主要电商平台的特点是什么?

11.Wish 平台卖家应该如何选择产品?

12.创业者应该选择哪种跨境电商模式最为合适? 为什么?

13.我国发展跨境电商有哪些优势?

14."一带一路"北线、中线和南线跨境电商发展各有什么特点?

15.什么是国际物流? 国际物流有哪些特征?

16.为什么说运输和储存是国际物流的两大支柱?

17.在国际物流中,国内运输段和国际运输段两者的关系是什么?

18.邮政包裹渠道适合什么类型的商品运输?

19.跨境退货应该如何处理?

20.海外仓储的优缺点是什么?

21.为什么说"海外仓"是电子商务物流发展的必然趋势?

22.什么品类适合海外仓?

23.如何才能真正地推进"互联网+物流"?

24.为什么国际物流的发展要求标准要统一化?

参考文献

[1]孙韬.跨境电商与国际物流[M].北京:电子工业出版社,2017.

---

① 严行方.跨境电商业务一本通 [M].北京:人民邮电出版社,2016:11-30.

[2]王任祥.国际物流 [M].杭州:浙江大学出版社,2013.

[3]严行方.跨境电商业务一本通 [M].北京:人民邮电出版社,2016.

[4]宋海英,许琳.海外仓——电商时代物流业发展的必然趋势 [J].全国商情(经济理论研究),2015(3).

[5]王明辉.中国跨境物流与供应链贸易市场分析[J].中国市场,2011(10).

[6]中央政府网.李克强谈互联网+物流:既是发展新经济,又能提升传统经济 [EB/OL].中央政府网,2016-07-20.

第二章

B2B 阿里启橙
（Ali Orange Discovery）

　　阿里巴巴国际站的主色是橙色,因为橙色通常会给人一种朝气活泼的感觉,它通常可以使原本抑郁的心情豁然开朗。这种温暖、安全的感觉会让你在阅览中平静下来。阿里巴巴副总裁童文红曾说过:"阿里巴巴的颜色是橙色,橙色是一种让人快乐的颜色。"

　　本章标题"启橙"结合了阿里巴巴国际站针对外贸业务的启橙学院和针对企业老板的橙功营。"启橙"谐音"启程",用于表达阿里巴巴的企业文化,象征开启阿里巴巴跨境电商之旅。

　　本章主要介绍阿里巴巴国际站的基本要素、平台注册及实地认证、业务人员素质及工厂接待要求等。

学习要点

阿里巴巴国际站首页基本要素

阿里巴巴国际站全球旺铺

阿里巴巴国际站会员需要的条件

阿里巴巴国际站会员实地认证

跨境电商 B2B 工厂接待要求

跨境电商外贸业务人员素养

第一节　阿里巴巴国际站及全球旺铺
（Ali Golden Supplier & Ali Global Minisite）

一、什么是阿里巴巴国际站？（What is Ali Golden Supplier？）

阿里巴巴国际站是一个国际性的推广企业间的交易信息贸易平台。作为国际性的推广平台,阿里巴巴国际站帮助中小企业向海外买家展示、推广企业和产品。下面是阿里巴巴国际站 alibaba.com 的英文简介。

阿里巴巴的 B2B 网站包括诚信通 1688.com 和出口通 alibaba.com,我们本书中所涉及的阿里巴巴国际站是 alibaba.com,中文名称为出口通,也称为中国供应商,行业内经常简称为"中供"。

About Alibaba.com

Launched in 1999, Alibaba.com is the leading platform for global wholesale trade. We serve millions of buyers and suppliers around the world.

Our Mission

As part of the Alibaba Group, our mission is to make it easy to do business anywhere.

We do this by giving suppliers the tools necessary to reach a global audience for their products, and by helping buyers find products and suppliers quickly and efficiently.

One-Stop Sourcing

Alibaba.com brings you hundreds of millions of products in over 40 different major categories, including consumer electronics, machinery and apparel.

Buyers for these products are located in 190 + countries and regions, and exchange hundreds of thousands of messages with suppliers on the platform each day.

Anytime, Anywhere

As a platform, we continue to develop services to help businesses do more and discover new opportunities.

Whether it's sourcing from your mobile phone or contacting suppliers in their local language, turn to Alibaba.com for all your global business needs.

二、阿里巴巴国际站首页（Ali Website）

按照常规网页的浏览习惯,常规浏览网页的顺序和我们日常书写字母"F"的顺序相同,所以首先看到是"F"的左上角,然后横向上"–",竖向"|"。阿里国际站在 IE 地址栏输入 www.alibaba.com,即可进入阿里巴巴国际站的首页第一屏(电脑一个页面为一屏)。阿里国际站本身就是一个营销型网站,同时阿里巴巴给予企业入驻的阿里旺铺也基本与"F"型网站相似。如下图 2.1 所示:

图 2.1　阿里巴巴国际站"F"型网页

首页第一屏的顶部是采购、会员服务、帮助和社区导航栏,点击可以进入相应的页面。导航栏下面是搜索框,右边是登录区域。由于在日常实操过程中,经常有仿冒阿里网站的链接,所以对阿里网站的认知非常重要。

最左侧的"MY MARKETS"区域,是阿里推出的一个智能类目导航区块,不同行业的人看到的排序是不一样的,该区块类目的排序也会根据海外买家的喜好而变化。例如,如果买家经常访问的产品是"Apparel"类目下的产品,那么该区域显示的首选类目就是"Apparel",该区域的目的是让海外客户以最快的速度获取自己想要的信息。

中间轮播图区域,是由四张带链接的图片组成的,这里主要是阿里的活动及阿里产品的推介区域,是会经常变动的。

右边是阿里巴巴为买家推荐的一站式采购解决方案(One–Stop Solution)。阿里巴巴会定期举行招商活动,卖家可以在后台的活动中心参与报名,阿里巴巴根据卖家表现行为进行参与活动名额分配。报名成功的产品就会出现在这个"One–Stop Solution"的产品列表里面。

　　再看第二屏,这是阿里针对客户的一个推广区(见图2.2),分别为新品推荐(New Arrivals)、顶展(TOP-Ranked Products)、一件代发(Dropshipping)、阿里自营(Global Original Sources)、视频营销(True View)。这几个区域出现的产品大部分是由商家在阿里进行的付费推广。商家可以根据自身的情况进行相应的广告预算和推广。

图2.2　针对客户的推广区

　　其次是RFQ区块(见图2.3),海外买家可以从这里直接发送RFQ。RFQ(Request for Quotation)是指买家发布采购需求,等待供应商来主动报价,买家再对供应商和产品进行筛选。

图2.3　RFQ区块

接下来我们看第四屏内容,如图2.4:

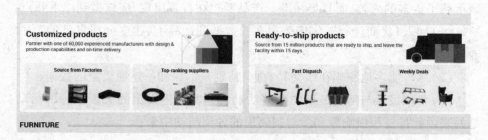

图2.4 买家喜好匹配推荐图

这里的重点是"TOP SELECTED SUPPLIERS",这里系统也是根据买家喜好进行匹配推荐,这里所展示的是交易数据较好的商家,所展示的产品点击后直接链接到该商家的"优商专区"页面。所以要出现在这里的条件是加入优商专区,并且有很好的在线交易数据积累。下面的小国旗区域是各个国家的阿里店铺专区(英文版)。

最后,在这个下面还有一个"MY RECENTLY VIEWED ITEMS(最近查看的产品)"展示区域,如图2.5(为了保密必须登录账号可见)。

图2.5 最近查看的产品展示区域

阿里巴巴国际站首页根据客户喜好智能匹配展示的方法使有限的首页区域承载了更多的内容,而且更精准。产品要想在首页出现,应该做到以下几点:

(1)加入"优商计划",绑定公司在线数据到产品上,建立公司自己的"优商专区"页面;

(2)尽可能多地积累在线交易数据,特别是信保和一达通渠道的数据;

(3)要积极参与阿里最新的一些活动,例如,最近推出的关于视频的活动,总的来说就是要积极响应和参与到阿里的各项活动中来;

(4)提升平台综合权重。

了解阿里国际站本身的页面,有助于我们了解如何让我们的产品出现在哪里的页面,也有助于了解阿里巴巴的运营大趋势。商家可以根据本身的大趋势安排自身的推广计划和做阿里国际站的推广预算。阿里巴巴作为一家国际级的营销型平台,也根据市场的情况进行相应区域的调整,作为阿里国际站的卖家,我们一定要跟上阿里国际站的步伐,通过首页了解阿里的发展趋势、国际电商趋势,只有顺应国际电商形式的变化才能在电商行业如鱼得水。

三、阿里巴巴国际站卖家全球旺铺(Ali Global Minisite Stores)

进入阿里巴巴卖家首页,首先要进入阿里巴巴国际站首页,然后在登录区域找到"My Alibaba",点击"Sign In"进入登录界面(图2.6),登录后找到"我的全球旺铺",点击"查看",就会进入卖家首页。或者是在阿里巴巴国际站首页的搜索栏输入公司名称,亦可进入卖家首页。

图2.6　卖家登录界面

卖家首页俗称"全球旺铺",是阿里巴巴提供给供应商的全球企业展示和营销网络,能够帮助供应商开启全球网上贸易。卖家首页主要包括公司板块、产品板块和营销板块。卖家可以根据行业的特点、公司的特点以及产品特色等,使用阿里巴巴国际站的旺铺装修对公司首页进行设计装修,展示公司的整体实力和产品的特殊优势,吸引国外的买家。图2.7是东莞斯迈特家具有限公司的卖家首页的第一屏,我们可以看到公司的名称、会员类型、背景图、网站导航、客户人员、Banner(横幅广告)等信息。

图2.7　卖家首页展示图

卖家首页一般长度在10屏以内,包含公司简介、产品陈列以及产品推广等信息,如图2.8所示:

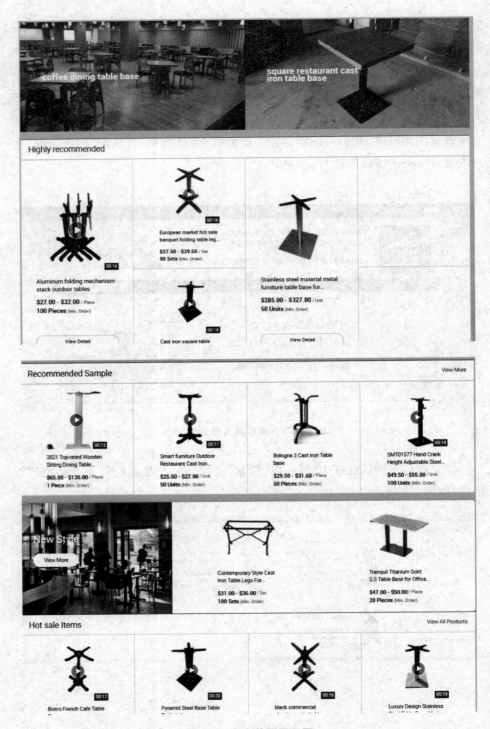

图 2.8 卖家首页展示图

在实操过程中,要按照阿里国际站规则的变化去设置首页产品的排列。同时也应该根据公司产品的发布顺序及情况做相应的调整,以更好地展示产品,吸引流量。

第二节 阿里巴巴国际站模块及名称解释
(Ali Gold Supplier Definition)

阿里巴巴国际站作为跨境电商的杰出代表平台,也离不开电商方面的相关内容。本节就阿里巴巴国际站涉及的一些内容进行细化的解释。这些内容在其他的电商平台中也同样适用。在实操中,我们根据实操效果转换成曝光,通过曝光来吸引点击,通过点击量的增加来吸引有兴趣的买家发询盘。

一、旗帜广告(Banner)

Banner 是网站页面的横幅广告,又称为旗帜广告。在阿里国际站全球旺铺里面包括两个 Banner,一个是展示公司形象的店招 Shopper Banner,一般尺寸为宽 1200mm×高 280mm;另外一个为轮播横幅 Banner Slider,这个尺寸为 1200mm×250mm,1200mm×350mm,1200mm×450mm 三个可选,轮播横幅最多可以设置 5 个,公司可以根据推广的产品进行设置。横幅广告是最常见的网络广告形式,是互联网界最为传统的广告表现形式,其形象特色早已深入人心。横幅广告通常置于页面顶部,最先映入网络访客眼帘,创意绝妙的横幅广告对于建立并提升客户品牌形象有着不可低估的作用。Banner 的设计内容可以是展会预告或剪影、销售团队合影、优势或热销产品推荐、产品结构解析、工厂图(车间、样品室、办公室、流水线等)、模特图等。Banner 通常可以链接至某一产品组。以下分别是某家具公司、某玩具公司和某服装公司的 Banner 展示。

二、点击付费(P4P)

点击付费(Pay-Per-Click)即每次点击付费,在阿里巴巴国际站又称为外贸直通车或 P4P(Pay for Performance,即按效果付费)。点击付费是阿里巴巴为会员提供的供应信息按点击计费的推广服务,旨在帮助会员提升产品知名度和销售额。卖家需要先预存款项,然后选择要推广的信息,提交用于推广的关键词,为关键词设置卖家为获得一个点击愿意承担的最高价格。系统将已设置完成的信息投放上网,曝光展示,若产生点击,按照点击消耗结算费用。

点击付费按照卖家设置的关键词付费,按照点击的次数付费,一般建议在实操过程中,不要使用泛关键词,比如,酒店家具行业大行业为 Furniture,如果用 Furniture 点击付费推广导致付费的费用很高,效果不一定非常明显。在使用中用稍微精细的关键词,比如,酒店家具行业用 Hotel Furniture 效果更直接。

三、竞价排名(TOP Ranking)

竞价排名(TOP Ranking)是出口通会员专享的搜索排名服务。当买家在阿里巴巴网站搜索供应信息时,竞价企业的信息将排在搜索结果的前五位,被买家第一时间找到。竞价排名的基本特点是按点击付费,推广信息出现在搜索结果中(一般是阿里相关关键词排名第一页前 20 位的位置)。竞价排名一般是固定排名,指通过固定的出价在固定的时间排在固定的位置。

在搜索引擎营销中,竞价排名的特点和主要作用如下:

(1)按出价排名,操作相对简单;

(2)出现在搜索结果页面,与用户检索内容高度相关,增加了推广的定位程度;

(3)竞价结果出现在搜索结果靠前的位置,容易引起用户的关注和点击,因而效果比较显著;

(4)搜索引擎自然搜索结果排名的推广效果是有限的,尤其对于自然排名效果不好的网站,采用竞价排名可以很好弥补这种劣势;

(5)企业可以自己控制点击价格和推广费用,但是一般需要努力才能争取到位置,并且费用也不低;

(6)企业可以对用户点击情况进行统计分析。

四、关键词(Key Words)

关键词(Key Words)特指单个媒体在制作使用索引时所用到的词汇。简单来说,跨境电商的关键词就是买家在搜索产品时会用的词语。关键词搜索是买家找寻产品的主要方法,一个高质量的关键词能够帮助卖家快速地提高曝光量。关键词则是吸引买家眼球的一个关键部分,优质的关键词能给产品带来较高的曝光、点击和转化,因此用好关键词能给卖家带来非常多的益处。关键词上体现出来的信息,可以有产品的款式、颜色、材质、功能、包装、用途以及其他方面的优势,越具体越好,越是买家关心的越好,越能与竞争对手产生差异越好。

例如,在阿里巴巴国际站后台,可以通过数据管家里面的行业视角查看本行业的热门搜索词。服装行业的热门搜索词前四名分别是 women dresses、dresses women、sex girls photos clothes、clothing。

五、曝光和点击量(Views and Clicks)

假设我们去逛街买一款童装,在逛街的过程中所看到的所有商品都会产生曝光(Exposure or Customer Views)。阿里巴巴国际站的曝光是指买家在搜索结果列表页和按照类目浏览列表页中看到的产品信息或公司信息的次数统计。

通常说的网站流量(Traffic)是指网站的访问量,是用来描述访问一个网站的用户数量以及用户所浏览的页面数量等指标,常用的统计指标包括网站的独立用户数量(一般指 IP)、总用户数量(含重复访问者)、页面浏览数量、每个用户的页面浏览数量、用户在网站的平均停留时间等。

点击量(Clicks)是指展示在搜索结果页面中的产品信息被买家点击浏览的次数。点击量是按照独立 IP 来定的,也就是一个 IP 的一个用户算一个点击量,而刷新流量就是 PV(Page View),同一个 IP 可以刷新多次页面,每一次就是一点 PV。阿里国际站的 Clicks 只限于国外点击。

“点击率”来自英文“Click-through-Rate”(点击率)以及“Clicks Ratio”(点击率),是指网站页面上某一内容被点击的次数与被显示次数之比。

六、询盘(Feedbacks)

询盘(Inquiry),阿里巴巴国际站叫 Feedbacks,是指交易的一方准备购买或出售某种商品,向对方询问买卖该商品的有关交易条件。询盘的内容可涉及价格、规格、品质、数量、包装、装运以及索取样品等,而多数只是询问价格。所以,业务上常把询盘称作询价。买家可以在阿里巴巴上查看到卖家邮箱(通常与阿里巴巴账号绑定),将询盘发送到邮箱,或者是直接通过站内信向卖家发送询盘。卖家可以通过阿里巴巴国际站的询盘页面,或者是登录阿里旺旺国际版 TradeManager(阿里巴巴专门为广大的国外用户推出的一款即时聊天工具)查看询盘。如图 2.9 和图 2.10 所示:

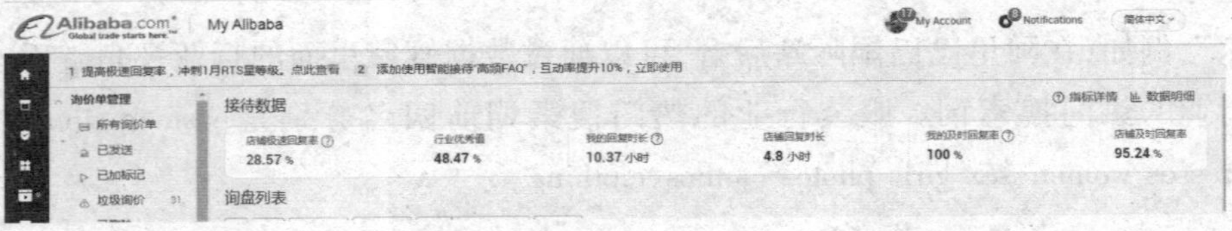

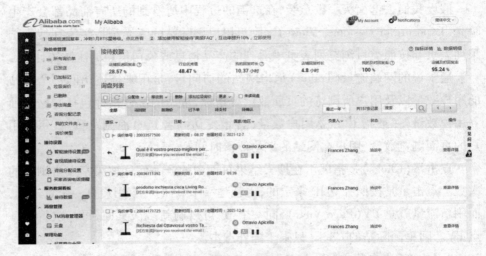

图 2.9 阿里巴巴国际站后台的询盘页面

图 2.10 阿里旺旺国际版 TradeManager 的询盘页面

七、反馈量和转化率(Inquiries,Conversion Rate)

反馈量(Inquiries)是指买家针对店铺产品信息和公司信息发送的有效询盘数量。

转化率(Conversion Rate)指在一个统计周期内,完成转化行为的次数占推广信息总点击次数的比率。计算公式:转化率=(转化次数/点击量)×100%。例如,10 名用户看到某个搜索推广的结果,其中 5 名用户点击了某一推广结果并被跳转到目标 URL 上,之后,其中 2 名用户有了后续转化的行为。那么,这条推广结果的转化率就是(2/5)×100%=40%。

以下是阿里巴巴国际站后台关于某店铺的流量、点击、反馈等数据的统计,如图 2.11。

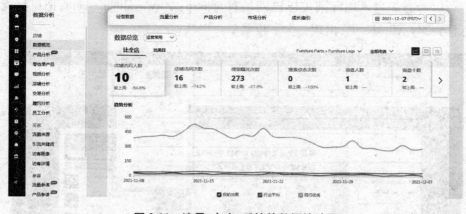

图2.11 流量、点击、反馈等数据统计图

问答题：

1.什么是阿里巴巴优商专区？

2.阿里巴巴卖家首页包括哪些板块？

3.什么是关键词？关键词如何分类？

4.曝光、点击量和询盘之间是什么关系？

第三节 B2B网站注册及实地认证
（Registration and Certification）

一、阿里巴巴国际站会员需要的条件

阿里巴巴国际站会员类型主要分为付费会员和免费会员两种。免费会员的权限非常有限,不能发布产品,不能查看求购信息上买家的联系方式,也不能通过阿里巴巴国际站的反馈渠道主动联系买家。普通会员的注册方式如图2.12、图2.13、图2.14、图2.15、图2.16:

（一）首先进入国际阿里巴巴网站首页 http://www.alibaba.com，把鼠标光标移到 My Alibaba 上，出现一个下拉菜单。

图 2.12　普通会员注册页面

（二）点击其中的 Sign in 进入阿里巴巴登录界面，然后点击免费注册。

图 2.13　普通会员注册页面

（三）进入注册界面,将已经申请好的邮箱输入注册界面,并且滑动滑块到最右边。

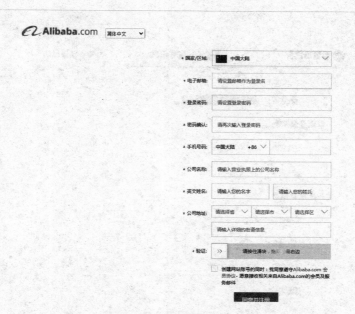

图 2.14 普通会员注册页面

（四）点击下一步,进入邮箱验证,登入邮箱验证。

图 2.15 普通会员注册页面

（五）邮箱验证成功,设置登录密码,填写手机号码、公司名、座机号码、地址等信息后,手机会接受登录的验证码,完成注册。

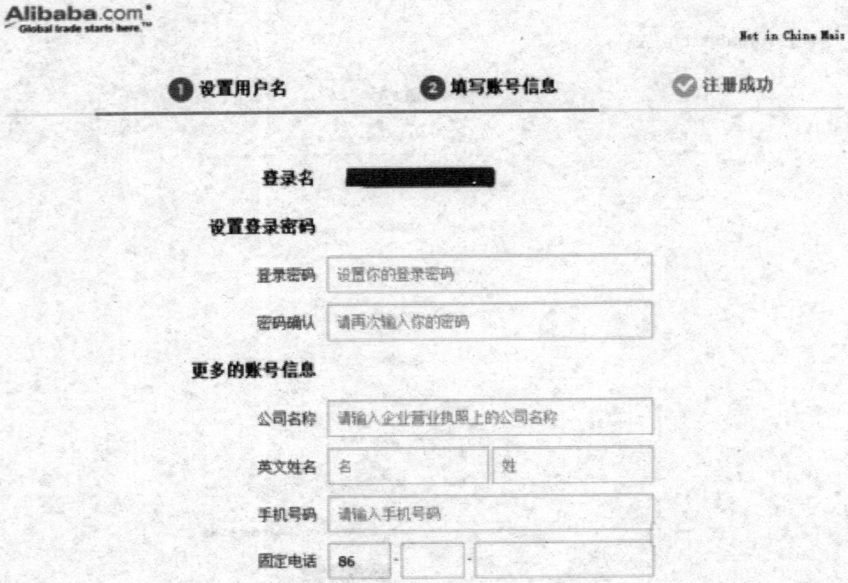

图 2.16 普通会员注册页面

二、阿里巴巴国际站会员实地认证

阿里巴巴国际站付费会员可以享受一站式的店铺装修、产品展示、营销推广、生意洽谈及店铺管理等全系列线上服务和工具。同时,阿里巴巴客户经理会上门提供一年专业的售后服务,负责阿里巴巴后台培训指导和相关企业老板、外贸交流会的通知! 付费会员开通方式如下。

（一）联系阿里巴巴当地的客户经理,提供 1 个邮箱给客户经理,用于接收国际站后台的 ID 和 password,进行后台公司和产品资料的提交。网上电子合同订单下单、付款(必须在 5 个工作日内)。

（二）通过网上电子转账或开具支票的方式付款。

（三）提供大陆企业营业执照副本复印本,必须通过工商行政部门年检。

（四）阿里巴巴平台合同到款后即可开始填写公司、部分产品信息。

（五）输入 ID 和 password 进入后台操作: 填写认证信息,填写公司信息,发布产品信息(阿里巴巴国际站上线前只能发布部分产品,上线后就可以上传无数产品）。

（六）配合阿里巴巴服务人员进行实地认证（客户基本资料采集）。

实地认证需要提供以下资料（阿里巴巴客户经理上门拍照），并填写认证确认书。（见表2.1 认证确认书）

表2.1 认证确认书

资料采集	营业执照	要求营业执照副本原件采集。营业执照有效期必须大于一个月。
	经营场地证明	工厂厂房或贸易公司办公地，如果是自己的产权，提供房产证原件。如果是租用的，提供租赁合同。租赁合同是非正规合同的，还需要让房东提供房产证原件或当地居委会开具的有效证明。
	现场照片	（1）必须采集企业大门口和办公环境两个场景的照片。 （2）如果表单中选择现场有"生产设备"，还必须采集车间/仓库/样品间中的至少一张照片。

（七）资料提交第三方认证公司审核通过后，客户可根据自身需要确定推广开通的时间。开通后，拥有一个主账号，同时你还可以创建5个以内的子账号，然后就可以上传产品了。例如，图2.17是阿里巴巴国际站发给开通企业的确认邮件。

（八）阿里开通和实地认证通过之后，企业要对账号进行设置，一般账号都可以配备5个子账号，操作达到一定的情况可以申请增加，阿里要通过增加账号的审核比较严格，很难通过。子账号一般要求手机和邮箱绑定。（见图2.18）

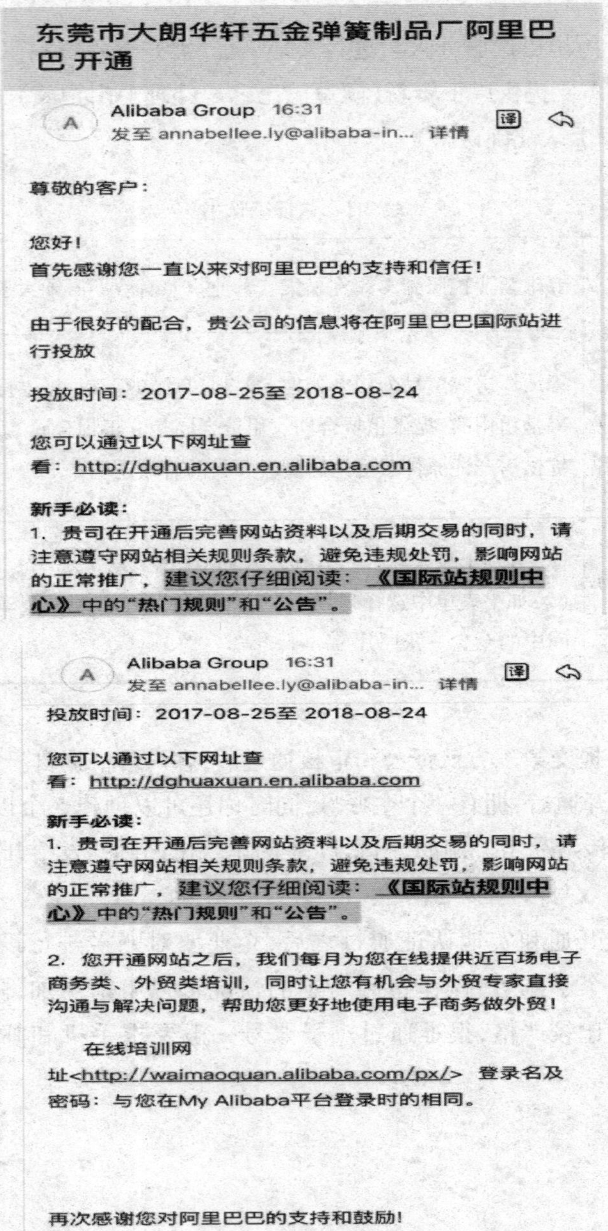

东莞市大朗华轩五金弹簧制品厂阿里巴巴 开通

A　**Alibaba Group**　16:31
发至 annabellee.ly@alibaba-in...　详情　

尊敬的客户:

您好!
首先感谢您一直以来对阿里巴巴的支持和信任!

由于很好的配合,贵公司的信息将在阿里巴巴国际站进行投放

投放时间: 2017-08-25至 2018-08-24

您可以通过以下网址查
看: http://dghuaxuan.en.alibaba.com

新手必读:
1. 贵司在开通后完善网站资料以及后期交易的同时,请注意遵守网站相关规则条款,避免违规处罚,影响网站的正常推广,建议您仔细阅读: _《国际站规则中心》_ 中的"热门规则"和"公告"。

A　**Alibaba Group**　16:31
发至 annabellee.ly@alibaba-in...　详情

投放时间: 2017-08-25至 2018-08-24

您可以通过以下网址查
看: http://dghuaxuan.en.alibaba.com

新手必读:
1. 贵司在开通后完善网站资料以及后期交易的同时,请注意遵守网站相关规则条款,避免违规处罚,影响网站的正常推广,建议您仔细阅读: _《国际站规则中心》_ 中的"热门规则"和"公告"。

2. 您开通网站之后,我们每月为您在线提供近百场电子商务类、外贸类培训,同时让您有机会与外贸专家直接沟通与解决问题,帮助您更好地使用电子商务做外贸!

在线培训网
址<http://waimaoquan.alibaba.com/px/> 登录名及密码: 与您在My Alibaba平台登录时的相同。

再次感谢您对阿里巴巴的支持和鼓励!

图 2.17　开通企业确认邮件

图 2.18　子账号管理验证图

问答题：

1. 如何注册阿里巴巴国际站会员？

2. 阿里巴巴国际站会员类型有哪些？各有一些什么权限？

3. 如何进行阿里巴巴国际站的会员实地认证？

第四节　B2B 工厂接待要求和业务人员素养
（To Be a Qualified Cross-Border Salesperson）

供应商对于 B2B 跨境电商来说是一个重要的模块，同时由于 B2B 跨境业务中涉及金额相对较大，所以一般合作前国外客人都会来进行供应商拜访。其中包括工厂认证等，为了降低成本和保证沟通的时效性，有些国外客户倾向于和直接工厂合作，主要原因有三点：（1）客户认为贸易商价格高；（2）沟通不便，所有事情需要反馈工厂之后再沟通；（3）质量和交期无法监控。因此，即使是贸易公司，也一定要有稳定的合作工厂。

通常，国外客户如果提出需要到公司来参观一下，这时合作的概率是很大的，所以外贸公司都非常重视国外客户工厂的参观和接待。客户的接待和沟通也离不开优秀的外贸业务员。

一、B2B 客户接待（Customer Reception）

（一）来访前的准备

1.客户从国外过来

如果客户在来中国前要我们帮他订酒店，我们要了解他在中国的行程安排,几个人? 想住几星级的酒店? 接受多少价位的? 要多少个房间? 住几个晚上? 看厂后还要去其他什么地方? 如果酒店是在市区繁华地段而且酒店名气比较大,最好提前 3 天帮客户预订,有的甚至要提前一周预订,预订的时候可能还要用到客户护照的扫描件。酒店至少要选 3 星级以上的,环境要舒适整洁,工厂可以和经常合作的酒店签一个协议,我们带客户来入住都要给到最优惠的价格。第一次来访的陌生客户,一般没必要帮他付房费。

如果要去机场接客户,我们事先要清楚客户的航班和到达时间,我们好知道在什么时间、哪个出口等他。如果你是第一次见这个客户,可以在出口举个牌子,上面写着客户的名字和自己的公司名,让客户一出来就能找到我们。接到客户后,我们可以为客户买一张中国手机卡方便联系,或者他已经有中国号了,我们可以主动为他充值。

2.客户已经在中国

如果客户自己坐车或者开车来工厂,我们要事先通过邮件或短信告知客户工厂的中文地址或者乘车路线,最好让客户出发前电话通知一下,好让我们有充足的时间做准备;客户出发之后,也要和客户保持电话联系,防止客户临时变更计划或者走错路,业务员一定要熟悉工厂的地理位置,懂得给别人指路。

如果客户要我们开车去接他,要问清楚客户的所在地,查好行车路线或者设置导航。尽量在和客户约好的时间之前到达,记得上车时主动为客户开车门。途中业务员一定要主动和客户聊聊天,增进彼此的了解。开车时可以放一些客户国家民族的音乐,让客户感觉到非常亲切。车上可以备一些水和零食,放几本公司的产品目录册,方便客户在来厂之前就对公司产品有所了解,节省了在工厂介绍产品的时间。如果是下雨天,车上最好放几把雨伞。去外面接客户至少要一个业务员和一个司机两人同行,不能让司机自己去接,司机不宜和客户聊天,应该专注开车。

开车接送客户的时候,客户一般要坐在司机后面的位置,司机身后的位置才是最安全的,也是贵宾座位,陪同的业务员可以坐在客户旁边,如果客户不止一个人，业务员可以坐在副驾驶。根据客户的人数，要考虑用不同大小的车去接送。

3.工厂接待准备

首先，确认会议室是否被其他客户占用。在会议室准备谈判文档资料，如产品目录、报价单、技术图纸、资质认证等，特别是之前发给客户的文件，还有笔记本、笔、草稿纸、测量工具、相机、茶叶、咖啡、纯净水、零食糕点等。准备好客户要看的样品，样品要精心处理过的。必要的话，准备一台可以上网的笔记本电脑和投影仪，可以直接把产品通过视频演示给客户看。会议室最好安装WIFI，方便客户上网。

其次，公司的门口或者大厅可以放一个欢迎牌，写上客户的名字，往往很多外国客户看到这个都会很惊喜。

（二）来访中的接待

客户自行乘车或开车来到工厂时，负责接待的业务员要主动出公司门迎接，热情地问候并介绍自己。如果是我们开车去把客户接回来的，到工厂时，业务员要马上下车为客户开门，带领客户到会议室。如果是非常重要的客户，可以召集所有业务员在办公室门口列队，铺上红地毯，等客户进门时，一起鼓掌热烈欢迎。

带领客户进入会议室，业务员要介绍宾主双方的人员，先把我们的同事介绍给客户，从职位高的介绍到职位低的，交换名片和握手也是一样，从职位的高到低，问客户要喝什么饮料（Tea or Coffee or Purified Water），一般来说，欧洲和美洲客人是需要冷的甚至是冻的饮品，即使在冬天也是如此。谈得比较久的话，可以拿出一些零食给客户吃。如果客户没带名片，请客户写下他的联系方式，越详细越好，特别是邮箱和手机号码。即使是贸易商介绍来的客户，也尽量让客户留下联系方式，方便日后我们直接联系。会议室的座位安排是有讲究的，我方人员应坐在会议室靠门近的位置，客户与我们对面而坐。客户如果来了一大批人，其中职位最高的应该坐在会议桌的中心位置。如图2.19所示：

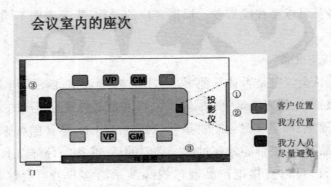

图2.19 会议室座位安排图

入座后,先递上我方公司的目录册,让客户了解我方公司的概况和产品,同时可以播放一下介绍公司的PPT或者视频,体现我方公司的历史、规模实力和资质认证等。接下来进入洽谈阶段,首先,要了解清楚客户的需求,大概知道客户要哪些产品,提供样品或者带客户到样品室参观。业务员在一旁解说产品的结构、技术参数和功能等,解答客户的疑问,同客户确认好具体所需的产品以及相关规格、质量要求和数量等细节。如果样品的功能比较复杂,可以现场演示一下产品的功能,既然客户来到了工厂,就让他亲眼见证我方的产品特色和优势。全程洽谈中,业务员要记录好谈话内容,包括客户对产品的细节要求,和后期的交易条件等。

看完样品后,带客户看生产车间,预先通知生产部门的主管,让工人配合一下,把工厂的卫生打扫干净,如果生产车间环境比较恶劣,要给客户一些防护服、鞋帽、口罩等。参观的路线可以按照生产线从原材料开始到成品区,业务员为客户简单介绍每一个工艺步骤,如果车间正在生产客户想要的产品,那就更好了,业务员可以详细说明一下,证明这些产品是我们自己生产出来的。一般不允许客户拍生产车间的照片,如果客户一定要拍照,最好有老板的允许。

返回会议室,根据客户的最终要求制作详细报价单,注意不要在客户面前直接做报价表(如果产品简单且种类不是很多,可以先口头或者书面报价,等客户确定了再制作正式的报价表)。如果客户的陪同谈判人员不止一个,报价表最好人手一份。打印报价表前,业务员还要确认一下价格、规格等信息有没有错误。如果之前在邮件上报过价,要事先把这些资料准备好打印给客户。业务员要在一旁解释一下报价表的内容,可能有些客户会看不懂你报价表的格式。

经过一番讨价还价之后,客户接受了我们的价格和条款,可以做合同给客户,两份合同双方都签字盖章,确认订单。如果客户现场付定金,要叫财务来收钱,当面清点数目,业务员最好不要亲自收钱,否则钱少了谁也说不清楚。收了钱之后做一份英文的收据给客户。最后,把报价、合同和业务员的名片订在一起装在文件袋里给客户。即使客户没有当场说要下单,我们也做好一份合同给客户,把所有内容都填好,盖好章,稍微给客户一点心理压力。

谈判结束后,业务员和客户拍照合影,最好能选在有公司 logo 的地方或者样品区拍照。如果和客户关系比较好,可以赠送一些有纪念价值的小礼品给客户。

到了吃饭的时间,我们可以邀请客户共同进餐,增进感情,注意要问客户禁食什么东西,要清楚客户国家民族的饮食习惯。我们可以带客户到附近中西结合的餐厅,问客户平时爱吃什么,主动帮客户点菜,翻译中文的菜单。下单时,和服务员说一定要先上客户点的主食,注意上菜的顺序,等客户开始用餐了,我们才能开始一起吃。上菜时,主动帮客户递餐具,国外客户用不惯中国的筷子,一定要准备叉子和勺子,为客户夹菜也最好用公筷。客户停止用餐后,问客户是否吃饱,还需要点其他什么吃的。具体的涉外用餐礼仪见本教材第六章。

客户准备回去,问客户接下来的行程安排,开车送客户到他想要去的地方(酒店、机场、附近地铁口、其他工厂),即便客户想要去其他同行的工厂,我们也不妨送他一程,既能显示我们宽大的胸怀,也可以了解客户去了哪家同行,做一下对比。客户自驾车的,送客户出公司门,客户上车后,业务员要看着客户的车子离开公司后,才可以走开。

(三)来访后的跟进

同客户告别后,用电话或者短信感谢客户的来访,询问一下客户对我们的工厂和产品有什么看法,在客户离开酒店或登上飞机离开中国前要致电问候一下,祝愿客户返程愉快!

等客户回国后,可以发邮件或打电话问一下客户的近况,先发同客户合影的照片,然后把客户之前所要的报价、合同等电子版资料发给客户,如果没有当场下单,我们可以隔一段时间追问一下客户采购计划是否有新的进展。

二、跨境电商外贸业务人员素养(Cross Border Salesperson's Requirements)

产品是一个企业的核心,业务人员是企业的盈利和发展的保证。优秀的外贸业务员是每个外贸企业梦寐以求的。而每一名优秀的外贸业务员都需要从基层做起,进行磨炼和培养,以达到以下几个方面的要求。

（一）个人素养要求

稳定心态：在没有客户之前心态对外贸工作来说非常重要，有些人虽然资质平平，如果勤加苦练，日夜不息，最后也能够脱颖而出，也可能成为优秀的外贸业务员。可能有的人坚持一段时间还没有业绩，以为自己在做无用功。其实对于新人来说，无用功这个阶段很重要，绝大多数外贸人都是从这个阶段走过来的，这个时候就要思变，每天晚上夜深人静的时候想一想，问一问自己，为什么努力没有结果，是强度不够，还是方法不对，是开发信格式不吸引人，还是报价格式不对，还是客户对你的产品没有兴趣？学会总结和反思，思想的进步和升华会给你带来意想不到的作用。

为人真诚：真诚是决定一个人做事能否成功的基本要求。作为外贸业务员，必须抱着一颗真诚的心，诚恳地对待客户，帮客户解决问题，赢得客户的尊重与信任，客户才愿意把订单交给我们。做外贸不仅仅需要我们学会怎么接订单，同样需要我们学会如何做人。

不畏困难：在做外贸业务中遇到难题，做错事情，或者遇到不好的人、不好的事，千万不要逃避，面对它们，解决它们，再面对，再解决，但是一定要注意总结，做到同样的错误不犯第二次。等你不再出错或者遇到困难都谈笑风生的时候，你就会感谢这些错误、这些问题和这些人，因为是他（它）们让你成长，让你进步。

坚持不懈：外贸工作实际是很辛苦的，这就要求业务员要具有能吃苦、坚持不懈的韧性，不抛弃，不放弃。"吃得苦中苦，方为人上人"。外贸工作绝不是一帆风顺的，会遇到很多困难，但要有解决的耐心，要有百折不挠的精神。有困难要迎面而上。我们的宗旨是把不可能变为可能。可以做不出单子，但是永远不要丢弃我们对外贸的激情、热忱和自信，还有坚持不懈的决心和持之以恒的恒心。

（二）语言能力

英语及其他外语能力：我们的大部分外贸业务员的核心工具是英语。英语也是世界上应用最广泛的语言之一。不断地提高英语水平，绝对是外贸业务员的必要功课。良好的英语读写和口语交流水平不仅能保障与客户的沟通畅通无阻，促成外贸业务的成交，还能展示业务员的个人魅力和公司的整体实力。同时由于跨境涉及国家更广，具备更多的外语能力更佳。

沟通能力：良好的语言表达和沟通能力是职业发展的推动力。对于外贸业务员来说,只有有效发挥自己的沟通技巧,才可以从容谈判接单,留住老客户,发展新客户,不断开辟商品购销新渠道,扩大进出口贸易数额。

(三)专业知识

B2B 外贸业务主要包括报价、接单、下生产订单,安排运输、报关、商检等,货物出口之前需要经过一系列复杂的程序。而这些过程中需要外贸业务员掌握扎实的外贸基础知识和国际贸易专业知识。有了扎实的外贸基础知识和专业知识,才能了解这个交易中的规则,才能更好地将理论联系到实践,从实践中探索,从实践中不断提高自己,更加熟悉企业的外贸业务情况。

(四)信息技术能力

计算机知识:如今,国际贸易已进入了飞速发展的信息化时代,越来越多的企业对电子商务需求迫切。这也就对外贸从业人员提出了新的要求,包括计算机能力及敏锐的信息发现利用能力。从业人员需要利用计算机和网络通信技术,创建一条畅通的信息流,链接顾客、销售商和供应商,以最快的速度、最低的成本回应市场,开展有利于企业的商务活动。

跨境电子商务:随着信息技术在外贸的普及和跨境电商的发展,外贸业务已经离不开电子商务知识,尤其是跨境电子商务知识,例如,跨境电商平台基础知识、网络营销知识、跨境支付、国际物流等知识。除了在学校学习相关知识外,在福步外贸论坛有个电商板块,在那里可以获得很多最新的实用的学习材料。

(五)职业技能

目前市场上对优秀外贸人才的要求越来越高,要入此行,不仅要掌握最新的专业知识,还要有一定年限的实务操作经验。外贸业务员的专业素质应包括熟悉和掌握商品的基础知识,了解行业和市场发展的最新动态,掌握与国外客户交流的沟通谈判能力等。

(六)其他个人能力

自我学习能力:优秀的外贸人员对个人能力的要求是无止境的。我们需要不断地与人接触,不断地汲取他人的特长和能力。只有不断学习的人才能在外贸行业里面不断地披荆斩棘,勇往直前。

谈判能力:优秀的外贸人员需要有非常强的谈判技巧,由于 B2B 操作中,一般涉及的金额较大,产品数量较多,单价中每一个美分的价格都可能为公司带来可观的利益,同时每一个条款的设定也都可能关系到收款和成交的成功与否。

外贸是一个对个人综合素质要求很强的行业,一般成功的外贸人员的综合素质都不太低。根据笔者了解,外贸是最培养创业人才的一个行业。在珠三角和长三角的区域,不乏外贸人员在多年的经验累积之后成为企业主的佼佼者。当然,任何的创业都需要长期的经验和知识的累积才会成功。而创业不一定就是就业的唯一出路。西方国家更多的是一些职业化很强的职业经理人,同时经济发达的长三角和珠三角的企业主们正在不断地探索合伙人之路。

问答题:

1.国外客户为什么要来看工厂?

2.工厂接待有哪些准备工作?

3.外贸业务人员应该具有哪些素质和能力?

参考文献:

[1]阿里巴巴国际产品与服务[EB/OL].阿里巴巴国际站,2022-08-03.

[2]周焕月.互联网金融创新背景下跨境电商人才的金融综合素养[J].中国信息化,2020(6).

第三章

外贸平台操作
（Trading Platform Operation）

学习要点

阿里巴巴国际站的构成

阿里巴巴国际后台运营主要板块

进入后台的方式

数据管家的作用

图片对产品的意义

阿里后台图片要求

商品主图规范

全行业产品图片通用规范建议

图片银行及其图片上传方法

高质量发布产品要填写的板块

如何正确选择产品类目

产品标题与关键词的设置

公司详情页要求

产品发布方法

如何使用橱窗

橱窗调整

橱窗产品优化

旺铺页面布局

旺铺装修的几大板块

旺铺超链接方法

什么是 P4P

P4P 在阿里国际站的展示位置

优化关键词方法

第一节　阿里巴巴网站介绍
（An Introduction to Alibaba Website）

Alibaba 中文简称阿里巴巴 www.alibaba.com,是目前世界最大的、基于互联网的国际贸易供求交流市场,提供来自全球 178 个国家(地区)的全新商业机会信息和一个高速发展的商人社区。用户可以获得来自全球范围各行各业的即时商业机会、公司产品展示、信用管理等贸易服务。这里囊括 32 个行业 700 多个产品分类的商业机会,每天都有大量来自全球范围的最新供求信息,会员可以分类订阅,并通过网络建立私人的"样品房",展示产品。

Alibaba Chinese abbreviation is A Li Ba Ba www.alibaba.com.It is the world's largest Internet − based marketplace for international trade supply and demand exchanges,offering new business opportunity information from 178 countries around the world and a rapidly growing business community. Users get access to trade services from businesses around the world, even business opportunities, company products,credit management and so on.Here are the business opportunities for more than 700 product categories in 32 industries, daily availability of the latest global supply and demand information. Members can categorize subscriptions and set up private "sample rooms" by the network to display their products.

一、阿里巴巴网站架构（Alibaba Website Architecture）

网页前端主要模块包括域名、二级域名、公司招牌、公司简介、主营产品、滚动 Banner。以东莞斯迈特家具有限公司网页为例,如图 3.1:

图 3.1　网页前端主要模块

二、阿里中国供应商网站卖家后台（Ali Chinese Supplier Website Seller Backstage）

卖家后台包括业务管理、商圈、账户管理、装修模块（Business management、Business district、Account management、Decoration module）。

图 3.2　网页后台主要模块

三、阿里中国供应商后台业务重要模块(Ali Chinese Supplier Background Business Important Module)

供应商后台重要模块有页面装修、产品管理、数据管家、商机询盘、橱窗设置、P4P 点击付费、一达通金融物流(Page Decoration、Product Management、Data Steward、Business Inquiry、Showcase Settings、P4P① Click to Pay、Finance Logistics)。

四、阿里巴巴中国供应商网站架构(Alibaba Chinese Supplier Website Architecture)

网页(Web Page):企业在网上打造一个网页,即国际性推广平台,帮助中小企业向海外买家展示、推广企业和产品,同时也是企业间的贸易平台,全球企业都通过此电子商务贸易平台进行贸易交流。(Enterprises create a web page on the Internet, which is an international promotion platform to help small and medium-sized enterprises to display and promote enterprises and products to overseas buyers, but also an inter-business trading platform. Global enterprises are trading exchanges through this Ecommerce trading platform.)

橱窗(Showcase):橱窗就像是企业的展示柜台,展示企业最新最好的产品。(Showcase is like an enterprise's display counter, displaying the latest and best products of the enterprise.)

Banner:滚动的广告标语。是企业旺铺的重要板块,也是网页中可以滚动的板块。(Rolling advertising slogans. It is not only an important plate of enterprise prosperity, but also a rolling plate in the network industry.)

点击付费 P4P:P4P 是阿里巴巴会员企业通过自助设置多维度关键词,免费展示产品信息,并通过大量曝光产品来吸引潜在买家,并按照点击付费的全新网络推广方式。(P4P is Alibaba member companies through self-setting multi-dimensional keywords, free display of product information, and through extensive exposure of products to attract potential buyers, and pay-for-click new web promotion.)

---

① P4P 是指外贸直通车(Pay for Performance, P4P)

支付:可以网上支付。目前,后台有 TT(Telegraphic Transfer)和 Credit Card 两种支付方式。一般情况下小额订单使用信用卡,大额订单使用 TT 付款。

问答题:

阿里巴巴国际站前端和后台的基本要素有哪些?

参考文献:

[1]阿里巴巴国际站后台操作要点解读[EB/OL].AlibabaTop 工作室, 2019-05-13.

[2]阿里巴巴国际站运营系列:0 级新店,不烧 P4P 如何快速拉升自然流量 [EB/OL].出海易网,2022-03-01.

第二节 阿里巴巴国际站后台管理
(Alibaba. com Backstage Management)

一、阿里巴巴国际站后台主要运营内容(Main Operation Content of Alibaba International Station Backstage)

其主要围绕以下三方面内容进行运营管理。

第一,产品方面:以优化产品为核心,可通过后台自动的大数据积累,进行关键词库打造、素材库打造的素材积累;可发产品、对普通产品覆盖;对橱窗产品进行监控、管理、优化;为达到更多点击,增加订单潜力而进行橙品商城产品引流、在线批发产品引流、多语言产品引流等设置;对付费提升产品排序的 P4P (外贸直通车)产品管理。

第二,店铺数据运营方面:各方面都有数据的沉淀,如后台的"数据管家", 里面有对产品、行业、关键词、买家行为等的数据显示和积累,便于企业随时监控查看数据,进行对比,从而按照数据反映出来的问题不断完善和提升企业的经营。除此之外,还有针对整个店铺的"搜索诊断",通过查看企业业务员的"及时回复率""线上活跃"等数据可督促业务员在某些方面有针对性地改进工作, 提高工作效率;"行为诊断"可以分析出买家的偏好、购买意愿等,从而使企业有针对性地进行产品优化和更多的营销。

第三,主动营销方面:阿里巴巴国际站后台有三大板块。一是 RFQ 报价。要通过各种方式识别真正有价值的客户采购需求,有针对性地给予报价,坚持后续跟踪,促成交易。二是营销管理板块。通过后台数据分析客户的行为,进而有目标地进行营销。三是平台的活动。如通过平台的一些节假日等的促销活动,达到销售量的上升。下面,我们主要介绍后台常用的、比较重要的一些板块的操作。

二、后台进入方式(Access to Backstage)

从贸易商管理者(Trade Manager)的管理入口就进入了阿里巴巴的后台;或者从 http://www.alibaba.com 进入网页,点击右上角 My Alibaba 进入登录,输入名称和密码,就进入了阿里巴巴的后台。

如图 3.3 东莞斯迈特家具有限公司后台所示,在这里可以进行以上一系列的操作。

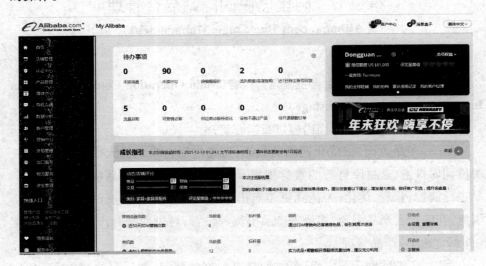

图 3.3　后台进入方式图

三、后台管理模块(Backstage Management Modules)

(一)产品管理模块(Product Management Module)

1.产品发布

在这里我们主要是发布产品。如果是第一次发新产品,就可以点击下面的

"发布产品"。如我们要发布产品"台脚"（table leg），我们就可以在搜索类目下输入"table leg"，接下来就是把产品名称、产品关键词、产品简要描述及优势、物流方式、最小起订量、付款方式、常规包装、发货期限等信息填完整，点发布按钮，如图 3.4 所示：

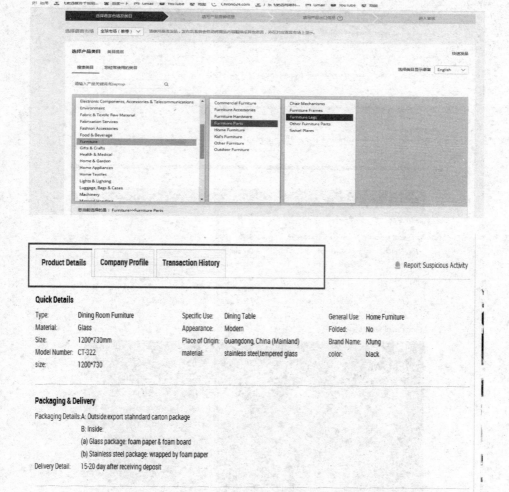

| Product Details | Company Profile | | | Report Suspicio |

Product Description　Detailed Images　Related Products　Packing&Shipping　Company Introduction　FAQ

Overview

Quick Details

Type:	Furniture Leg, specific use folding table leg	Mail packing:	N
Application:	Home Office, Living Room, Dining, Outdoor, Hotel, Apartmen...	Design Style:	Contemporary
Material:	Metal	Use:	Table, outdoor furniture, match table top
Metal Type:	Aluminum	Place of Origin:	Guangdong, China
Brand Name:	SMT	Model Number:	SMT00949
Cast aluminum cross:	480x480mm, powder coated	Aluminum column:	dia60x1.2mm
		Cast aluminum base:	650x650mm
Other part:	folding legs	Height of table leg:	680mm or 937mm
Delivery:	Unassembled	Design:	folding table leg
Name:	smart furniture cast aluminum table leg with filp top for dini...		

Supply Ability

Supply Ability　50000 Piece/Pieces per Month smart furniture cast aluminum table leg with filp top for dining

Packaging & Delivery

Packaging Details　smart furniture cast aluminum table leg with filp top for dining room
1)carton paper & PE bubble bag protection in each part;
2)Finally put into the carton, A=A or A=B

Port　Guangzhou/Shenzhen

Product Description

Details about

Product Name	cast aluminum table leg	Style	Modern
Top cross	480x480mm	Colour	dark grey
Cloumn	dia60x1.2mm	Place of Product	Guangdong Province,China
Material	aluminum	Modes of packing	Packed in three cartons
Size	650x650xH720MM	After sale service	send docs

Pictures of table base

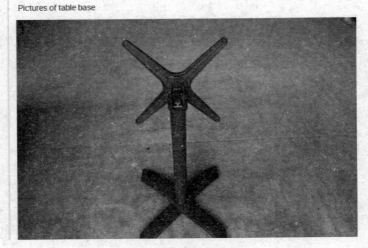

图 3.4　后台管理模块图

如果是发布以前发布过的产品,就不用再一个个地去填信息了。我们可以进入"My Alibaba"在管理产品类目里找到以前的产品,点击"管理产品"发布产品,并在最右边的编辑选项再点击"发布类似产品",会跳出一个发布的产品的页面。这个页面是已经发布的做好模板的产品(见图3.5)。

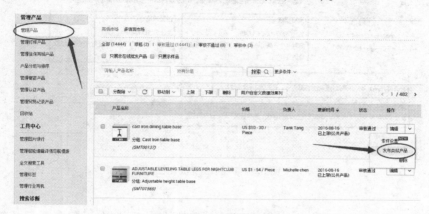

图3.5 管理产品类目图

2.产品诊断优化(Product Diagnosis and Optimization)

阿里后台的"产品管理"下的"搜索诊断",有很多方面内容的诊断,具体如图。其中,"产品诊断优化"让我们对自己发布的产品效果有个整体的清晰的认识,实时监控。经过诊断后有目的地进行产品优化,按照诊断结果提示,对产品的信息等内容进行补充完善清理,达到理想效果。进入途径:从后台"产品管理"进入到"产品诊断优化"(见图3.6)。

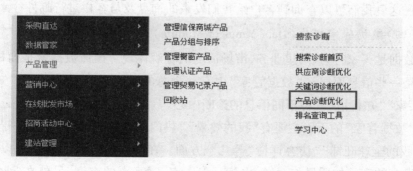

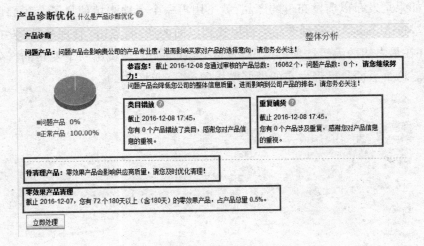

图 3.6　产品诊断优化图

通过进行产品诊断,可以看出网站产品整体效果,如有无问题产品及其数量;正常产品情况;零效果产品及进行零效果产品清理;有无类目放错的产品;有无重复铺货的产品等内容。

(二)多语言市场模块(Multi-language Market Module)

目前发布产品一般都是使用英语发布,如果需要使用其他语言发布的话,就可以在这个类目下选择要用到的语言发布。

(三)外贸邮模块(Foreign Trade Mail Module)

在这里我们可以查询到客户给我们发来的询盘及与客户进行邮件往来。

(四)数据管家模块(Data Manager Module)

数据是买家行为、阿里业务、市场情况的客观体现。读懂数据就是商机,反之就是一些信息而已。"数据管家"中有一个总的诊断中心,具体分为"知己""知买家""知行情"三种不同信息的诊断中心。

"数据管家"的下面主要有"我的效果""热门搜索词""我的产品""行业视角""我的全球旺铺""访客详情"等几个方面。在"我的效果"里我们可以看到我们发布的产品的质量怎么样,也就是点击率、曝光率的查询,另外在"业务管理"下的"我的效果"里也可以查询(图 3.7)。

图 3.7　数据管家模块图

1.数据管家——"我的效果"（Data Manager ——"My Results"）

"我的效果"帮助用户知道自己的效果怎么样,从哪里来,到哪里去,整体效果怎么样,效果区域怎么样,获得效果的产品是哪些,重要产品有没有拿到效果。数据管家非常重要,读懂了数据就是读懂了商机。数据管家中的主要模块以及功能如图 3.8：

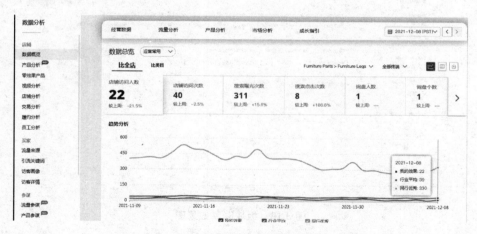

图 3.8　数据管家功能与效果图

通过数据管家"我的效果"中点击各个模板查看更具体的效果,可以看出自身涨跌、行业涨跌、询盘和访客的转化率等趋势。"全局诊断"中可以看出基础建站、推广引流、买家沟通、订单转化的效果。也可看出公司信息、产品、旺铺与同行对比的效果与差距,进而清楚自己应该在哪方面进行完善与努力。在"询盘流量概览"中,有"曝光""点击""点击率""访客""反馈""及时回复率"的模块,点击后可具体看出各个板块在时间上自身的涨跌效果,以及自身效果与行业平均水平的对比和同行前十名的平均水平,一目了然(见图3.9和图3.10)。

图 3.9　询盘量概览图

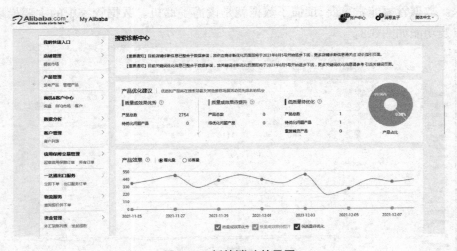

图 3.10　板块涨跌效果图

在"区域来源"中可以看出区域来源的百分比,自己的产品卖到哪个国家或地区占的比重最大,这些国家是否是自己的目标区域等。把鼠标点击到圆饼图的不同大洲区域,则右边表格会显示对应大洲的 Top 国家(见图3.11)。

在"效果渠道"中可以看出 PC 端的商机与无线端的商机哪一个是客户利

用更多的,把鼠标点击到无线市场商机,则会跳转到专题页面中的无线专题,可看出买家规模、询盘规模、RFQ 规模,也可以看出买家偏好、登陆时间、P4P 竞价时间,从而熟悉分析、开发客户。(见图 3.11)

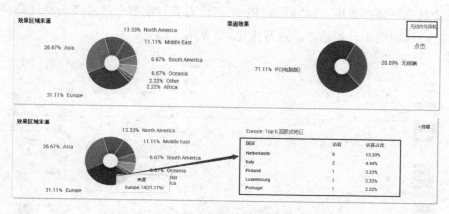

图 3.11　区域来源与渠道效果图

2.数据管家——"我的产品"(Data Manager ——"My Products")

点击"我的产品"可以查询有效果产品和零效果产品,零效果的产品要对其进行修改。

通过"我的产品"栏点击"有效果产品"栏,可看到产品的整体效果,有效果产品数量、曝光、点击、反馈,锁定整体问题。即:流量问题、转化问题、产品效果分散问题(见图 3.12)。

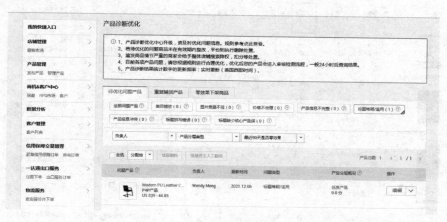

图 3.12　效果产品图

　　通过点击"反馈"栏可以看到全部产品根据反馈排序,分析反馈多的产品,进而考虑是否可以增加曝光,或将其加入橱窗产品。通过点击"曝光"栏,查看产品曝光率、点击量和反馈量情况,不理想的产品则要考虑优化产品的信息质量,使其达到理想效果。在"点击"栏中,可以看到目前哪个产品点击量最高,哪个最少,从而对不理想的产品进行优化。(见图 3.13)

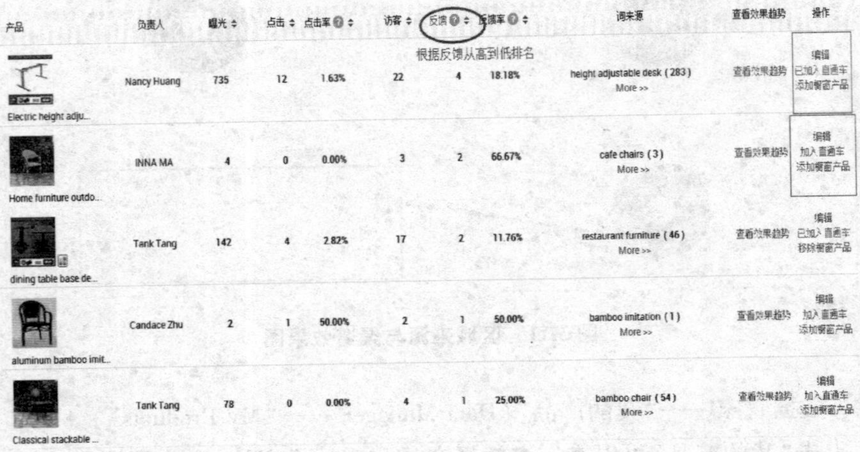

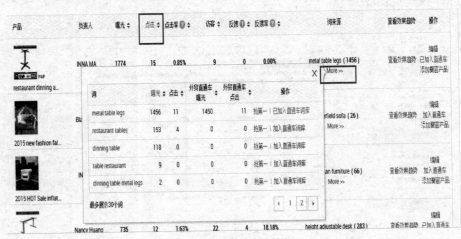

图 3.13　效果产品优化图

　　在"词来源"栏可以看出某个产品是由哪些词带来的,即哪些词带来了曝光点击,通过这个词能够被买家找到。即可以查找产品关键词(见图 3.14)。

图 3.14　产品关键词查找图

3.数据管家——"我的词"(Data Manager——"My Word")

通过"我的词"可以使用户知道哪些关键词带来搜索量高,即可以查找关键词。通过对比,可以修改产品信息,使其更适合买家偏好,更容易被买家搜索到。除此之外,还可以通过时间的对比,跟踪监控修改产品后的效果,不断提升产品信息。具体操作如下:点击"数据管家"里"知己"栏下"我的词",出现"我的词"对话框,在搜索栏下输入产品关键词,点击搜索。"我的词"栏目下有"曝光""点击""点击率""产品实施排名"等内容。通过查看相关产品关键词的曝光、点击、点击率、市场占有率的高低知道哪些关键词受欢迎、效果好,哪些产品不理想则通过优化产品信息、设置其为橱窗产品增加曝光率等方式提高点击以获得订单转化(见图3.15)。

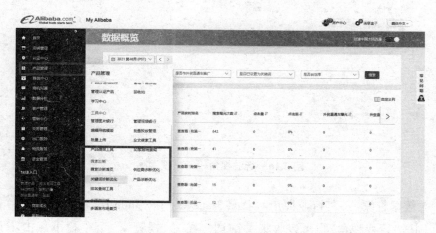

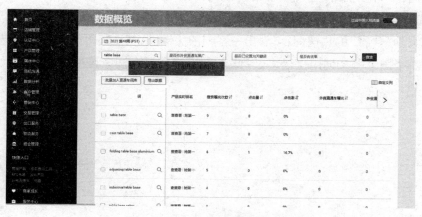

图 3.15　关键词搜索图

4.数据管家——"热门搜索词"(Data Manager ——"Top Search Terms")

"数据管家"下面点击"热门搜索词"直接输入会显示相关的关键词以及卖家竞争度以及热搜度,如输入"table base",会按照热搜度等指标排列出许多相关的关键词,以此作为参考可为产品收集好的关键词(见图3.16)。

图3.16　行业视角——热搜词图

5.数据管家——"行业视角"(Data Manager——"Industry Perspectives")

同样"行业视角"也可以收集关键词。在"数据管家"菜单栏下点击"行业视角"——"热搜词",这里有热搜词,搜索上升最快的词,以及零少词①,如寻找有关家具"台脚"的热搜词,可看出一系列的关键词,甚至还可以按国家来选择,参考哪个国家哪个词用得最多,以此来寻找符合那个国家爱好的关键词。(见图3.17)

---

① 指具备一定相关搜索热度,但供应商发布产品较少,通常该词对应的精确匹配产品数量不超过1页,并且在同行业中竞争度较低的关键词。

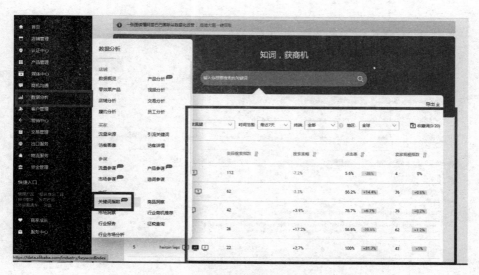

图 3.17 采购直达模块图

（五）采购直达（RFQ）模块（Request for Quotation Module）

RFQ，全称是 Request for Quotation。在后台"采购直达"栏下输入产品关键词如"table legs"，还可以在"加入我定制的搜索"栏内输入更多精确条件，点击后就可以看到国外买家发布的需求，从而针对买家的需要进行报价。

买家的由来有两种方式：主动和被动。主动是发询盘时，弹出一个问话框，询问是不是将这个询盘发给 RFQ；被动是在买家后台的"采购直达"，直接点输入 RFQ，发布 RFQ。

RFQ 特点：实时更新。只有 10 个报价名额，但是信息很齐全。因为成交渠道跟信保订单联通，所以 RFQ 是有针对性的、高效的，可以积累卖家质量信用的数据的一个订单渠道。

管理 RFQ，要按照阿里巴巴国际站的一系列规则，抓住怎样才能获得最多的 RFQ，如何报才能让客户反馈等问题点，把 RFQ 中有效的客户信息挖掘出来，通过谷歌搜索等方式找出客户名、公司、邮箱，择优选择，有针对性地对合适的客户多报 RFQ，最后对有反馈的有价值的 RFQ 通过一定的买卖技巧、外贸谈判、报价方法、讨价还价等过程达成交易。（见图 3.18）

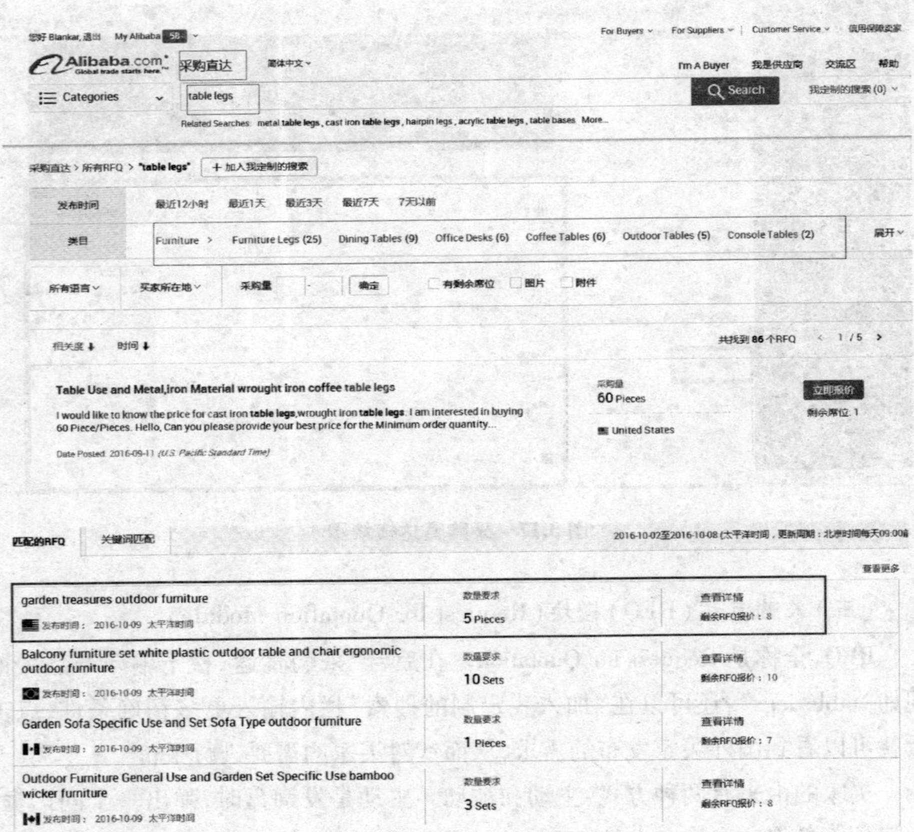

图 3.18　采购直达模块图

(六)外贸工具(Foreign Trade Tools)

这是一个进入"外贸圈"的快捷入口,这里我们可以根据我们的需求利用它的各种功能。(见图 3.19)

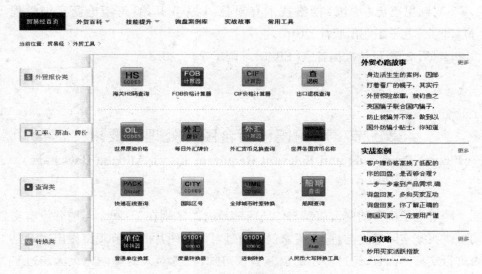

图 3.19 外贸圈快捷入口图

（七）外贸圈（Foreign Trade Circle）

在阿里巴巴的后台有一个"外贸圈"选项，"外贸圈"里有很多外贸方面的知识，而且内容详细，事例及时真实，是快速学习外贸知识的得力助手。

（八）营销中心（Marketing Center）

从后台"营销中心"可以查看有哪些客户看了公司的产品却没有发询盘，通过查看客户看了哪些产品，哪些模块等分析其潜在的购买意愿，然后有针对性地主动地发一个合适的产品报价邮件给潜在客户。

问答题：

1.阿里巴巴国际站后台是围绕哪三方面的内容运营？

2.国际站后台如何进行主动营销？

3.后台数据积累有什么作用？

4.如何进行产品诊断优化？

5.数据管家有哪些用途？

参考文献

[1]速卖通大学.跨境电商数据化管理[M].北京:电子工业出版社,2016.

[2]速卖通大学.跨境电商营销[M].北京:电子工业出版社,2016.

[3]阿里巴巴(中国)网络技术有限公司.从 0 开始:跨境电商实训教程[M].北京:电子工业出版社,2016.

[4]周文珺.玩转数据管家[EB/OL].阿里学院,2013.

第三节　阿里巴巴后台图片处理及要求
(Picture Processing and Relevant Requirements on Alibaba Backstage)

跨境电子商务的网上店铺与传统店铺最大的区别在于:网上店铺并没有实物可供买家实际感受与挑选,买家仅仅通过对商品图片的细节观察做出决定是否进行交易。而且,经过多年的反复验证可知,视觉对人的影响力大大超过了文字,所以一个优秀的产品展示,与产品的图片是密不可分的。要想赢得买家的青睐,促使他们产生了解所展示产品的兴趣和购买的欲望,就一定要上传优质的产品图片。

一、图片对产品的意义(The Significance of Pictures to Product)

网站中图片的效果是网站的灵魂,产品图片的质量显得尤为重要。如果跨境电商的产品详情页展示不能用图片抓住买家的眼球,那么有可能没有流量或空有流量。下面从三个方面分析网站中产品图片质量的重要性。

第一,从网站推广角度分析。针对推广,很多企业曾经有以下的困惑:为什么我们的产品相同,广告费用也都差不多,推广效果却千差万别,询盘数量少很多。就相同产品而言,同样的照片,经过处理和未做处理的,效果天差地别。

尽管产品自身品质没有改变,有冲击力的高品质产品图片能大大提升目标客户的购买欲望。相反,质量差的图片无法激发用户的购买欲望,还平添买家对公司的负面印象。虽然图片质量与产品质量、公司形象没有本质联系,但其实大多数买家都是感性的人,几乎所有买家都是通过网站中的产品图片来直观感受产品质量和公司形象。

必须说明的是产品照片需要经过专业软件工具处理后方能成为网站中的产品图片。仔细观察,您就会发现大量网站上的千千万万张产品图片还都是普普通通的低质量图片。产品照片的质量同时还严重影响着推广的网站绩效。

第二，从网站图片的细节分析。在展品展示型的网站上产品图片是对产品的文字描述进行补充，它既能够显示您的产品是什么样子，也能让您的客户看到您产品的价值，因此产品图片的质量就很重要。页面上的空间通常是有限的，不要将珍贵的空间用于那些效果一般或者很差的图片。

应当选择那些能够显示出客户所关心的有关细节的产品图片，这样才能对他们的浏览行为进行支持。应当把图像大小和分辨率设置得尽可能的低，以便保持网站的高效性，但要确保为客户保留充分的细节，使得他们可以轻松地看出重要的元素。

要使客户可以对图片进行放大以便仔细地观察产品。看到某个特定的细节或对其质地进行评估会有助于增加客户下订单的信心。优质卖家的网站都提供了产品图片的缩放功能，表现形式有多种，例如小图片旁边有点击大图的按钮，或者是鼠标放在小图上就有大图显示。这种功能现在被广泛使用，它确实是一种非常好的展示产品的功能。

第三，网站图片带来好的用户体验。在线上销售系统中，目前很难达到"所见即所得"的产品展示效果，因为无论提供多少图片，展示各个角度，提高分辨率，用高超的拍摄技巧，或者用视频、3D展示等技术手段，都无法直接接近现实购物的物理真实感受：拿到衣服，用手触摸感受材质，近距离品位设计，试穿等。不过在线下购物一切都很美妙，但是需要花费你的时间以及在价格上承担店铺的额外费用。

即使线上购物在物理体验上会有些逊色，线上购物也有其独有的优势，如方便、节省时间、价格优惠等，但如果因为对产品不够了解，买到不称心的产品，顾客只好退货或者是默默地承受损失，我们就永远（至少一段时间）失去这个宝贵的顾客了。

简陋的产品图展示功能和粗糙的产品图片都是不合适的。只有一两张图片，分辨率还很低，这是对顾客的不尊重，你也不要指望顾客会来购物，会相信你卖的是正品了。而反过来，提供丰富的图片，展示各个角度，提供局部放大功能，让顾客看得更加清楚，处理好背景、模特、拍摄光线，做无损的缩放处理等，让顾客充分了解产品和感受到你的网站的认真态度，从产品展示开始认真对待才可能会有认真的销售和售后服务。

因此，作为网店的设计人员应该非常重视产品图片的功能设计和图片处理。

二、后台图片要求(Requirements for Pictures on Backstage)

阿里巴巴国际站非常重视上传产品的质量,为了让顾客更好地了解产品,平台提供了多维图展示,而且产品图片的质量也会影响所上传产品的搜索排名。对于产品图片的要求,在平台中有非常详细的描述。

(一)商品主图规范(Specification for Main Picture of Commodity)

2017年1月,阿里巴巴对产品主图出了新规则。新规则发布后,阿里巴巴将对平台商品的主图进行排查,针对不合格的商品主图,平台将采用下架的处理方法。新规则如下:主图必须为实物拍摄图,且不少于3张,且每张为像素大于等于750 * 750的正方形图片;如获得了相应品牌商品的商标使用权,则品牌LOGO(若有)可放置于主图左上角,但像素不得大于200 * 200;主图图片上不得出现除品牌LOGO外的水印,不得出现任何形式的边框、留白、水印等,不得包括促销、夸大描述、联系方式等文字说明,该文字说明包括但不限于秒杀、限时折扣、包邮、"折""满""送"等;部分行业要求主图的背景颜色须为纯色背景图;部分行业对每一张主图会有要求。

针对新发商品或编辑原有商品时,不满足以上任一条件都将无法发布;针对已发商品,系统会检测,并推送至搜索诊断中心的产品诊断界面,不合适的图片需尽快做优化。

(二)全行业产品图片通用规范建议(Recommendations on Generic Specifications for Product Pictures across the Industry)

2017年7月,阿里巴巴国际站平台推出了优质图片的建议,卖家可以参考优质图片的建议与案例,对自己的产品图片进行优化。

(1)背景:建议浅色底或虚化素色自然场景,推荐使用白底(如浅色产品可以用深色背景),不建议彩色及杂乱的场景背景。

建议案例:背景无干扰,商品清晰突出

不建议案例:背景杂乱;背景色和产品太接近;出现其他品牌LOGO

(2)主体构图:商品主体展示大小合适、构图居中,主体展示商品正面。商品主体展示不宜过大、过小、不完整、多图拼接,能够突出商品主体为宜。

建议案例：商品主体展示大小合适、构图居中、展示商品正面

不建议案例：产品过小；产品被切；图片过多，主体不突出

（3）图片 Logo：建议统一摆放在图片左上角，以英文为优。

建议案例：Logo 展示在图片左上角

不建议案例：Logo 叠在产品上；Logo 太贴边；Logo 展示在右上角

（4）图片文字、边框：产品主图不宜出现文字、水印、促销类文字、二维码、认证标识、边框等，干扰产品展示的信息。

建议案例：主图除了 Logo 和产品，无其他任何信息

不建议案例：主图出现文字；主图出现边框、认证、二维码

（5）图片尺寸：图片尺寸建议不小于 640 * 640（px）（虚线为产品展示区域），图片清楚不模糊，图片正方形，白底或纯色底需要四周预留边距。

建议案例：图片正方形，图片清晰产品突出

不建议案例：图片长宽比例非正方形；产品不清晰

（6）图片数量：建议 3 张以上，正面、背面、侧面、细节（产品或标签细节）。

建议案例：图片展示有逻辑

不建议案例：图片展示无细节；图片过少

（7）图片亮度、对比度：图片的对比度和亮度能清晰展示商品主体。

建议案例：图片对比度和亮度合适，商品主体清晰

不建议案例:偏暗,商品能见度不高;对比度弱,商品识别困难

(8)图文一致:产品和产品图片必须一致,产品图片和实际销售产品必须一致。

Hot Sell Headsets 3.5mm
Headphones Surround Sound for
Mp3/Mp4/PC/Mac/PS4 808,
ST-723

建议案例:产品名和产品图片一致

三、图片银行及其图片上传方法(Pictures Bank and Uploading of Pictures)

(一)图片银行(Pictures Bank)

阿里巴巴平台提供了图片银行功能,上传的图片可以反复利用,不必每次都上传图片,从而提高工作效率。"管理图片银行"就是一个图片存储的空间,在这里上传的图片不会直接在企业网站上显示,但是卖家可以在发布产品时选择图片银行中的图片。

(二)图片上传(Uploading of Pictures)

目前有三种办法可以将图片上传到图片银行中:

方法一:"管理图片银行"中直接上传。

(1)登陆 My Alibaba 操作后台,点击产品管理导航栏下的"管理图片银行",如图 3.20:

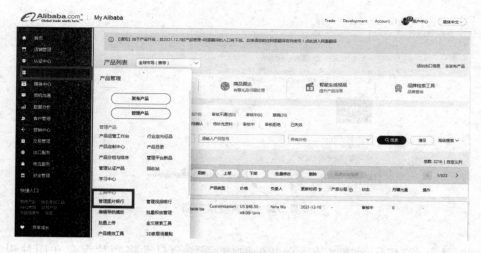

图 3.20　管理图片银行

（2）在该页面上点击"上传图片"按钮，进入"上传图片"的页面，点击"选择图片"按钮，从您的电脑上选取需要上传的图片，一次可以上传 50 张图片。（图片大小：小于 3MB，像素小于 1000 * 1000；图片格式：Jpeg、Jpg、Png；图片上不能包含联系信息，见图 3.21。）

图 3.21

方法二：发布产品时，同时勾选"保存到图片银行"。

图 3.22　卖家登录界面

方法三:在详细描述插入图片的时候,系统会自动将图片保存在图片银行中。

发布产品时,上传到产品详情中的图片会自动保存到图片银行中(这点与产品主图会有所区别),保存的图片会显示"被引用"状态,若该图片在图片银行中被删除,会影响图片在产品详情中的展示。

问答题:

1.图片对产品有什么重要意义?

2.图片背景色彩应如何选择?

3.图片 Logo 位置应设置在哪里?

4.图片设计中要注意的维度有几个?

5.如何上传图片银行中的图片?

参考文献:

[1]严行方.跨境电商业务一本通［M］.北京:人民邮电出版社,2016.

第四节　高质量产品及公司信息发布
(**Effective Information Delivery:Products and Company Information**)

发布产品是业务员的一项重要工作,发布产品的质量直接关系到有无买家关注、订单转化,所以要重视产品的发布。要高质量地发布产品。发布产品前需要准备九大板块内容的填写。分别是产品类目、标题、关键词、产品主图、产品属性、交易及物流信息、产品描述、产品分组、模板。但是发布产品不建议模板化去发,因为容易被默认为重复,但可作为相似产品归类参考,如分系列:椅子、桌子等这些内容。

一、产品类目的选择(Product Category Selection)

首先在上传产品时要做好产品类目分类,熟悉自己公司的产品分类以便在上传产品时能正确有效地为产品找到最符合买家搜索习惯和需要的产品类目名称。例如产品是椅子,就必须放在 chair 的类目下,不能放在 sofa 的类目下。否则,买家搜索不到该产品或该产品在同行业中排名会很靠后。那么如何找到正确的产品类目呢? 有两种方法如图 3.23:

方法一:在阿里巴巴后台的"产品管理"导航栏下点击"发布产品",先会出来一个选择产品类目的窗口,输入最准确的关键词,单击查询。如图,输入产品关键词"table base",搜索栏下会自动出现三行产品类目,找到与自己公司产品最符合的产品类目,点击即可。

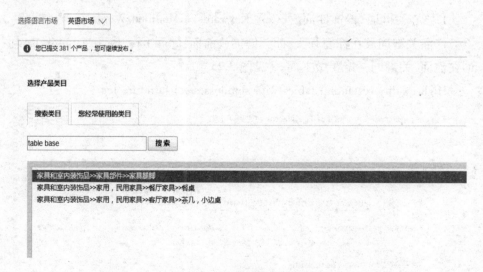

图 3.23 产品类目选择图

方法二:在阿里巴巴首页搜索栏输入产品关键词,找到自然排名最靠前的产品,点击看其使用的产品类目,作为参考找出最符合自己产品的类目。

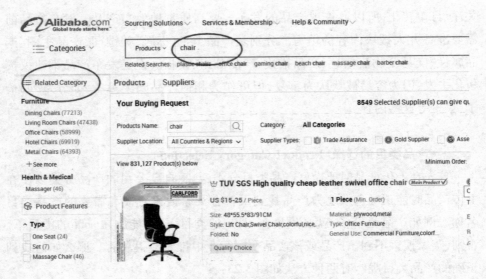

图 3.24　产品类目选择图

二、产品标题设置(Product Titles Set-up)

(一)产品标题构成方法

1.核心关键词+修饰性词语(Core Keywords + Modified Words)

产品关键词放在标题开头,即关键词放前面:table base for restaurant use,主词在前面,关键词一定要做主词。(见图 3.25)

High quality restaurant tables with stainless steel furniture leg

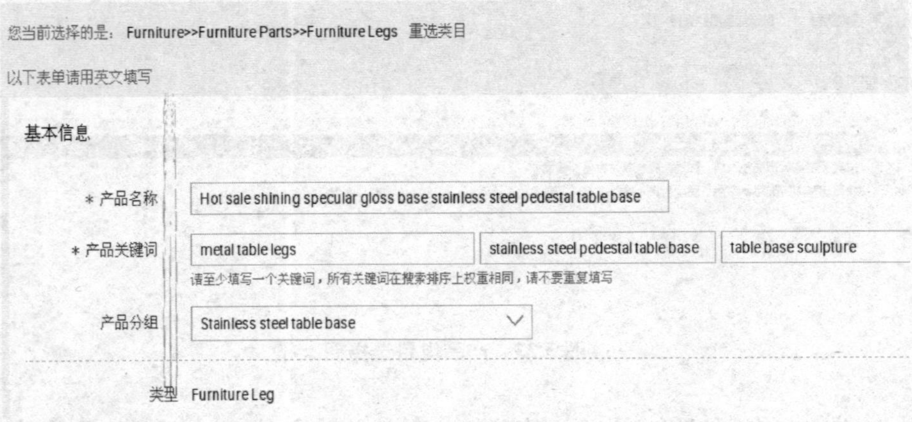

您当前选择的是: Furniture>>Furniture Parts>>Furniture Legs　重选类目

以下表单请用英文填写

基本信息

* 产品名称　　Hot sale shining specular gloss base stainless steel pedestal table base

* 产品关键词　　metal table legs　　　　stainless steel pedestal table base　　table base sculpture

请至少填写一个关键词,所有关键词在搜索排序上权重相同,请不要重复填写

产品分组　　Stainless steel table base

类型　Furniture Leg

图 3.25　产品标题设置图

Adjustable computer desk metal table legs with casters

Cheap Furniture Height Adjustable Cast Iron Dining Table Leg

还有一种是关键词放在末尾：在关键词的基础上加其他限定词。如 Hot sale shining specular gloss base stainless steel pedestal table base。

2.修饰词+修饰词+……+关键词+介词（Modifier + Modifier +...+ Keyword + Preposition）

产品标题中也可使用介词，但关键词放在介词前面。关键词前面可使用修饰词，修饰词可通过后台"数据管家"中的热搜词，前台搜索参照同行使用的词或是熟悉产品，使用系统属性当作修饰词。修饰词的范围向上可以是行业、功能等大的方面修饰词，向下可以是产品材质、风格、用途等较小方面的修饰词。例如：产品名称中加 for 和 with 突出产品属性和用途的情况，标题中也可使用 with/for，关键词放在 with/for 前面，因为系统会判断 with/for 前面的为关键词。即：关键词作为主词放前面。例：

Table base for restaurant use

High quality restaurant tables with stainless steel furniture leg

Adjustable computer desk metal table legs with casters

（二）产品标题注意事项（Items Needing Attention in Product Title）

由于阿里巴巴国际站对产品名称的书写形式上有一些默认的规则，所以在书写上要注意以下情况，否则会出现表述错误或无法读取信息的问题：

产品名称长度要适当，不得超过 128 个字符。

慎用特殊符号，如："/""－""（）"……因为这些符号可能会被系统默认成无法识别的字符，从而导致产品排序不好。如果确实不得不使用，要在字符前后加空格。

产品名称应包含核心词、产品特征、行业标准等信息，避免罗列和堆砌。例：

Folding antique metal table legs for school used/office 2020

Custom Metal rattan table bases for glass tops

三、关键词的设置(Key Words Set-up)

图 3.26　关键词设置图

关键词的性质是对产品名称的校对,便于机器准确快速地识别并且抓取匹配。原则是尽量为 A、BA、CBA 形式。如产品的关键词为 table base、cast iron table base、black cast iron table base 这三个,产品标题包含了这三个关键词的信息,产品标题为 Black Cast Iron Table China Supplier。

除此之外,阿里国际站对关键词的设置有以下硬性规定:产品标题字符数在 50 字符以内,因为搜索框限定 50 字符;产品的名称最好是恰当地突出产品的优势特性或材质;不要过短也不要过长,过长跟买家搜索匹配度不符合;还要注意避免侵权和重复,三个关键词不必都填满,更不要罗列,标题跟关键词要匹配。

如何设置出合适高效的关键词呢? 有一种方法很简单且高效。关键词的设置,很重要的一点是找对用对关键词。关于用什么作关键词,可找出阿里前台自然排名的前十家公司的产品关键词做成表格,分析其关键词与自己公司产品的异同,作为自己公司关键词的参考。在阿里首页产品搜索栏输入"table base",除去靠信保排名的企业,排在前面的就是靠自然排名上去的企业。这些就是值得参考的关键词。

查找方法:打开页面,右键点击"查看源代码",点 ctrl+F 出现搜索框,框里输入"keywords",显示关键词。如图 3.27 所示:

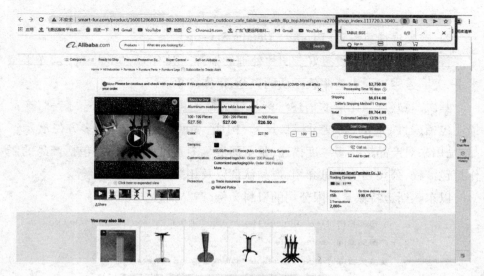

图 3.27　关键词搜索图

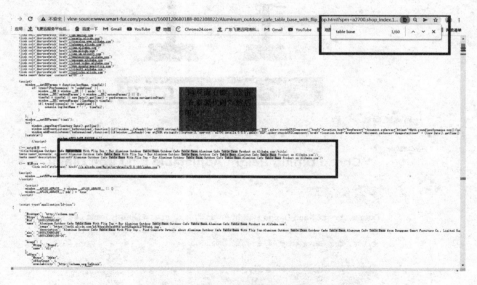

图 3.28　产品关键词设置图

这时,会发现真正的关键词并不一定用"table base"。上传产品时根据要用的图片从现有的自然排名前十家中选关键词,如十个产品分别用上排名前十名的关键词,就可以把他们压下去,使自己的产品排名上升。

四、产品详情页设置(Product Details Set-up)

首先,产品图片要设置好。图片处理的推荐工具有 PS(Photoshop)、光影魔术手、美图秀秀。因为这些软件功能齐全,操作简单。

其次,写好产品详情的描述。产品详情标题可以匹配一种产品名称,产品描述包括属性、重量、高度、材料、尺寸、构成、表面颜色等,将从多方位展示产品,是用来对产品进行多维度描述,是全面展示专业度的途径;还包括产品的制作打包流程,公司相关信息介绍,产品认证以及相关产品的超链接等。

以东莞斯迈特家具有限公司的资料为例,产品描述如图3.29:

* 产品名称　New Furniture Height Adjustable Cast Iron Dining Table Leg

* 产品关键词　dining table

更多关键词　height adjustable table leg,dining table leg

产品图片

* 产品简要描述及优势

产品详细描述

Cheap Dining Height Adjustable Cast Iron Dining

Product Description

Details about Cheap Dining Height Adjustable Cast Iron Dining Table Leg

Cheap Dining Height Adjustable Cast Iron Dining Table Leg

1)top cross:450x450mm,
2)cloumn: 75x75mm,
3)base:450x450mm
4)with ajustable leg caps
5)cast iron black color powder coated.
6)Adjustable height from 720 to 1080mm

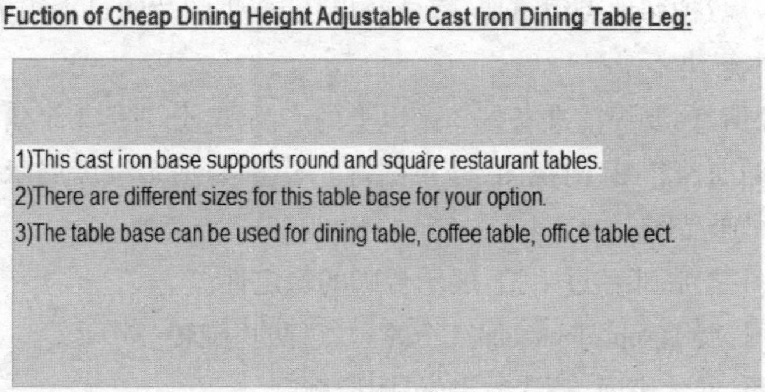

Fuction of Cheap Dining Height Adjustable Cast Iron Dining Table Leg:
1)This cast iron base supports round and square restaurant tables.
2)There are different sizes for this table base for your option.
3)The table base can be used for dining table, coffee table, office table ect.

图 3.29 产品详情页设置图

由此看出产品描述从专业和客户关心的角度出发,看客户的关心点是什么。卖家买家关心的角度不一样,要从买家角度去描述。从阿里巴巴后台的模板里的产品描述可以看出客户想看什么就点什么,所以产品描述要以客户的关心点为出发点。

最后,上传产品的图片要求:

(1)像素:不是越高越好,像素越高,下载页面需要时间越长;图片要经过简单压缩;在容量尽量小的基础上,越清晰越好。图片单张不超过 3M,支持 Jpeg, Jpg, Png,建议图片小于 1000 * 1000(px),见图 3.30。

商品描述
* 产品图片
从图片银行选取 | 全部删除
单张不超过5M,支持jpeg，jpg，png格式;
建议图片大于640*640，主题鲜明、图片清晰、提升买家满意度；查看图片质量规范
您已同意图片守护服务协议：为图片添加守护可有效防止图片被盗； 查看协议 图片守护使用说明
Main
删除 | 白底图 | 添加守护
删除 | 添加守护
删除 | 添加守护
删除 | 添加守护
删除 | 添加守护
删除 | 添加守护
主图配置
1、主图视频时长不超过45秒，大小不超过100M，展示位置在产品首图第一张 查看主图视频规范
2、详情视频时长不超过10分钟，大小不超过500M，展示位置在产品详情描述的上方 详情视频功能介绍
3、点击右下方可直接为当前商品添加"在线定制"模型，展示位置在产品主图区域详情功能介绍
选用主图视频
选择在线定制模型

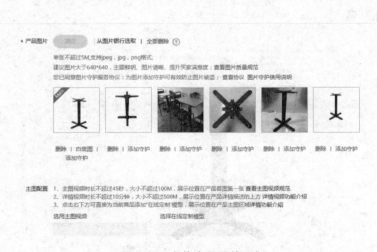

图 3.30 上传产品图片示例

(2)拍照地:拍照地点很重要,室外效果佳,产生图片的过程很关键;像素的问题目前基本解决不了。

(3)图片信息:要提前准备好3张以上的产品图,分别是3个角度以上不同照片(正面、侧面、45°图、俯视图、仰视图等),尽量多图多维度展示产品。如斯迈特家具公司产品图。

第一张图:把底部翻过来拍,展示台脚的稳定性。

第二张图:展示 top clocks 加三个螺丝,可防止旋转。

第三张图:展示底面,喷漆效果好,耐磨耐刮。

图 3.31   图 3.32   图 3.33

对于其他产品,也需要类似的产品效果图。此外,因产品上传时需要用到各种流程的图片,不同的类目下需要不同的照片,如在公司信息(Company Information)界面所展示有包装图、装柜图、验货图的照片,用于说明我们的生产委托商能做到什么样的产品状况,这些图最好是本品牌或无品牌以免造成侵权。如图 3.34:

图 3.34　上传产品效果图

五、公司网页界面要求（Company Information）

网页整个界面,客户最关心的是描述（Description）,描述靠图片表达出来,所以在上传产品时要从买家角度审视产品,上这个图片的意义是什么,意图是什么,表达什么。我们对产品进行描述的意义是在图片的基础上补充图片,并且覆盖关键词,因为只有用关键词去支撑,买家才会搜到你的产品。因而在产品描述时要注意,如图 3.35：

描述（Description）:框架要清晰。字体、颜色统一。网页界面让客户拉下来第一时间清晰地对应各自的详情标题,从客户角度出发设置吸引买家眼球的详情标题。

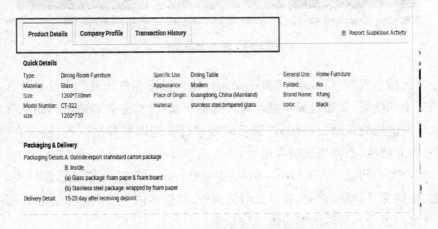

图 3.35　网页界面设置图示例

产品描述（Product Description）:这个部分可做表格或上 3 个角度的图片；小标题字体颜色要统一,界面要干干净净。

品牌细节（Detailed Images）:要从更多细节介绍产品。如：

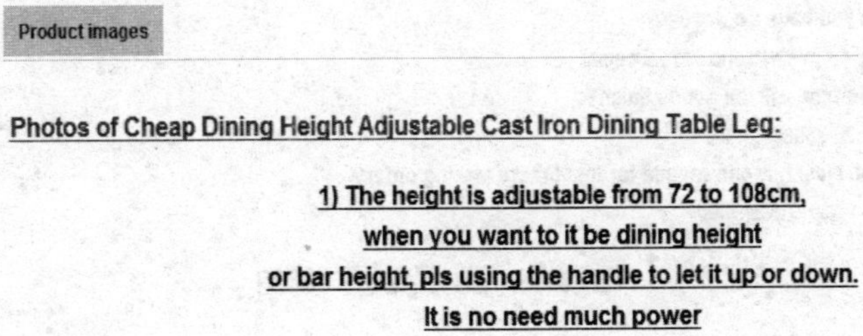

图 3.36　产品描述图

包装与发货(Packing & Delivery):这一栏展示的目的在于显示出卖家关心保护产品,包装规范仔细,产品不容易受损;有时会显示运输方式,如可用叉车,显示效率高,可节省成本。

1. Special logistics packaging   2. Suitable carton size   3. Shock bubble film

图 3.37　包装与发货图

公司信息发布(Company Information):这一栏让客户知道公司是做什么的,公司历史和优势,如通过照片显示有大的生产车间,有专业和热情的团队优势,有优质的供应商贸易公司优势,服务的客户有哪些国家和地区等,注意介绍的字数,简介精准,不需要长篇大论。

客户关心问题(FAQ,Frequently Asked Questions):这一栏显示客户关心的问题,包括常见问题、售前、售后及增值服务,将这些内容整理起来,然后一起回答,让客户感受到公司的细心体贴与专业。

FAQ:

1. What is your MOQ?
Normally 100pcs per item, if you need smaller quantity, it is acceptable as well , while the price should be changed.

2. Can you accept custom made?
Yes, we can do the items as your drawing.

3. What is your warranty?
Normally 3-5 years

4. Do you have catalogue?
Yes, we do. We will send it to your email box.

5. How long will the goods finish?
Usually 20-25days for the

6. Can I just buy one sample for test before making order?
Sure, sample is available.

图 3.38　客户关心问题图

六、产品发布方法（Product Release）

产品发布有两种方法如图 3.39。

方法一：从阿里后台进入到"产品管理"点击"发布产品"。

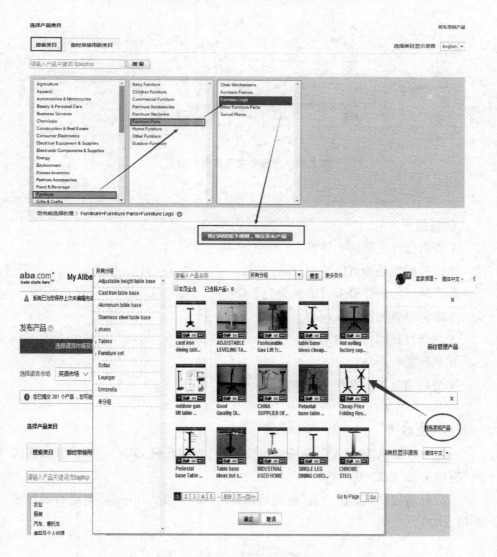

图 3.39 产品发布方法图

方法二：进入 My Alibaba 后台点击"产品管理"中的"发布产品"，再点击"发布类似产品"，会跳出一个发布的产品的页面。这个页面里是已经发布的做好模板的产品。

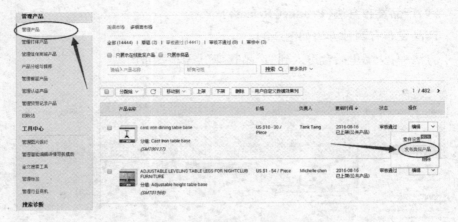

图 3.40　产品发布网页界面设置

问答题：

1.如何选择正确的类目？

2.产品标题是否可以使用介词？

3.产品标题字符最多可填多少个字符？

4.如何设置关键词？

5.如何寻找同行关键词？

6.如何发布产品？

7.公司信息界面有几个介绍部分？

参考文献

[1]每日资讯.新手入门的跨境电商小白,如何玩转 eBay？[EB/OL].新浪网-财经头条,2022-03-23.

[2]林境福.东莞"在一起"电商培训资料[R].东莞"在一起"电商有限责任公司,2020.

第五节 橱窗产品设置及优化
（Showcase Product set-up and Optimization）

一、橱窗概念（The Definition of Showcase）

橱窗,顾名思义,即橱窗展示位。是企业将自己公司的主打产品设置在网页首页进行展示的窗口。橱窗数量的多少与企业级别有关:一个基础网站默认有 10 个橱窗产品;如果使用的是金品诚企服务的网站,即带有这个标志的网站有 40 个橱窗产品;如果要通过阿里权限的网站,则无橱窗产品。Showcase, as the name implies, that is, window display. The enterprise set the company's main products in the homepage of the display window. The number of windows is related to the level of the enterprise. A basic website has 10 window products by default. If you are using the site of the Verified Supplier services, that is, the website with this logo has 40 window products. If the site needs to pass Ali permissions, then no window products.

在阿里国际站上,排在最前面,也就是第一位的是顶级站位的产品,其次是固定排名,接着是外貌直通车,然后是橱窗产品,最后是自然排名的产品。在产品信息质量同等的情况下,橱窗、关键词排名及 4P4（外贸直通车）等付费广告对于排名也有一定的促进作用,如图 3.41。

图 3.41　橱窗产品网页界面设置

二、橱窗运用(Application of Showcase)

进入橱窗管理栏的方法有两种(如图3.42),分别是:

方法一:如果是管理员或制作员,可通过 My Alibaba 后台的"营销中心"点击"橱窗",将出现"橱窗产品管理",然后可查看所有橱窗产品。Method one: If you are an administrator or a producer, you can click "Showcase" via the My Alibaba background "Marketing Center" and "Showcase Product Management" will appear, allowing you to view all the showcase products.

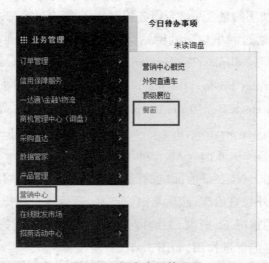

图 3.42　橱窗产品管理图

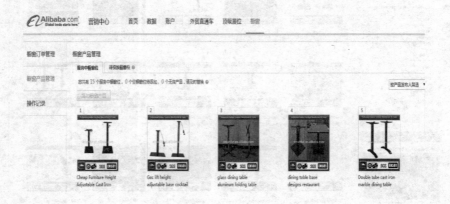

图 3.43　产品管理图

方法二:如果是业务经理或业务员,可通过 My Alibaba 后台点击"产品管理"下的"管理产品",选"更多条件"可筛选橱窗查看。Method two:If you are a business manager or salesman, you can click "manage products" under "Product Management", and click "more conditions", then screen the window through my Alibaba backstage.

图 3.44 管理产品

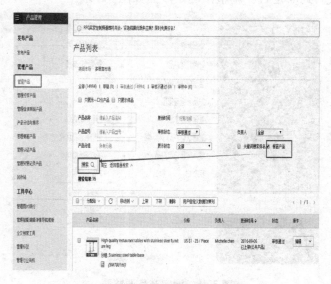

图 3.45 橱窗管理设置图

三、橱窗调整(Adjustment of Showcase)

(一)调整橱窗的意义(The Meaning of Adjusting Showcase)

阿里国际站规定放在橱窗的产品拥有优先排名,即在同等条件下橱窗产品排在非橱窗产品的前面,曝光在前,能为企业带来更多的引流,从而带来更多曝光量和点击量,才能有更多询盘促成订单的完成。在网页首页上专门有一个专区,能为企业展示的主打产品提供优先的场所和条件,在拥有热度差不多的关键词的情况下,橱窗产品能比其他非橱窗产品曝光在前;橱窗产品还可以根据实际情况自由更换,使企业的产品能根据市场随时做出调整,适应市场需求的变化;调整橱窗会自动积累相关数据,为后期的工作奠定基础,同时为后期的产品优化做好准备;做好一个橱窗产品后,可以为之后相类似的产品做好模板,以便之后直接发布产品。

(二)橱窗产品调整(Adjustment of Showcase Product)

找到阿里后台的"业务管理"栏下的"产品管理",点击"产品管理"后再点击进入到"排名查询工具",之后在跳出的"排名查询工具"搜索栏中输入产品关键词,如"table leg",可发现公司这个关键词下的橱窗产品排在阿里巴巴国际站的第 16 页,第 22 位,查看其排名是否理想,如不理想,可根据公司需要进行橱窗产品筛选,判断是否要调整该橱窗产品如图 3.46。

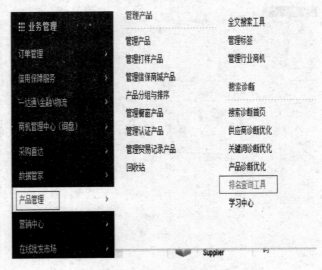

图 3.46　橱窗产品调整图

点击"管理产品"下的"排名查询工具",然后查询主词排名,输入主词,找到排在第一位的是非4P4产品,将其添加至橱窗,首先优化产品名称和关键词,然后优化产品模板,产品图片。

图 3.47 橱窗产品调整图

四、橱窗产品优化（Optimization of Product Showcase）

对设置好的橱窗产品,要时刻对其进行监控,查看其曝光和点击量够不够,有没有引起客户的兴趣。如果效果不理想,排名落后,就要对橱窗产品进行优化。对于如何优化橱窗产品以获得更多的曝光,使点击率转化为订单,可以从以下几个方面对橱窗产品进行优化。（见图3.48）

（一）类目问题（The Problem of Category）

优化橱窗产品首先要考虑橱窗产品是否放对类目,如果把橱窗产品放在不正确的类目下会导致买家搜索不到或排名在很多页后面,买家根本没机会看到。所以选对放置的类目很重要。那么如何选择正确的类目呢? 在阿里首页输入关键词,参考自然排名靠前的同行类目信息（虚线以下的产品）,看看自然

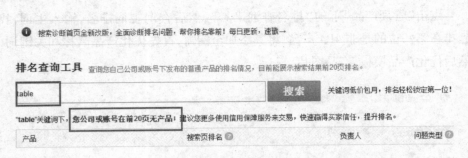

图 3.48 类目选择图

排名好的同行用的是什么类目。

(二)选择长尾词(Choose Long Tail Words)

在阿里后台找到"数据管家"栏下的"热门搜索词"。如下图,输入公司产品 table legs 这个词,会发现"metal table legs"热度高,但竞争度也非常高,这就很可能导致这种大词无法拥有好的排名,这时候我们就可以选择长尾词。如:"apple store wood display table with 4 legs" "folding table legs ping pong table",因其橱窗数相对较低,竞争度更低,而且产品能提供更多更具体的信息给买家,更符合买家的需求,可以参考其产品标题信息定制符合自己公司产品要求的产品标题进行投放。

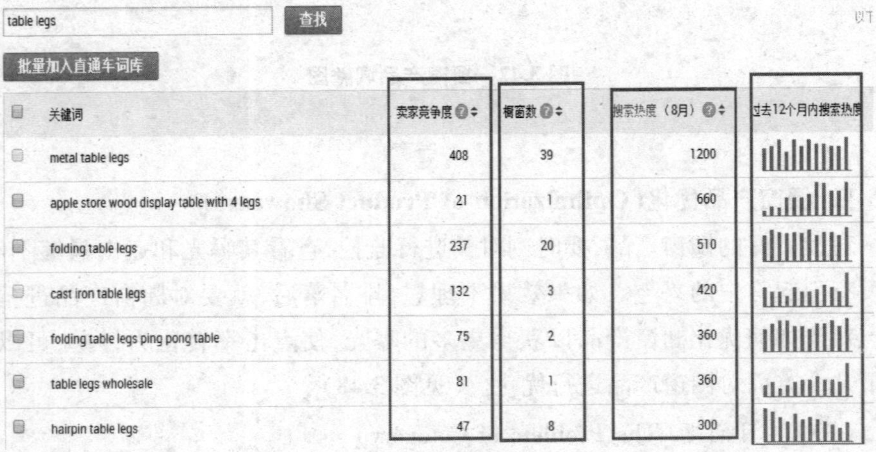

	关键词	卖家竞争度	橱窗数	搜索热度 (8月)	过去12个月内搜索热度
☐	metal table legs	408	39	1200	
☐	apple store wood display table with 4 legs	21	1	660	
☐	folding table legs	237	20	510	
☐	cast iron table legs	132	3	420	
☐	folding table legs ping pong table	75	2	360	
☐	table legs wholesale	81	1	360	
☐	hairpin table legs	47	8	300	

图 3.49 长尾词选择图

(三)正确使用介词(with,for,of,in)(Correct Use of Prepositions)

根据阿里搜索规则,关键词放在介词之后是无效的、无排名的。核心词要放在介词前面,例如:产品名称中加 for 和 with 突出产品属性和用途的情况,标题中也可使用 with/for,核心词放在 with/for 前面,因为系统会判断 with/for 前面的为核心词。再如: dining for table base,这个标题中的主词就是 dining,如果我们做的产品是 table base,在这里它就体现不出我们要做的产品是 table base,因为阿里规则把它默认为了 dining,导致买家搜索不到 table base 这个产品。

(四)巧用同热度关键词(Skillfully Using the Key Words of the Same Heat)

搜关键词 A 和关键词 B,排名靠前对应的是同一款产品,那么可以将关键词 A 和关键词 B 做到同一个橱窗上作为这款产品的关键词,即该款产品的标题中同时包含有关键词 A 和关键词 B,无论是搜索关键词 A 还是关键词 B,都是搜索到该款产品,使得该款产品排名靠前。

(五)产品标题包含关键词(The Product Title Contains the Keywords)

关键词在标题中比重大,所以关键词需要在标题的各个部分中体现,即如图所示,产品标题和"table legs"要有包含关系,类目要一样,并且在产品名称中都得到体现。

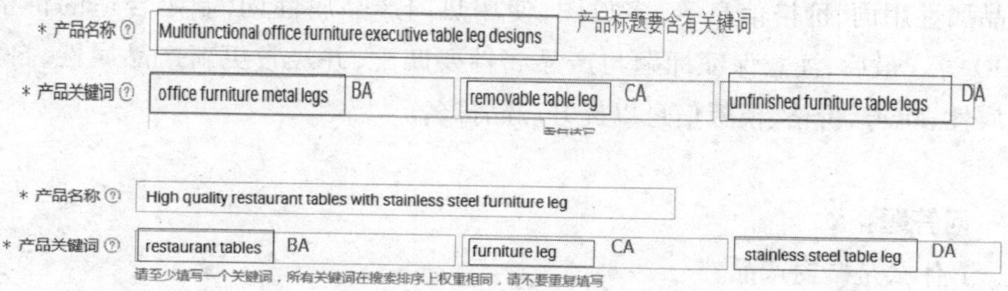

* 产品名称 ⑦ Multifunctional office furniture executive table leg designs　　产品标题要含有关键词

* 产品关键词 ⑦ office furniture metal legs BA　　removable table leg CA　　unfinished furniture table legs DA
请在此填写

* 产品名称 ⑦ High quality restaurant tables with stainless steel furniture leg

* 产品关键词 ⑦ restaurant tables BA　　furniture leg CA　　stainless steel table leg DA
请至少填写一个关键词, 所有关键词在搜索排序上权重相同, 请不要重复填写

图 3.50　产品标题关键词选择图

(六)产品标题符合买家喜好度(The Product Title Meets Buyer's Preference)

平台排序功能会根据买家的行为识别买家偏好,将买家更偏爱的产品排序靠前。即阿里巴巴国际站会将买家多次搜索的产品排在前页,下次只要有买家搜索相关产品,默认的前几页产品就会曝光在买家面前。假设最近国外买家更喜欢 Coffee Table,那么如果我们设置的标题是 dinning table,根据排名规则,产品排名就会相对更低。

(七)经常更新完善产品信息(Regularly Update and Improve Product Information)

首页搜索的时候,悬浮选择框内的显示信息表明了对于 Coffee Table 这个词,如果属性是用右边红框内的信息,那么它的排名就可能会更好一些。

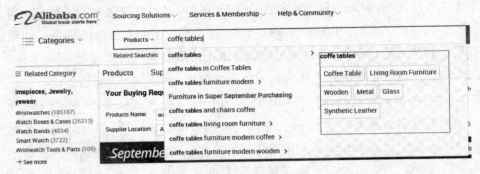

图 3.51 更新产品信息图

除此之外,要及时了解自身所在行业的动态信息,通过在阿里后台"数据管家"栏中查询买家搜索数据、搜索记录、搜索历史等挖掘买家的偏好;在阿里前台产品搜索栏输入产品关键词,找出自然排名靠前的同行图片及其产品属性并查看价格、MOQ(Minimum Order Quantity)等信息,参考图片的款式和角度以及产品属性用词、价格信息等,多放图,使用热门产品属性词,制定合适的价格、MOQ 等。最后,注意保证标题与产品属性要匹配,并经常更新产品属性、自定义属性、MOQ、价格、模板信息以提升产品排名。

问答题:

1.什么是橱窗产品?

2.橱窗产品在阿里国际站的排序是怎样的?

3.如何调整橱窗产品?

4.通过哪几方面对橱窗产品进行优化?

参考文献

[1]培训之家.赛课之道[EB/OL].阿里外贸学院,2023-03-16.https://waimao quan.alibaba.com/px/activity/zt/saikezhidao.php.

第六节 旺铺制作及装修
（Store Construction and Decoration）

一、旺铺装修的重要性（The Significance of Store Decoration）

每一个店铺都是一个品牌，每一个品牌都有定位，对消费者来说，除了解决辨识度的问题以外，更深层次的问题是认知、定位，甚至是情感认同。[①]

旺铺是阿里巴巴平台提供给供应商展示自己企业能力、魅力的板块，同时供应商企业能在全球旺铺板块上不断更新和完善企业产品信息和企业形象，进行产品营销。全球旺铺是阿里巴巴平台上全球贸易不可少的一部分。旺铺的装修、设置风格能突出企业的营销能力。即使产品质量过硬，如果全球旺铺做得不好，杂乱没有美感，也会使整个企业的形象大打折扣，而精美舒适的旺铺更能吸引买家的眼球，给买家舒适的感受，从而增加购买潜力。一个好的店铺装修能增加用户的信任感，更有吸引力。在产品等硬性条件同等的条件下，店铺装修提供了更多柔性的、个性化的企业和产品宣传渠道，提高产品附加值，同时也能有效提高店铺浏览量。

二、页面布局（Layout of Store Pages）

旺铺的基本单位是不同的板块，由不同的板块构成不同的布局，不同的布局再构成不同的页面。因此，旺铺宏观的设置是从"页面布局"开始。首先用管理员或者制作员账号登录到旺铺装修页面，点击页面右上角的"页面布局设置"按钮，进入当前页面的布局设置，其中，"招牌"和"网页导航"是固定不变的，也不能移动。点击"添加布局"可以添加页面布局，点击"添加板块"可以在布局栏中添加板块，布局可以通过点击每项布局栏末尾的上下箭头，点叉号可以移动、删除等。再次点击"页面布局设置"则退出布局设置，如图3.52。

---

① 子道.子道说：电商不难[M].北京：电子工业出版社，2014：142.

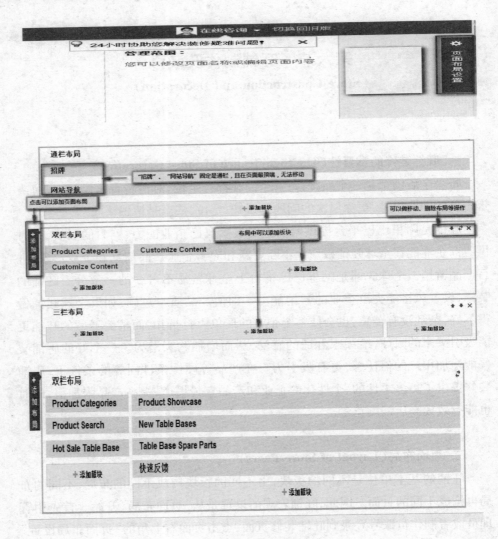

图 3.52 页面布局图

　　页面布局样式有四种:通栏、双栏(左)、双栏(右)、三栏。每个页面的布局最多不能超过 7 个。

　　点击"添加布局"后弹出框中可以选择布局样式,如下:

设置：添加布局　　　　　　　　　　　　　　　　　　　　　✕

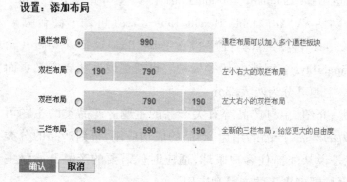

通栏布局　⚪　　　　990　　　　　通栏布局可以加入多个通栏板块

双栏布局　⚪　190　　　790　　　　左小右大的双栏布局

双栏布局　⚪　　　790　　　190　　左大右小的双栏布局

三栏布局　⚪　190　　590　　190　　全新的三栏布局，给您更大的自由度

确认　取消

图 3.53　页面布局图

在阿里巴巴国际站上，一个网站就代表了一个公司，想要在线上完美展现公司产品就少不了对网站进行装修。旺铺除了可以在首页排版各种不同的板块，还可以新增"自定义页面"。"自定义页面"顾名思义就是可以自己排版的页面。网站有首页，有产品页，有公司页，也有联系页，首页除了常规板块还提供"自定义板块"以便承载个性化内容。下面以东莞斯迈特家具有限公司为例看看"自定义页面"可以做哪些主题。

自定义风格　　页面管理　　模板　　发布　　备份当前模板　　　　　　　　　在线咨询
6 YRS　　Dongguan Smart Furniture C...　♥♥✔✎🔒　☆ Add to My Favorites　　On Site ▾　　W
通栏布局
招牌
网站导航
Contact Customer Service
滚播Banner
Table Base Company Introduction
Multi-Language Sites
Adjustable Height Table Base
Table base Main Categories ›
The table base is everywhere
Company Capability
✚ 添加版块

图 3.54　页面布局图例

图 3.32 页面布局图除了"招牌"和"网站导航"是固定栏，其他栏可以通过"通栏布局"设置。分别可设置"Contact Customer Service（联系客户服务）"

"Banner(标语)""Table Base Company Introduction(台脚公司介绍)""Multi-Language Sites(多语言网站)""Adjustable Height Table Base(可调节高台脚)""Table Base Main Categories(台脚主营类目)""The Table Base is Everywhere(台脚用处)""Company Capability(公司能力)"等板块。也就是说这些自定义页面也有自己明确的主题。主题可分为两大部分：

一部分是产品分类、介绍、主打产品等有关产品的主题。产品类的主题可以按照有特色有竞争力的产品、产品的用途、产品的成功应用,再到产品的分类等这个顺序排序,也就是说从能抓住客户眼球,适应时代需要的产品开始做主题,引起客户的兴趣,再扩展到更多的产品和应用。

第二部分是有关公司、服务的主题。公司的主题里面可以写公司的历史、团队、研发能力、设备机械水平、合作的优秀供应商、成功案例等推荐公司优点的内容。服务方面的主题可以写团队的实力、组成等内容。要从客户的心理出发,突出产品特点,图片清晰精美,产品质量性价比高,要让客户对公司的产品有兴趣,信任公司,坚定客户选择公司产品的理由。下面,从最重要最直观的"招牌"设置开始打造旺铺的建设。

三、招牌设置(Signboard Set-up)

招牌是用来展示店铺名称的标记。为了产生效果,店牌应突出且能吸引注意力。在某种程度上,店铺招牌的设计代表着该店铺的形象。能否吸引顾客进入店铺,招牌的设计有着很重要的作用,如图3.55。

设置步骤：

用管理员或者制作员账号登录进入Alibaba后台首页的旺铺装修页面,点击"装修旺铺",鼠标移到"招牌"的位置,右上方会出现"设置"按钮,点击"设置",选择"使用自定义招牌图"或者"使用默认招牌图"。如果选择"使用自定义招牌图",则需要点击"上传图片",把制作好的招牌上传上来,如下图是使用自己公司的Logo图。最后点击"确定"。图片要求是：招牌图宽度为990像素,高度在100到200像素之间,JPG,PNG图片格式,2M以内。招牌图中如展示公司名称,请与认证信息(Verified Supplier)模块中保持一致,详情参考网规。招牌中公司名称、公司标志(Logo)可以选择不展示；公司名称字体可以自定义；最后,设置好后,点击页面上方的"发布"才能生效。文中以东莞斯迈特家具有限公司的旺铺装修为例,按照"招牌"栏目下对图片的要求,填写数据等具体参数要求完成"招牌"设置。

图3.55 公司招牌设置图

四、全球旺铺标语设置(Banner of Global Minisite)

Banner是网站页面的横幅广告,一个表现商家广告内容的图片。成功的Banner主题明确,减少过多的干扰元素,让用户一眼就能识别广告含义。目前全球旺铺中只有Banner可以滚动播放,其他模块暂不支持,如图3.56。

设置方法:

用管理员或者制作员账号登录到旺铺装修页面,找到"招牌"这一栏,操作步骤参考如下:

进入Alibaba后台首页,点击"装修",然后点击"装修旺铺"。找到Banner。如果尚未添加"Banner",先鼠标移到想要插入Banner的位置,页面右侧会显示"添加板块",点击"添加板块",然后"上传图片",点击"确定";如果已经添加

"Banner",则找到页面上面的 Banner,鼠标移到 Banner 上面,Banner 右上方会出现"设置"按钮。图片要求是:最多可上传 4 张图片,上传 4 张像素一致的图片;Banner 图片的像素尺寸建议宽固定 990,高 250(高可选:200、250、300、350、400 五种);支持 JPG,PNG 图片格式,2M 以内上传后按左对齐、顶部对齐的方式展示,超出高度、宽度部分不予展示;每张 Banner 支持超链接设置,但仅支持阿里巴巴集团内部相关链接。链接详情及具体要求请看下图。最后一定要点击装修页面上方的"发布"按钮,否则不会生效。

图 3.56　全球旺铺标语设置图

五、在"网站导航"下的各个板块设置(Modules Set-up of Site Navigation)

通过点击"通栏布局"底部的"+添加板块"添加并设置"网站导航"内容中的各个板块,见图 3.57-3.58。

图 3.57 企业客户设置板块图

（一）企业客户板块（Enterprise Customer Module）

板块主题或者说是名称可以自定义。如可定义为联系客服（Contact Customer Service）。把企业客服板块名称填入指定的方框。展示的形式可选择只展示客服显示名或展示客服显示名及头像。设置 Trade Manager 账户的要求是限 20 个英文字符，头像图片建议尺寸 80×80 像素，JPG，PNG 图片格式，2M 以内。

图 3.58 公司简介设置板块图

（二）公司简介板块（Company Profile Module）

公司简介板块标题根据公司要求或特色填写。如东莞斯迈特家具有限公司主营多功能台脚产品，所以公司简介板块标题是 Table Base Company Introduction。然后点击蓝色字体"点击管理公司介绍"按照里面步骤的要求，如实填写公司的地址、名称、经营产品等等具体的信息。

(三)产品推荐板块(Product Recommendation Module)

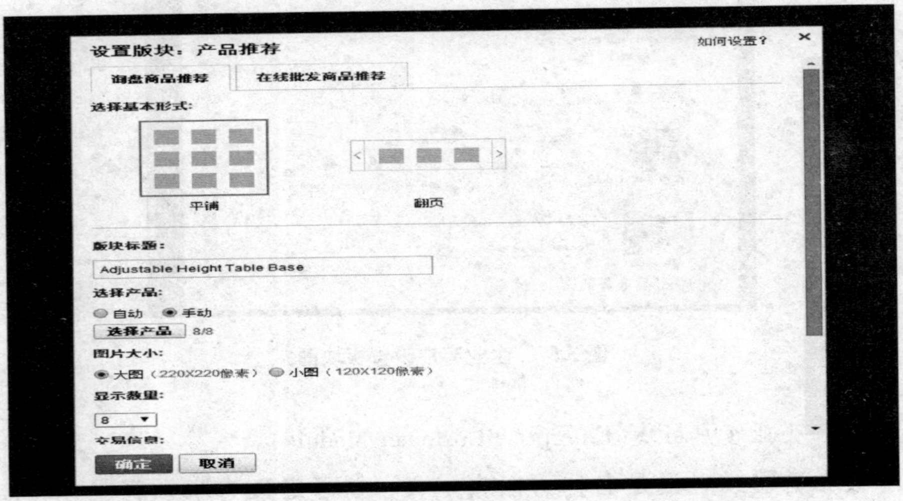

图 3.59 产品推荐设置板块图

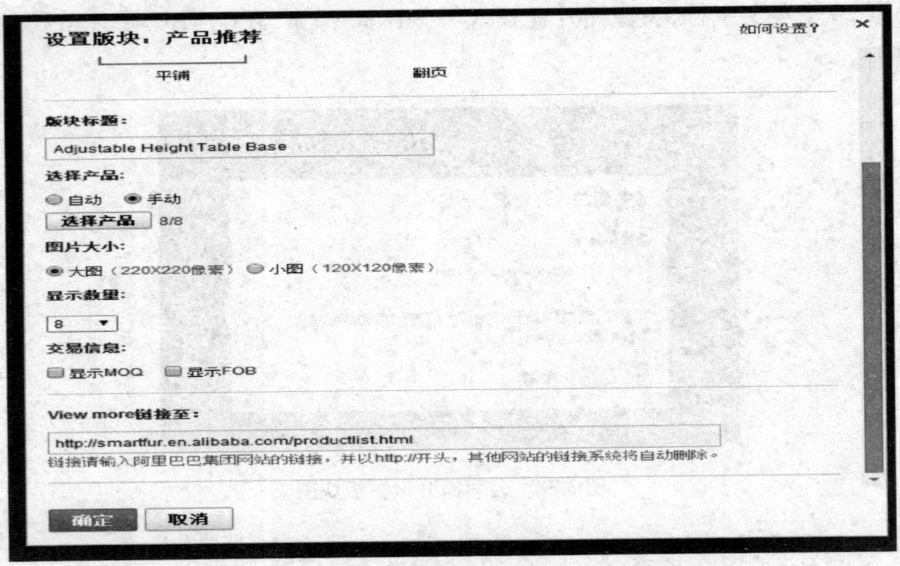

图 3.60 产品推荐设置板块图例

产品推荐板块的产品有来自询盘商品推荐和在线批发商品推荐两种设置可选择。选择的基本形式有平铺和翻页两种设置,一般为了客户方便快速阅读

产品信息都是选择平铺模式。接着填入板块标题,如以主打产品来设置:
"Adjustable Height Table Base"。客户选择产品可设置为手动或自动,为了尊重
客户的主动权,体谅客户的浏览习惯等,可选择手动模式。图片大小有大图
(220×220 像素)、小图(120×120 像素)的选择。可选择显示图片数量 8 张。交
易信息可选择显示最小订货量或离岸价。最后可设置图片链接,把要链接的网
址复制到指定的方框内即可,这样可以带来更多的流量。

(四)主营类目板块(Main Category Plate)如图 3.61

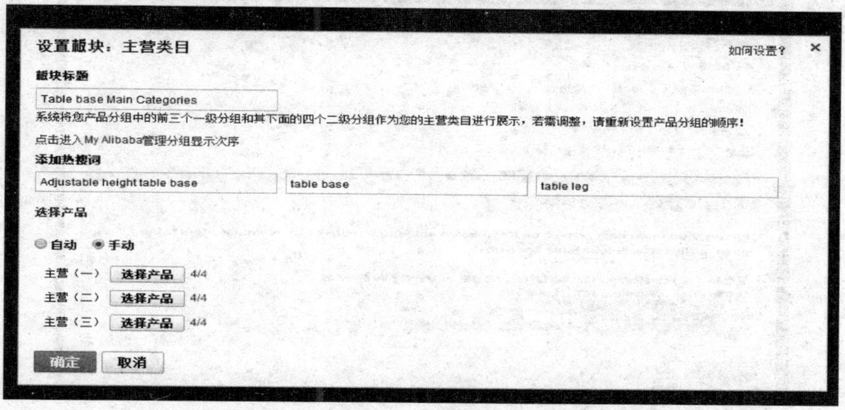

图 3.61　主营类目板块图

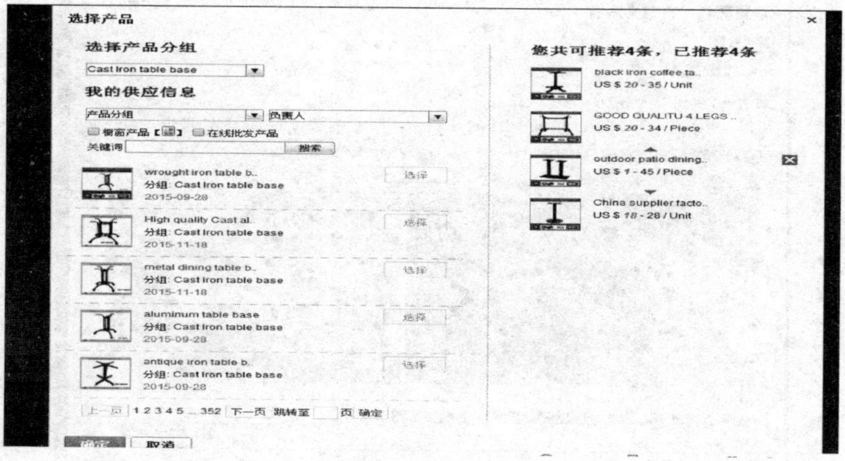

图 3.62　主营类目板块图例

　　"主营类目"是公司主打产品的板块。首先设置板块标题,要简洁明确。如家具台脚公司的主营类目板块名称"Table Base Main Categories",看到即明白主营产品是什么。其次是设置主营产品的热搜词三个。热搜词表现产品最新最大的特点,最多需求的词,还有同类产品的近义词。如"Table Base Main Categories"下的热搜词是:adjustable height table base;table base;table leg。热搜词可以在后台"数据管家"中查找,结合自身产品的特点设置。接着是选择产品并进行分组。填写好产品分组的具体分组标题、负责人信息、上传产品图片等。

图 3.63　自定义内容图

图 3.64　自定义内容图例

图 3.65　自定义板块图

六、自定义内容（User-defined Contents）

自定义板块是充分体现企业店铺特色风格的板块。是设计自由度最高的，要突出自己企业的风格，产品的特点。自定义板块 Word 模板，可以设置字体颜色大小，插入图片，点击菜单栏上"倒 8 字"图标设置图片网址链接等。

七、窗板块设置（Showcase Set-up）

调整橱窗展示效果的方法：

例如原先是"四大六小"展示效果，现在想显示"全小图"展示形式，如图 3.66：

第一步：找到装修旺铺页面右侧"页面右侧布局设置"按钮后点击进入布局页面；

第二步：找到原布局（通栏）下的橱窗模块并删除；

第三步：在想要的布局（双栏）下添加橱窗模块即完成操作。如果是已经添加了"橱窗板块"的可以点击"Product Showcase（橱窗板块）"一栏末尾的"设置"进入到橱窗产品设置板块，点击"点击进入后台管理橱窗产品"字体，即可进行橱窗产品设置管理。

模块在页面的摆放位置可通过上下箭头调整。

图 3.66　调整橱窗展示效果图

点击"Product Showcase"栏跳出"设置板块:橱窗产品",可以点击进入后台管理橱窗。

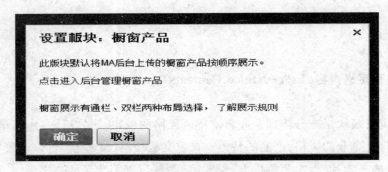

图 3.67　调整橱窗展示效果图

可通过 MA(Ma Alibaba)后台的"管理橱窗产品"调整橱窗位置先后来调整大图展示产品(如果是刚做调整,需等待同步时间≤24 小时才能显示)。

八、旺铺各板块超链接添加方法(Hyperlinks Addition)

为了通过更多渠道给自己的全球旺铺带来更多流量,可以通过旺铺各板块添加超链接,从而形成更多产品的引流如图 3.68。

(一)自定义内容板块中添加超链接:Add a Hyperlink to the Custom Content Module

从阿里后台进入"旺铺装修"中的"页面管理"板块,鼠标移到"自定义内容"后点击"设置",在图片上添加超链接,选择需要编辑的图片或图像,然后点击"倒 8 字"超链接标志,插入需要链接的网址即可。

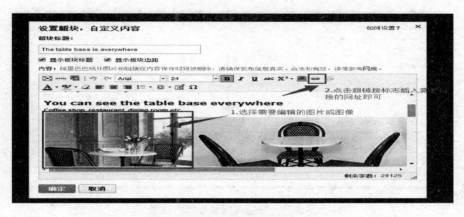

图 3.68　旺铺各板块添加方法图

（二）标语板块中添加超链接（Banner Module to Add Hyperlinks）

从阿里后台进入到"我的旺铺"，点击"页面管理"，鼠标移到"滚动 Banner"一栏，点击后面的"设置"图标，进入到"滚播 Banner"的设置板块。在"设置当前图片超链接"方框内填入链接的网址即可。

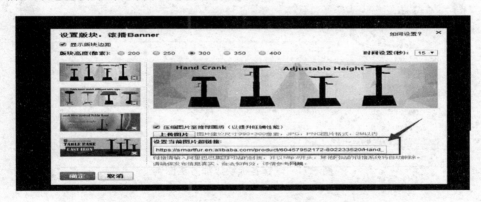

图 3.69　旺铺各板块添加方法图

（三）产品推荐板块中添加超链接（Add Hyperlinks to the Product Recommendation Module）

从阿里后台进入到"我的旺铺"，点击"页面管理"，鼠标移到产品推荐板块（自定义名称）。如"Adjustable Height Table Base"一栏，点击后面的"设置"图标，进入到"产品推荐"的设置板块。在"View more 链接至"方框内填入链接的网址即可。

图 3.70　旺铺各板块添加方法图

从阿里后台进入到"我的旺铺",点击"页面管理",鼠标移到"Company"一栏,点击后面的"设置"图标,进入到公司能力描述的设置板块。在"View more链接至"方框内填入链接的网址即可。

图 3.71　旺铺各板块添加方法图例

上传要设置超链接的图片,并在图片右边的方框内分别填好图片标题、能力描述,最后把链接的地址粘贴在指定的方框内。

最后注意,在完成以上各板块的超链接网址,点击确认后,还要点击"页面管里"旁的"发布"按钮,才能最终完成超链接的确认。

问答题：

1.旺铺装修中哪些板块是系统固定的？

2.Banner 与其他板块最大的不同点是什么？

3.最能体现企业风格、企业特色的是哪个板块？

4.旺铺可以从哪些地方插入超链接？

参考文献

[1]速卖通大学.跨境电商客服[M].北京:电子工业出版社,2016.

[2]子道.子道说:电商不难[M].北京:电子工业出版社,2014.

第七节 P4P 及 SEO 关键词优化
（P4P and SEO Key Words Optimization）

一、P4P 的定义（Introduction to P4P）

P4P（Pay for Performance）是阿里巴巴会员企业自助设置多维度关键词，买家搜索一个关键词后，设置了该关键词推广的商品会出现在相应的展位上，买家点击该广告，卖家根据点击付费，这种典型的点击付费广告称之为 P4P。

P4P is a multi-dimensional keyword set by Alibaba member companies through self-service.Buyers search for a keyword, set the keyword to promote the product will appear in the appropriate booth, the buyer clicks the advertisement, the seller pay according to the click, this typical pay-per-click advertising is called P4P.

P4P 的展示位置（The Display Position of P4P）：

从后台 My Alibaba 进入"营销中心"，再进入"外贸直通车"一栏。P4P 外贸直通车展示位一共有 19 个，中间 5 个+右边 10 个+底部多家企业展示 4 个。

阿里巴巴国际站搜索排序从高到低分别是：顶级展位、固定排名、P4P 外贸直通车、信保商场产品、橱窗产品、普通产品。有顶级展位时，带 Sponsored Listing 标识的为 P4P 产品（或者链接后面带 p 的）；无顶级展位时，底部为虚线的是 P4P 产品(或者链接后面带 p 的)。

二、SEO 关键词优化(Key Words Optimization of SEO)

SEO(Search Engine Optimization,简称 SEO,译为搜索引擎优化),根据长尾理论可知:客户搜索产品是首先搜索关键词,然后才想到关键词外修饰或限制的词和词汇组合,而词和词汇的组合几乎是无限长的。作为产品卖家,我们就要在基础关键词中找受欢迎程度高的、热门的词作为产品关键词的词头,而关键词的修饰成分或者说词的长尾词就是无数个(随着时间、时事等的变化而变化)符合买家搜索习惯的精准词。关键词越简短、越广泛,客户需求越模糊,例如"手机";关键词越长尾,客户需求越精准,比如"儿童手机号"。① 那么,如何找到热门的产品搜索词,如何配置符合目标市场当地的精准长尾词呢,通过以下搜索引擎有几种方法。

According to the Long Tail Theory, when the customer searches a product, he/she searches a keyword at first, then he will think of a combination of words and words as a modification or limitation of a keyword. The combination of words is almost infinite. As sellers, we should find the most popular, hottest words out of the basic keywords as the prefix of the product keyword. The keyword's modification component or long tail words are countless precise words(change with time, current events and other changes) which should be in accord with the buyer's searching habits. The shorter the keywords, the more general its meaning, the harder can we tell what the customer needs. For example, "mobile phone", if we add more long tail words to it, we can find out the customers' needs more exactly, such as "children mobile phone number". So, how to find popular product search terms, how to configure the long tail precise words in the target market, there are several ways through the following search engine.

(一)谷歌搜索引擎优化关键词(Google Search Engine Optimized Keywords)

Google Trends(谷歌趋势):http://google.com/trends/,输入一些行业热词,真实的、反应热度的关键词,把关于客户的网页、产品的词语输进去,可以输入 5 个关键词,会按照时间、热度以波浪线的形式呈现出来。地域可以改动,时间年

---

① 严杰,陈信诚.阿里巴巴外贸营销兵法[M].深圳:深圳点石成金科技有限公司,2016:14.

月,类别(新闻、平台)都可以选择。这样就可以分类别知道在什么地方、什么时间、什么方面用的哪个关键词比较多,然后比较这 5 个词的热度。这些词语可以用到发布产品上;可以搜到你所输入的词语在哪个地方比较受欢迎、热度高低、使用的区域、城市。针对这些词语来开发这些市场的客户,因为通过以上操作,我们知道了这些市场都是用这些词来描述产品的。

Google Adwords(谷歌关键词规划师):https://adwords.google.com/KeywordPlanner,打开网站,在搜索栏输入搜索字词,选择"关键词参考提示"栏,在"搜索字词"栏目下可看到平均每月搜索量、竞争程度、广告展示次数份额等内容。在"关键词按相关性排序"栏目下列看到平均每月搜索量、竞争程度、广告展示次数份额等内容,还可以将其下载出来比较。

Google Global Market Finder(谷歌全球商机洞察):http://translate.google.com/globalmarketfinder

(二)Google 辅助工具(Google Auxiliary Tool)如图 3.72

工具一:Market Samurai,免费使用。

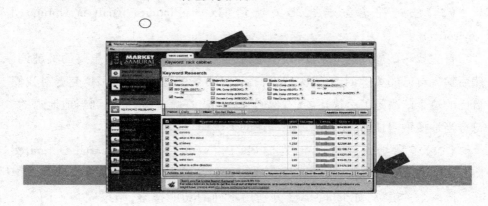

图 3.72　免费工具使用图

工具二:http:www.spyfu.com/,可查看客户的目标市场,从而从侧面找出其关注的关键词表达。

图 3.73　Google 辅助工具使用图

（三）当地平台分析优化关键词（Local Platform Analysis Optimized Keywords）

首先找一些当地的 B2C、B2B 平台,在这些平台上搜索我们想要的关键词,然后输入自己的关键词,放进去搜索,看目标市场的这些 B2B、B2C 究竟对我们自己的这个产品是怎么描述的,看他们关心的点在哪里,从而找到当地地道的、符合当地搜索习惯的、对我们产品描述的关键词。

（四）不同功能搜索优化关键词（Different Functions Search Optimized Keywords）

同一个关键词,如 table base 分别用不同的功能搜索,结果完全不同。如 B2B 网站、国外同行、零卖网站、国内同行、国外和国内贸易公司、经销商网站等,看看其对此类产品的描述是怎样的,这样可找到符合不同目标市场不同客户习惯的关键词或关键词中的长尾精准词。

三、关键词的搜索与提取（Keywords Search and Extraction）

Google 是大家都知道的全球最大的搜索引擎,除了常规的用法,还有很多找客户找关键词的精准方法。下面介绍几种:①

---

①　莫伟雄.互联网+时代:外贸新手成长之路[M].北京:清华大学出版社,2016.

（一）关键词+""双引号（Keywords+""double quotes）

表示搜索双引号内完全匹配的字符结果。

例："table base"只会显示关于 table base 的网页。

（二）关键词+filetype：（Keyword + filetype：）

表示搜索指定类型的文件。

例：filetype：pdf multifunctional table 搜索出关于 multifunctional table 数据库的 pdf 文件。

（三）关键词+~（Keywords + ~）

如：关键词加近义符号~，如搜索关键词+~CEO 会出现 CEO 的近义词 President。

（四）关键词+define：（Keywords+define：）

表示查找定义。

例：define：B2B 会出现 B2B 的定义解释。

（五）关键词+OR（Keywords+OR）

表示或者定义。注意前后空格大写。

例：如要查找"桌子"，可以用"base" OR "desk"。

（六）关键词 -（Keywords -）

表示减号格式。A（空格）-B。关键词-不想要的东西

例如：robber duck toy-amazon-alibaba 则搜出来的结果是没有 amazon 和 alibaba的信息。

（七）关键词（空格）site：域名【Keywords（space）site：domain name】

可以搜索所有在域名里面该关键词的信息。

例如：cast iron table base site：alibaba.com 搜出来的都是阿里巴巴里面关于该关键词的信息。

（八）关键词+Filetype：文件后缀名（Keyword + Filetype：file extension）

例如：dining table filetype：pdf 搜索关于 dining table 的文件后缀是 pdf 的文件。

问答题：

1.什么是 P4P 产品？

2.P4P 产品在国际站的什么位置？

3.优化关键词的要点是什么?

4.用搜索引擎有哪些途径可以找到符合当地目标市场的关键词描述?

参考文献

[1][美]克里斯·安德森.长尾理论[M].乔江涛,译.北京:中信出版社,2012.

[2]莫伟雄.互联网+时代:外贸新手成长之路[M].北京:清华大学出版社,2016.

[3]严杰,陈信诚.阿里巴巴外贸营销兵法[M].深圳:深圳市点石成金科技有限公司,2016.

[4]严行方.跨境电商业务一本通[M].北京:人民邮电出版社,2016.

第四章

B2B 询盘及成交（阿里篇）
（B2B Inquiries and Conclusion of Business）

学习要点

鉴别询盘的技巧

回复询盘应遵循的原则

客户分析和跟进的重要性

客户分析的内容和技巧

客户跟进和接待的注意事项

客户管理和沟通的原则

报价的技巧

第一节　询价分析及技巧
（Inquiry Analysis and Skills）

一、鉴别询盘（Identify Inquiries）

　　根据学者林俊锋的定义，询盘也叫询价（Inquiry），指交易的一方准备购买或出售某种商品，向另一方询问买卖该商品的有关交易条件。询盘可分为购买方向供货方提出的询盘和出售方向购买方提出的开发信两种①。询盘分为一般询盘（General Inquiry）和具体询盘（Specific Inquiry）。一般询盘只是对商品做一般性的了解，通常会索取价目表（Price List）和目录（Catalogue）等材料，并表明下单的可能性；而具体询盘则是打算购买特定的产品，通常会要求卖家报价，

---

① 林俊锋，彭月嫦.跨境电商实务［M］.广州：暨南大学出版社，2016：81.

并询问有关支付方式、折扣、交货时间等方面的信息①。

Inquiry is made when one party wants to sell or buy certain products and consults the other party about relevant trade terms. Inquiry that is made by the seller is named promotional letter. Inquiries can be classified into two types: general inquiry and specific inquiry. General inquiries are made to obtain general information, such as price list and catalogue. Specific inquiries are made to get detailed information about particular products, such as terms of payment, discount, delivery time, etc.

询盘是外贸的重要环节,询盘的数量和质量对外贸企业而言意义重大,尤其是高质量的询盘。出口商进行外贸活动难免会收到无真实购买意愿的询盘。此类询盘,我们称之为"不诚询盘"。商人发"不诚询盘"的目的各不相同:索要免费样品(Free Samples)、发布广告、套取价格、打探行情、窃取资料或骗取邀请函(Invitation)等。若出口商无法辨别,而花费大量时间去回复和处理此种询盘,就会浪费大量宝贵的时间和精力。因此,出口商需要掌握辨别真假询盘的几种基本方法。

(一)查看对方姓名(Check the Buyer's Name)

一些商人使用临时编造的假名字发出询盘,此类名字非常怪异,明显无法拼读。遇到这类姓名,可考虑为"不诚询盘"。例如:ehkfolr,iqbmd,lprdud 等。

(二)查看对方 IP 地址(Examine the Internet Protocol Address)

核对系统后台所显示对方的"发件时所在地"和 IP 地址是否一致,并与询盘内容进行核对。

(三)查看询盘发送日期(Examine the Date of Inquiry)

一般情况下,外贸业务员和采购员会选择上班时间发询盘。就国内而言,即使是加班工作,在凌晨三四点钟发询盘的可能性也是微乎其微。出口商可根据时差判断国外客户发出询盘的时间。例如,位于广州的出口商于北京时间 19 点钟收到来自洛杉矶的询盘,那么对方可能是在当地凌晨 3 点钟发出询盘,该询盘可能是"不诚询盘"。

(四)查看买方信息(Check Buyer Profile)

出口商可仔细查看对方的联系方式,包括:公司地址、网址、电话、手机号

---

① 阿里巴巴(中国)网络技术有限公司.从 0 开始跨境电商实训教程[M].北京:电子工业出版社,2016:238.

码、传真、邮箱、成为会员年限、被加为客户数等。利用搜索引擎确认该公司是否存在,也可打电话以及发邮件核实其真实性。核对其邮箱地址的后缀是否与公司名称相对应。一些"不诚询盘"提供的联系方式往往不全面,甚至提供虚假网址和地址。更有甚者,一些"不诚询盘"提供钓鱼网站,或者带木马的附件以骗取商业信息,出口商需谨慎对待。总之,若出口商怀疑对方是无诚意买家,则应充分调查其背景信息。

（五）查看买家行为记录(Examine Buyer Activities)

出口商可查阅其 90 天的搜索行为,包括买家最近搜索的产品(Recent Searches)、查看产品明细的次数(Product/Description Viewed)、常用搜索词(Most Search Keywords/Terms)、偏好行业(Industry)等。检查其最近搜索的产品是否与询盘中的产品一致,若一致,则购买的意愿较强。由此还可以进一步查阅买家的经营业务(Business Scope)、企业类型(Corporation Type)和购买范围(Purchasing Scope),如果其经营业务和偏好行业或查看的产品毫无关系或者其购买范围跨度特别大,可考虑为无诚意买家。还可以查看:已是会员的客户(数量)、产品浏览次数、有效询价发出次数、供应商一次回复率、查看报价次数以及垃圾询价次数等。这些数据是判断真假询盘的重要依据。若以上项目均为零,很可能是对方刚刚注册账号(Registered:1 Day),出口商应提高警惕,需通过多种渠道核实对方的身份。若对方在 90 天内发出了 1000 条询价,查看询价的次数仅为 100 条,那么该客户的查看率为 10%。查看率过低的买家极有可能是没有购买欲望的买家。

（六）查阅询盘内容(Read the Contents)

产品:真实买家往往询购某样或若干具体的产品,指出具体的产品信息,包括:名称、材质、等级、功能、规格及型号(Name, Material, Grade, Function, Specification, Type/Pattern)等。无诚意买家通常仅询问某大类产品的价格,不关心产品的材质、等级、功能、规格及型号等。

购买数量:真实买家常会提供具体的订购量,如"预计订购 500 件某产品";无诚意买家则使用"将会大量订购(in largequantity, place bulk orders)"此类词语,而不提供具体的订购量,抑或提供夸张的数字,如"将会一次性订购 5000 台 300 吨钢铁转炉"等。

遣词造句:无诚意买家常常使用固定格式的询盘,词句千篇一律,换汤不换药。例如:

Hi,we are an American company specializing in the trade of printers.We are looking for all kinds of high quality printers.Please send pictures of your products and specifications as well as quotations to the Email:XXXXXXX.

此类询盘的格式往往是：We are XXX company,looking for/interested in your products(非明确产品名称).Please send pictures of your products and specifications as well as quotations/payment terms to the Email:XXXXXXX.

值得注意的是：通过查阅内容来判断真假的方法并非绝对。有时出口商的确会收到看似虚假实则有真实购买意愿的询盘，出口商可根据实际情况进行甄别，需好好把握机会。此外，一些买家因为各种原因而发送异常简单的询盘，例如：

Please give me the price about your LED(Light Emitting Diode)(行业大类).①

James

(Fax)

又如：

Please offer your best price for examine.And also give me your COA(Certificate Of Authenticity)and package picture.

对于此类询盘，可用固定格式的邮件回复，也可在充分调查其背景、核定其身份之后，针对其问题进行回复。有时会有意想不到的收获。

二、回复询盘的原则（**Principles for Replying to Inquiries**）

出口商若能巧妙地回复，可发展新客户和维护老客户。相反，不恰当的回复会导致潜在客户流失，错失机会。在回复询盘的准备工作、回复时间、报价的方式以及遣词用句等方面都应讲究方法和原则。

Strategic replies can be conducive to developing new customers and maintaining old ones.On the contrary,improper replies may lead to loss of potential customers.The following presents the principles and methods as to the preparation for,timing, quotation and wording of replies.

（一）及时回复（Timely Replies）

及时回复是第一要务。首先，回复的及时程度说明客户在出口商心中的重

---

① 福步外贸论坛.请重视每个询盘，哪怕是你认为的垃圾询盘[EB/OL].福步外贸论坛网站，2017-3-18.

要程度。买家可以设置"24 小时内没有在阿里巴巴平台上获得询价回复，自动匹配其他供应商"，出口商若不及时回复，便会错失良机。再次，买家往往会收到多个出口商的回复，仔细阅读第一封邮件的可能性最大，因此出口商若及时回复，就能第一时间获得客户的关注，成交的概率就会提高。最后，回复时应考虑时差问题，分时间段进行回复，最好能在对方上班时间的半小时之前送达。来自韩国、日本、澳大利亚的询盘，尽量第一时间回复。来自印度的 11:00 之前，中东 13:00 之前，欧洲 15:00 之前，美洲国家下午下班之前回复①。

（二）巧妙报价（Strategic Quotes）

报价是回复的关键内容。报价过高，可能导致客户流失；报价过低，又会导致公司利益的损失。因此，需结合具体情况进行报价。组织市场调查，明了市场的动态。出口商必须依据最新的行情报出价格②。若不太确定询盘的真假，那么报价不可太"真实"，报个虚价，探探对方是否有进一步了解的意愿。若确定是真实询盘且是新客户，尽可能从多方面先了解客户情况，做到有针对性地报价。例如，到客户的网站了解对方经销该产品的价格，以此作为报价的参考。

（三）换位思考（Put Yourself in Customers' Shoes）

从客户的角度考虑问题，让客户省钱、省心、省力。换言之，了解和满足客户需求。学者乔纳森·库利（Jonathan Cooley）曾写道："When comparing online and offline customers, the Forrester（2013）study also found that online B2B customers in comparison to offline customers are（a）more frequent buyers,（b）have higher average order volumes,（c）tend to be more product/brand/company loyal, and（d）are more easily reached and influenced for add-on sales, cross-product sales, and up-sell offers."③即网络上的企业买家与线下买家相比，购买频率更高，购买量更大，更执着于购买某一产品、品牌或某一公司的产品，因此，更易于受到额外销售、交叉产品销售以及向上行销的影响。

（四）简单明确（Simplicity and Clarity）

应言简意赅，不刻意使用晦涩生僻的词汇。行文最好使用短句，或者长句短句搭配。应重视邮件标题，面对新客户，标题指明具体的产品，使用具有吸引

---

① 外贸日报.询盘回复技巧［EB/OL］.好好网，2019-05-08.

② 外贸知识.如何回复买家询盘才有效［EB/OL］.食品科技网，2017-07-11.

③ JONATHAN COOLEY. Marketing Channel Attitudes of Chinese Business-to-Business Companies：An Empirical Buyer Behavior Study for U.S.Companies Marketing to Chinese B2B Customers［D］.Portland George Fox University,2016.

力的词汇,例如:"The Best Price for Snap-back Hat";面对老客户,邮件标题应突出该邮件的主要议题,如:"Re:Payment Terms about Soybean"。称呼对方的姓名;开端应对客户询盘表示感谢,并表明询盘的具体日期,如:"Thanks for your inquiry dated(后加日期)";正文应回答询盘中的疑问,重点突出,意思明确;结束语可用"We are looking forward to hearing from you soon."或"Your prompt reply would be highly appreciated"或"We are looking forward to your kind order"。落款统一规范信息完整,包括写信人姓名、职称、部门、公司名称、地址、电话、邮箱、传真、公司网址等,例如:

Vivian Chen

Marketing Manager

GuangxiYouxin Import & Export Co.,Ltd.

Address:No.89,Mingxiu Road,Xingning District,Nanning City,P.R.China

Telephone:0771-3005790

Email:weidddshoe@XXX.com

Fax:XXXXXX

Website:XXXXXX

（五）主动跟进(Proactive Following-up)

记录潜在客户的联系方式、询盘日期和进展情况。定期发送节日问候、产品更新信息或优惠促销活动信息等。学会利用谷歌等英文搜索引擎查阅客户的资料。据学者肯尼斯·C.劳顿（Kenneth C.Laudon）调研,谷歌和雅虎是位列世界第一和第二的搜索引擎①。

三、案例分析:询盘类型及处理技巧(Case Analysis)

处理不同类型的询盘,应使用不同的方法。确定是"不诚询盘"则直接忽略,而遇到真实询盘也应区别对待。真实询盘及其处理策略可大致分为以下几种。

类型一:询问具体的产品和价格,还涉及其他贸易条件(Trade Terms)的询盘,此为具有真实购买意愿的具体询盘。此类询盘往往涉及尺寸、包装、装箱、交货时间和运输方式(Size/Measurement,Package and Packing,Delivery Time/

---

① KENNETH C L,CAROL G T.E-commerce Business:Technology,Society(17th Edition)[M].
New York:Pearson Prentice Hall,2014:144.

Shipping Date,Trans-portation)等。有的还提出具体的关于产品设计(Design)和结构方面(Structure/Makeup)的要求。

遇到这类目的非常明确的询盘,出口商获得实单的可能性最高。出口商可将此类询盘作为首要处理对象。在回复中需要做到有问必答,专业且准确。写明产品的价格、特点(Feature)、图片、运费(Freight/Fare)、交货时间等内容,且要体现公司的实力与诚意。报价要慎重,不宜太高,并通过多种销售方式促进客户下样品单。

案例1(询问价格、支付方式、折扣信息,外加客户的特殊定制需求):

Hi,I'm very interested in your EM-325 Women's Running Shoes.

What is your CIF price for this item to Liverpool?

What is the terms of payment?

Would you allow a discount on purchases of no less than 500 pairs?

By the way,we would like our logo to be on the sock-liner,can you do that?

We also need to receive the shoes before 15th of this May.

Please find in the attachment the picture of our logo.

处理1:

Hi,thanks for your inquiry of 2nd, March about EM-325 Women's Running Shoes.

CIF price for this item is £ 79 per pair to Liverpool.

With your logo added on the sock-liner,the price would be£ 79.49.This is the best price we can offer.

As for payment,Letter of Credit(L/C) at sight is our practice.

Should you place an order of no less than 500 pair, we would give you a discount of 2%.

Should your order reach us before the end of this March,we could meet your requirement of receiving the shoes before 15th of this May.

We look forward to receiving your first order.

解析:开头使用简单的客套语,感谢客户的询盘,标明询盘的日期及涉及的产品名称和型号,以便客户一目了然。接下来开门见山按照问题的先后顺序一一回答客户的疑问。先进行CIF报价,然后对客户的特殊定制要求另外报价,并指出这是当前的优惠价格。告知客户常用的支付方式,以及获取折扣的条件(单次订单大于500双)。并表示可以满足客户对运输时间的要求,委婉地要求客户尽快下单(3月底之前)。文末使用常用结束语,表示希望收到客户的订单。通篇简洁、明了、专业,无冗余文字,明确回答客户疑问,与客户简洁高效的风格一致。

Firstly, the reply should be started with a polite formula, expressing thanks for the inquiry and indicating the date of the email/letter, name and types of the products, so that the customer would have a clear idea about the main contents. Secondly, answer each question asked by the customer. For example, quote a CIF price and a new price for customized products, indicating that it is the most favorable price. Finally, the reply should end with a wish for an order. The letter should be simple, clear and professional, giving clarified answers, which is in line with the style of the customer.

类型二:只询问具体产品的询盘。这类询盘目标明确,但不够具体、专业,但也可能产生实单。出口商可把他们当成潜在客户,多进行引导和沟通,保持耐心,定期发送产品信息和促销邮件。

案例2(询问某系列产品价格、供应量、包装,要求发送产品防伪证书):

Hi,

Would you give us the detailed information about the EY-31 tennis shoes for men(2015 March Collection)? Please quote your best price and quantity you can supply per month and your package.

And please send your COA to us to confirm your quality.[①]

处理2:

Hi, thanks for your inquiry of 2nd, March about tennis shoes for men (2015 March Collection).

Because of their extra traction and durability, our shoes have been enjoying great popularity in the international market. We feel confident that you will be satisfied with our goods.

Enclosed please find our illustrated catalogue and price-list giving the details you need.

We could supply 200 pairs per month.

The shoes are to be packed in box made from corrugated or cardboard paper.

---

① 搜狐网.外贸客户谈判实战技巧——追盘及客户跟踪[EB/OL].搜狐网站,2017-07-12.

Pictures of sample boxes as well as our COA please find in the attachment.

We would pay prompt attention to any requirement or comments from you.

解析:回复时对本产品的优势和特色进行描述(结实耐用),吸引客户下单。按照客户要求以附件的形式发送价目单、目录、包装样品图和防伪证书。

类型三:不提产品或价格,只介绍自己的公司或寻求合作的询盘。遇到这类询盘,出口商需认真调查其背景,确定其真实存在之后,将其作为潜在客户,在处理完重要询盘后,使用固定的回复格式保持跟进。例如:

案例 3

Dear Sir/Madam,

Thanks for your inquiry at Alibaba.com.

We are XXX(公司名), a supplier for high quality sport shoes, located in Nanning City, Guangxi Zhuang Autonomous Region, P. R. China. Enclosed please find some pictures of our products with a price-list, for more, please go to our website.

We would like to establish business relations with you. Should you have any inquiries or requirements, we would be glad to talk in details through Skype or any way you like. Thanks!

Best Regards

Christina

解析:回复中简单介绍自己的企业,包括主营产品和公司地址;发送价目单和产品图片供客户参考;表达建立业务关系的意愿;邀请客户访问公司网站、鼓励使用 Skype 等即时通信软件进行后续交流。

案例 4(回应买家砍价):

Dear X,

Thanks for your interest in our item.

I am sorry but we cannot offer you that low price you asked for. We feel that the price listed is reasonable and has been carefully calculated and leaves me limited profit already.

However, we would like to offer you some discount on bulk purchases. If your order is more than X pieces, we will give you a discount of XX% off.①

---

① 丁晖.跨境电商多平台运营[M].北京:电子工业出版社,2015:7.

问答题：

(1)辨别询盘的几种基本方法是什么？

(2)回复询盘有哪些原则？

(3)遇到询问具体的产品和价格，还涉及其他贸易条件的询盘，应如何处理？

参考文献

[1]阿里巴巴(中国)网络技术有限公司.从0开始跨境电商实训教程[M].北京：电子工业出版社,2016.

[2]丁晖.跨境电商多平台运营[M].北京：电子工业出版社,2015.

[3]林俊锋,彭月嫦.跨境电商实务[M].广州：暨南大学出版社,2016.

[4]福步外贸论坛.请重视每个询盘,哪怕是你认为的垃圾询盘[EB/OL].福步外贸论坛网站,2017-3-18.

[5]外贸日报.询盘回复技巧[EB/OL].好好网,2019-05-08.

[6]外贸知识.如何回复买家询盘才有效[EB/OL].食品科技网,2017-07-11.

[7]KENNETH C L, CAROL G T.E-commerce Business：Technology,Society(17th Edition)[M].New York：Pearson Prentice Hall,2014.

[8]COOLEY J.Marketing Channel Attitudes of Chinese Business to-Business Companies：An Empirical Buyer Behavior Study for U.S. Companies Marketing to Chinese B2B Customers[D].Portland：George Fox University,2016.

第二节　客户分析及客户档案建立
(Customer Analysis and Profile Creation)

一、客户分析的重要性(The Significance of Customer Analysis)

随着世界经济发展,商业和贸易的发展模式逐渐发生了变化,但客户信息的分析和客户关系的管理是企业需要持久关注的课题。当今的企业面临着更多更新的挑战。波特(Porter)认为,In business nowadays, companies inevitably face tremendous challenges, such as high competitive rivalry among existing firms, the unpredictable changes in consumption trends, and more sophisticated customer demands（在当今的商业社会，企业面临着非常严峻的挑战，比如企业间的激烈竞争、变幻莫测的消费者习惯以及更复杂多样的消费者需求）。①客户关系分析和管理必须适应社会和商业的发展趋势。

客户关系管理（CRM，Customer Relationship Management）也随着计算机和互联网技术的发展而不断地变革。在客户关系管理到社会客户关系管理，正如缪斯菲克（Musfiq Mannan Choudhury）和保罗（Paul Harrigan）（2014:149）在《客户关系管理到社会客户关系管理:新技术到客户关系管理融合》文中提道:客户关系管理的改革一直都在进行中，如今社交媒体技术也给企业和客户之间的互动带来巨大的变化。这种利用了社交媒体的新型客户关系管理模式更加关注公司对客户的接洽以及双方互动。（*In CRM to social CRM: the integration of new technologies into customer relationship management*: Customer relationship management (CRM) is a continually evolving domain and now social media technologies have revolutionized the way businesses and consumers interact. Hence, the new dimension of social CRM focuses on customer engagement domain, and now social media technologies have revolutionised the way businesses and consumers interact②）

B2B 平台的第一个巨大价值就是实现买家和卖家的高效匹配。对于一个精明的买家来说，首先需要做的第一件事是搜寻合适的供应商或商品，才能进行采购。买家常常要对商品的规格、性能、图示等等进行评估，确认是否符合预期的采购要求还是需要定制。利用系统的分析手段，紧密结合我国电子商务的发展行情，对客户做出系统、合理的分析预测，从而及时调整商务运营规划，合理运用市场营销手段，开展有针对性的商业营销活动，这将对电子商务企业的发展起到良好的推动作用。③

事实上，高效匹配是双方之间互动的结果。买家想得到自己想要的供应商，除了主动寻找供应商之外，还可以将自身的需求进行发布，等待合适的供应商来应答，即由供应商对采购需求主动"报价"。在阿里巴巴平台上，对发布大

---

① 　PORTER M E.The Five Competitive Forces that Shape Strategy [J].Harvard Business Review, 2008,86(1):79-93.
② 　MUSFIQ M C,PAUL H.CRM to Social CRM:the Integration of New Technologies into Customer Relationship Management [J].Journal of Strategic Marketing,2014,22(2):149-176.
③ 　邢莉.电子商务中的客户分析方法研究[J].商业时代,2007(34):78-79.

量采购需求等待报价的买家,供应商可以主动出击报价,以报价赢取买家。真实丰富的需求信息,让彼此更快了解并互信,更快促进交易达成。简言之,简单、高效和综合成为直接发布采购需求的主要价值点。①

在跨境电商平台中,该从哪些方面了解客户?如何了解客户的相关信息以及询盘动机?该如何跟进不同类型的客户以实现最高的订单转化率?在跟客户的日常沟通有哪些技巧?这些问题都关系到卖家的成交量以及持续的发展。

二、客户分析的内容及技巧(Contents and Strategies of Customer Analysis)

跨境电商的卖家常常对买家询盘提出疑问:为什么卖家给客户报价之后,客户不回复?客户的邮件是不是钓鱼邮件?客户是因为什么原因不回复报价邮件的呢?是对产品质量不满意,还是交货期不合适,还是客户近段时间暂停工作,还是其他原因?

在对客户提出疑问之前,卖家需要先问问自己:是否了解客户的背景?是否在还盘之前已经对客户进行了深入分析?是否了解客户的真正需求?询盘回复是否体现专业性和诚意?

学者邢莉认为,我国电子商务的客户分析应遵循以下方法:经济带分析、消费群分析、消费区间分析、物流带分析。通过这些系统的分析,能掌握客户的消费习惯、消费倾向,也有助于进行客户特征分析、利润率分析、忠诚度分析、风险分析、潜在客户分析等。②

Customer analysis should contain the following: economic belt analysis, consumer group analysis, consumption section analysis and logistic belt analysis. Systematic analysis would promote customer characteristics analysis, profit rate analysis, loyalty analysis, etc.

跨境电商与传统贸易的最大区别就在于数据获取和数据分析。阿里巴巴集团 B2B 事业群总裁吴敏芝指出,互联网的本质价值在于数据,10 多年来外贸电商只有信息展示而没有数据沉淀,因此外贸企业并未真正享受互联网变革的红利。十几年来,阿里巴巴逐步建立了全球最大的跨境 B2B 市场平台;2014 年以来,阿里巴巴通过一达通实现了出口交易闭环,有了数据沉淀。平台能基于

① 阿里巴巴网络技术有限公司.挡不住的跨境电商时代[M].北京:中国海关出版社,2015:33-35.
② 邢莉.电子商务中的客户分析方法研究[J].商业时代,2007(34):78-79.

在线交易产生的数据沉淀出全球中小企业数据库,让买家和卖家留在中国外贸的生态圈,让外贸真正与互联网深度融合。①

廖欣在《浅析基于大数据对跨境电商服务评价的探讨》一文中指出,可获取的跨境电商服务评价的数据主要来自以下 5 种途径:第一,来自工商总局(Industrial and Commercial Administration)、质检总局(Quality Inspection Administration)、海关(Customs)、检验检疫(Inspection & Quarantine Administration)等政府机构发布的权威数据(Authoritative Data),如工商注册(Industrial and Commercial Registration)、域名注册(Domain Name Registration)、银行信用(Financial Credit Standing)等;第二,来自企业内部的运营数据,如企业资产规模、经营能力、盈利水平、人员情况(Asset Size,Operating Capacity,Profit Level and Staffing)等;第三,来自电商交易方面的数据,如产品与描述是否相符、产品质量、退货率、好评率、交易成功率、累计交易额、顾客浏览率、顾客回头率(Correspondence with the Description, Quality, Refund Rate, Positive Feedback Rate,Customer Retention Rate);第四,来自跨境方面的数据,如通关速度、税费征收、货物查验、电子报关、国际物流速度、国际电子支付(Declaration Speed,Duty Collection,Commodity Inspection,Electronic Declaration,Logistic Velocity)等;第五,来自社交网络方面的数据,包括发布在各类社交网络中的文本、图像、音频、视频获取的转发频率(Repost Rate)、分享链接(Link Sharing)和公众号粉丝数(Number of Fans on the Official Account)等。将这些原始信息进行清洗、匹配、整合、挖掘等大数据技术处理后可以挖掘出各种有用的商业信息,为企业、政府、消费者提供决策支持。②

客户分析是一个复杂的过程,要求卖家用心沟通、细心发现,不同客户的需求和喜好都是不一样的,因此没有固定的客户分析模式。一般通过跨境电商平台提供的信息、"外贸圈"搜索平台的海关数据、Skype、Google、各类社交平台,以及其他的网络资源,可以对客户做以下的分析:

(1)客户的国家和所在市场

卖家在经历多次贸易之后,对世界不同地区客户在交易流程中的类似习惯有了一定了解,也了解了不同地区的法律法规;同时,卖家在对客户推销或谈判之前,应该调查研究客户所在市场的需求以及价格范围。

---

① 肖锋.互联网+外贸,大数据改变中国出口[EB/OL].世界服装鞋帽网,2016-03-30.
② 廖欣.浅析基于大数据技术对跨境电商服务评价的探讨[J].现代商业,2017(10):81-82.

(2)客户的公司规模

分析客户公司的规模和经营情况,可以得知该客户从事外贸的专业性和经验,据此调整谈判的手段。了解客户公司的规模可以让卖家预测合作的深度和广度,了解客户的经营情况则可以让卖家预测客户信誉和交易的风险。

(3)客户公司的经营范围

分析客户公司的经营范围,指的是分析客户需要采购的产品,客户在经营公司时的需求。卖家通过分析这个因素可以发现买卖双方的匹配度,筛选出更有合作潜力的客户,提高跟进的效率。外贸从业人员会大规模挖掘客户,但是真正能发展成下订单客户的比例不大,因此有必要对客户做好分类和筛选。

(4)客户公司采购的明细

大数据时代的外贸平台以及海关数据网站,为卖方搜索潜在客户提供了便利。卖方可通过"外贸圈""TOPEASE"等平台获取采购商列表及相关明细,包括采购商报表、联系方式、所采购产品生产地、产品分析等。"采购产品分析"让卖家了解买家采购的产品类型,可以判断与该采购商的专业匹配度,判断能否满足该采购商的需求,从而判断成交的可能性。

采购明细记录则记录了该买家在全球采购的每一笔采购记录的明细,不仅让卖家了解了买家采购历史上的多次报价,还能了解成交量。卖家在此基础上可以做到真正的知己知彼,可以对比采购商此前的供应商,发现自身的优势和劣势,在谈判时有的放矢。总之,每一个数据都在一定程度上透露出客户的需求,卖家分析客户时应该注意对比分析,同时做好汇总记录,横向和纵向都做好分析。有的平台还能生成采购商采购行为分析表格,这有利于卖家了解客户的潜在价值,也在一定程度上影响报价策略。

很多外贸平台和社交网络都可以提供类似的或者不同的有价值的信息,卖家应该多方收集信息,因为每个客户都有不同的喜好,在客户常用的平台往往有关于该客户的更全面的信息。

泰国国立发展管理学院(National Institute of Development Administration)的皮阿育(Peerayuth Chareonsukmongkol)教授和帕卡柏(Pakamon Panujirutt)教授在这方面颇有研究,他们在《社交媒体在客户关系管理和企业绩效满意度中的应用:社交技能的调节作用》(*Social media use for CRM and business performance satisfaction*:*The moderating roles of social skills and social media sales intensity*)一文中提道:传统的客户关系管理是通过操作电脑软件和分析数据库进行的,主要适用于大企业,但越来越多的事实证明,小公司多用像 Facebook 和 Instagram 这

样的社交媒体协助管理客户关系,这已经成为一种新趋势(2017:25)①。
(While the traditional CRM, implemented through computerized software and data-base systems, is commonly adopted by large corporations, there is evidence that so-cial media such as Facebook and Instagram have also become an emerging trend in facilitating the implementation of CRM activities by small firms)但客户分析通常围绕着客户的采购产品类型、采购量、采购价、采购频率、采购来源、物流选择、支付方式等方面进行。

三、客户跟进和档案建立(**Customer Follow-up and Profile Creation**)

中国电子商务研究中心在《新时代下电子商务与客户关系管理分析》一文中指出,电子商务发展中的客户关系管理实施,首先,必须统一思想,提高认识(Unify Our Thinking and Enhance Our Awareness)。这不仅需要企业高层领导的支持和推动,也需要提高员工对客户关系管理重要性的认识,要让员工认识到客户是企业最为宝贵的财富。其次,要组建项目实施团队(Team for the Project),有专门的团队来具体组织领导,团队成员应包括公司主要领导以及企业内部信息技术营销、销售、客户支持、财务、生产研发等部分的代表(Repre-sentatives of Information Technology, Sales, Customer Support, Accounting, Production and Researches),还有外部的顾问人员(External Consultants)参与,有条件的还应邀请客户代表(representative of clients)参与到项目中来。最后,要进行业务需求分析(Business Requirement Analysis)。②

为了实现订单转化,卖家需要就产品生产、产品工艺、交货期等各方面的细节与客户进行深入的持续的交流。客户跟进还包括了解客户需求以及客户所在市场的需求信息、客户买产品的用途、客户销售的渠道,维持客户的关注和提高产品竞争力,以及争取与已成交客户的深度合作等。

客户的跟进是外贸工作的核心工作之一,跟进的目的可能是开发新客户,也可能是维护老客户。客户的维护和跟进都要求企业有很好的沟通技巧和能力。巴伦(Baron)和马尔克曼(Markman)在 *Beyond Social Capital:How Social*

① PEERAYUTH C,PAKAMON S.Social Media Use for CRM and Business Performance Satisfac-tion:The Moderating Roles of Social Skills and Social Media Sales Intensity [J].Asia Pacific Management Review.2017(3):25-34.

② 中国电子商务研究中心.新时代下电子商务与客户关系管理分析[DB/OL].网经社数字经济门户,2012-07-26.

Skills can Enhance Entrepreneurs'Success 一文中指出：Social and communication skills are crucial for relationship-building in the business exchange(社交沟通技巧在公司业务推进中的关系管理起着至关重要的作用)。①卖家对新老客户的了解程度以及双方的合作模式都有所不同,因此跟进潜在客户和跟进老客户的内容是不同的。

（一）潜在客户的跟进

潜在客户指的是已经进行询盘或者已经与卖家有初步沟通、对产品表现出兴趣的客户。A potential customer is the one who have made inquiry and communicated with the exporter as he/she is interested in certain products.潜在客户的跟进应该从分析客户的需求开始,根据客户需求调整沟通策略。潜在客户对卖家的产品、卖家的生产经营情况尚未了解,跟进这类客户主要是要让客户发现卖家的竞争优势以及产品信息。

产品信息的介绍应该根据客户需求去推荐,提高交易的效率,而不是介绍所有产品,或者介绍那些卖家自己的招牌但并非客户需要的产品。

为了突出竞争优势,卖家应该对自己的经营情况进行介绍并邀请客户到厂了解,这样既体现卖家诚意,也增加双方深入沟通的机会。生产经营情况一般包括生产的设备、生产的工厂环境、产品市场占有率、已有客户的评价等。

除了介绍产品和公司的经营情况,更重要的是刺激潜在客户进一步合作。首先可以分析卖家当地供应市场的情况以及同类产品的销售情况,让客户意识到一点下单的紧迫感。另外,要尽量让客户开口,表达自己的需求、分享自己的故事,这样不仅增加卖家对客户的了解,还拉近双方的心理距离。

（二）已下单客户的跟进

对于已下单的客户,卖家最需要做的就是确保客户满意,争取客户成为长期合作对象。客户的跟进必须是持续性的,因为交易中的每一个环节都可能出现需要协商沟通的情况。从合同签订、生产、发货到买方收货、验货、售后服务、售后回访,每一个环节都应该主动与客户沟通,如果客户提出问题和要求,更应该第一时间回复。②

---

① BARON R A, MARKMAN G D. Beyond Social Capital：How Social Skills Can Enhance Entrepreneurs' Success.［J］.The Academy of Management Executive(1993—2005),2000,14(1):106-116.

② 金琼琼.订单跟进——金琼琼在线课程［EB/OL］.阿里巴巴国际站外贸学院.2017-03-27.

某一订单的交易结束之后,客户跟进的工作还没有结束。交易结束之后,要适时回访,询问客户对产品的满意度,以及是否有新的需求。如果客户暂时没有再次采购的需要,卖家则可以在客户乐意沟通的情况下,向客户介绍自家的代理商、推荐提供综合服务的第三方、介绍认识其他已经与自家有过交易的经销商、分享有价值的商业信息等,使合作的面更广,合作的网络更加紧密。另外,还可以聊一些私人的或者客户感兴趣的生活休闲话题。

(三)档案建立

收到每一个询盘都要有所记录,包括客户的姓名、电话、公司名及其他相关的信息;为每一个客户都建一个文档,联系过的信息及传输过的文件都要保存并记录;可以在每个客户文档下新建两个子文件夹,分别命名为:"接收到的邮件"和"发出去的邮件";收到的邮件要定期导出;将客户档案建立在 EXCEL 表格中,按地区分类;邮箱的资料要整理好,每个客户一个文件夹;如果可能的话,用笔记本将与客户往来的一些细节记录下来。①

问答题:

1.为什么买卖双方需要高效匹配? 在跨境电商平台上,买卖双方如何实现高效匹配?

2.跨境电商客户分析的核心和本质是什么? 客户分析应该重点分析哪些方面?

3.为什么有必要分析客户的采购明细? 应该分析哪些明细信息?

4.对潜在客户和已下单客户的跟进是否有区别? 两者的跟进分别应该注重哪些内容?

参考文献

[1]阿里巴巴网络技术有限公司.挡不住的跨境电商时代[M].北京:中国海关出版社,2015.

[2]廖欣.浅析基于大数据技术对跨境电商服务评价的探讨[J].现代商业,2017(10).

[3]邢莉.电子商务中的客户分析方法研究[J].商业时代,2007(34).

[4]肖锋.互联网+外贸,大数据改变中国出口[EB/OL].世界服装鞋帽网,

---

① 福步外贸.如何建立客户档案? [EB/OL].福步外贸论坛,2017-09-27.

2016-03-30.

[5]外贸邦.如何区分潜在客户和建立客户档案？[EB/OL].外贸邦网,2021-02-05.

[6]金琼琼.订单跟进——金琼琼在线课程[EB/OL].阿里巴巴国际站外贸学院.2017-03-27.

[7]中国电子商务研究中心.新时代下电子商务与客户关系管理分析[DB/OL].网经社数字经济门户,2012-07-26.

[8]BARON R A,MARKMAN G D.Beyond Social Capital：How Social Skills Can Enhance Entrepreneurs' Success.[J].The Academy of Management Executive (1993—2005),2000,14(1).

[9]MUSFIQ M C,PAUL H.CRM to Social CRM：the Integration of New Technologies into Customer Relationship Management[J].Journal of Strategic Marketing,2014,22(2).

[10]PEERAYUTH C,PAKAMON S.Social Media Use for CRM and Business Performance Satisfaction：The Moderating Roles of Social Skills and Social Media Sales Intensity[J].Asia Pacific Management Review,2017(3).

[11]PORTER M E.The Five Competitive Forces that Shape Strategy[J].Harvard Business Review,2008,86(1).

第三节 报价及技巧
（Quotation Skills）

买家委托采购(Request For Quotation/Quotes),即 RFQ,是买家主动填写采购需求,委托阿里巴巴寻求合适的供应商,供应商可根据买家的采购需求信息进行报价。Request For Quotation is made by the buyer who entrusts Alibaba to seek for suitable suppliers.Suppliers can make a quotation based on the need of the buyer.此为阿里巴巴平台为买卖双方提供的便捷服务,可通过"采购直达"界面进行管理和操作。

在阿里巴巴网站上无不良诚信记录的中国供应商会员都有机会收到来自 RFQ 的采购需求。供应商可挑选合适的卖家进行报价,也可以对 RFQ 设置偏好信息,从而收集更多真实和及时的采购信息。总而言之,该服务能提高买家采购的效率,帮助供应商及时锁定目标市场,联系真实客户,加快产品和资金周转。

一、报价技巧（Quotation Skills）

（一）报价前充分准备（Fully Preparation）

认真分析客户的购买意愿,了解他们的真正需求,才能拟出一份有的放矢的报价单。学者帕罗斯基（Mieczysław Pawłowski）和帕斯图扎克（Z. Pastuszak）在谈论企业购买行为时提出：They usually require from the sales representatives excellent technical preparation and knowledge of the business of the company to which they offer their products...①（企业作为一个整体进行采购时往往更加注重供应商的销售代表对所供产品的各项技术参数以及该企业经营的了解程度……）因此,报价人员应首先充分了解该产品和本企业,做到心中有数。

（二）选择合适的价格术语（Proper Price Terms）

井然哲指出,价格术语实际上决定了买卖双方的责权和利润划分,因此,报价前除了尽量满足客户的要求之外,也应该充分了解各个价格术语的真正内涵并慎重选择,然后根据选择的价格术语进行报价。②

二、回复 RFQ 技巧（Skills of Replying, RFQ）

（一）标题设置必须有针对性,包含关键词。应针对买家需要的产品设置标题,吸引买家,提高点击率。

Hot Sale-Africa-Children-Sport Shoes-Cindy-Lindu

适用地域　　适用人群　　　　　　联系人　企业名称

图 4-1　RFQ 标题设置图

具有吸引力的 RFQ 标题

标题举例：

High Quality 48 Designs Superhero Kids Cartoon Caps-Super Batman Star War

---

① 阿里巴巴（中国）网络技术有限公司.从 0 开始跨境电商实训教程［M］.北京：电子工业出版社,2016：233.

② 井然哲.跨境电商运营与案例［M］.北京：电子工业出版社,2016：56.

Ninja Turtle Transformer Kids Capes Halloween Children Capes[①]

(二)产品描述应突出自身优势和特色,一目了然。对产品的各个细节进行精准的描述,应针对买家的需求进行描述,可包括材料、规格、工艺、用途、样品时间、运输时间、运输方式、优惠条件、支付方式等。强调产品不仅符合买家的特殊需求,甚至超出买家期望值,突出产品附加值。产品名称一定要精准,图片要清晰简洁,图片中的产品须符合客户所需要的产品款式。供应商也可以通过"从我的企业网站导入产品信息"按键直接从企业网站导入产品信息。

产品细节描述样本示例:

Wedding Dresses 2017 with 3D Floral V-neck Tiered Skirt Backless

Price:US $ XXX/Piece

Color:Ivory Gold Champagne Black Pink Silver White Red

Style:Sexy Modern Simple Vintage

Fabric:Tulle

Built-inBra:Yes

Waistline:Inverted Basque Dropped Natural Empire Princess Basque Wrap

Size:Europe Size——32 34 36 38 40

    US Size——2 4 6 8 10

FOB Port:Shenzhen Port

Payment Terms:T/T,L/C or Paypal

MOQ:500 pieces

Delivery Time:15 days after samples approved

Sample Charge:free

(三)回复的内容应有条有理、简洁到位。称呼客人应使用口语化的称呼。邮件起始首先用一句话招呼问候对方,接着进行简单的自我介绍。第二段可简单介绍自己的企业,企业名称、地址、主营产品、荣誉和其他优势,如市场前景优越等。如果曾与国际知名大客户进行交易,应大胆列出。例如:We have been providing high quality products for various buyers.Among our customers are WarMart and Costco.正文应询问客户的具体需求。附件中应有产品目录、产品图册和通用型报价表。供应商要抢占先机就必须实时跟进、及时回复,并尝试推荐本企业的类似产品,推广新产品,获取更多订单。要学会主动出击,根据RFQ里面显

---

① 王群,卢传胜,沙鹏飞.跨境电商专业英语[M].上海:立信会计出版社,2016:8.

示的买家名字用 Skype 搜索该买家,第一时间和买家沟通,发展潜在客户。

三、报价分析(Case Analysis on RFQ)

案例:

Thank you for your RFQ.

We are a professional toy maker XXX corporation located in Dongguan, China, with 25 years of history. With their novel design and good quality, our products are very popular in the US and the European market.

The product you need is XXX. The price is as follow: XXX.

This is the best price we can offer. However, we would allow a discount of X% if you could order more than XXX pieces.

Attached please find the illustrated catalogue and price-list which may be of help to you.

We would try our best to meet your speacial requirement if any.

We are awaiting the arrival of your kind order.

解析:

首先对对方发送的报价请求表示感谢。第二段简单介绍本企业,包括公司名称、地址、主营产品、创建历史;用一句话突出产品优势:设计新颖,质量好,在欧美市场十分畅销等。根据客户需要进行报价,并指出该价格的合理性;提出优惠条件,促使客户下大订单。以附件形式发送产品目录和价目表,为出售其他产品提供可能性。表达诚意服务的意愿,让客户感觉到亲切。文末则暗示客户尽早下单。

问答题:

(1)报价有什么技巧?

(2)回复 RFQ 需要注意什么?

参考文献

[1]井然哲.跨境电商运营与案例[M].北京:电子工业出版社,2016.

[2]王群,卢传胜,沙鹏飞.跨境电商专业英语[M].上海:立信会计出版社,2016.

[3]百度经验.如何做好阿里巴巴国际站的"采购直达"?[EB/OL].百度经

验网站,2017-04-18.

[4] MIECZYSŁAW PAWŁOWSKI, Z. PASTUSZAK. B2B Customers Buying Behavior[J].International Journal of Synergy and Research,2016(5).

第四节　邮箱设置及文件函电管理
(E-mail Box Setting and Document Correspondence Management)

一、外贸邮简介(Introduction)

根据阿里巴巴网络技术有限公司所述,外贸邮是阿里巴巴为中小企业量身打造的企业邮箱,即用自有域名申请的阿里巴巴的企业邮箱,具备专业、安全、免费和外贸专属的特点。①

Foreign Trade Email Box is a corporation email made by Alibaba for small and medium-sized corporations which can apply with the domain name of the corporation. It is professional, safe, free of charge and exclusive for foreign trade.

专业:外贸邮统一企业邮箱后缀。Email suffix is unified.

安全:一年内被删邮件可以一键找回。Emails that have been deleted within a year could be retrieved.

免费:申请开通外贸邮不会产生费用(Free of charge)。

外贸专属:轻松掌控买家的采购动向(Track the activities of the buyer)。

二、开通外贸邮(Application)

第一步,从 My Alibaba 首页左侧导航进入"商机管理中心(询盘)邮箱"模块,直达开通页面,填写已有域名。

第二步,修改邮件交换记录(Mail Exchange,简称 MX)指向,将 MX 记录修改为外贸邮 MX 的记录地址,分别指向"mx01.mail.alibaba.com"和"mx02.mail.alibaba.com",优先级分别设置为 5 和 10。

第三步,设置邮箱前缀的名称。

第四步,将外贸邮企业邮箱设置为注册邮箱。

---

① 阿里巴巴(中国)网络技术有限公司.从 0 开始跨境电商实训教程[M].北京:电子工业出版社,2016:233.

三、外贸邮功能(Functions)

(1)添加域名邮箱。

(2)设置邮件签名。

(3)多种发送方式。

(4)定时发送邮件。

四、文件函电管理(Management of Document Correspondences)

文件函电管理,也叫询盘、询价管理。在阿里巴巴国际站后台,询盘借助各类询盘工具的辅助,具备强大的后台管理功能。询盘的位置在商机管理中心(询盘)栏目下。

询盘管理方法:

客户管理(Customer Management)。从"商机管理中心(询盘)"进入"所有询价单",点击"更多",再点击"添加客户"进行客户管理。

掌控买家动向(Track the Activities of the Buyer)。通过访问天数、搜索次数、浏览产品数和发询盘数这四个维度,综合计算买家近90天的活跃程度,从而判断买家的采购意向是否强烈。

询盘分配(Inquiry Distribution)。主账号默认为管理员,子账号为业务员。使用主账号登录,可以查看子账号的邮件往来记录,从而掌控公司所有业务的进行状态,并指导和监督业务员。

问答题:

(1)外贸邮有哪些功能?

(2)如何进行文件函电管理?

参考文献

[1]阿里巴巴(中国)网络技术有限公司.从0开始跨境电商实训教程[M].北京:电子工业出版社,2016.

第五节　客户验厂与接待
(Factory Audit and Reception)

一、客户验厂的定义和分类(Definition and Category)

验厂(Factory Audit),又叫工厂评估(Factory Assessment),即客户下订单之前会自己或者委托第三方公证行(中介机构)按照一定的标准对工厂进行审核或评估。一般来说,客户如果要求验厂,就说明他们对企业的产品已经很感兴趣了,很有意向进行合作了,因此客户验厂接待工作十分重要。目前,客户验厂活动已经在中国的出口企业中普及,尤其在纺织和服装、玩具、日用品、电子和机械等劳动密集型企业几乎成为必须经历的出口程序。只有通过检验确认工厂没有大的、严重的问题存在后,客户才会将工厂纳入合格供应商名单,下订单并长期合作。

根据审核内容,验厂一般分为人权验厂(Human Rights Factory Audit)或社会责任验厂(Social Responsibility Factory Audit),品质验厂(Factory Quality Audit)或质量技术验厂(Factory Capability & Capacity Audit),反恐验厂(Global Security Verification)或供应链安全验厂(Supply Chain Security Audit)等。

二、客户验厂的主要流程(Main Processes of Factory Audit)

除了准备阶段,客户验厂时前后程序主要包括五个部分:首次会议、现场巡查、员工访谈、文件审核、总结会议。各环节的主要内容如下:

(一)首次会议

1.了解工厂基本情况(厂房/人数/宿舍);

2.介绍验厂目的、验厂方法、时间安排、工作分工;

3.提出需要审核的文件资料清单;

4.解释工人面谈的方法和要求;

5.回答工厂代表提出的疑问。

(二)现场巡查

1.包括生产车间、仓库、宿舍、饭堂、厕所、浴室、门卫等;

2.重点关注童工、强迫劳动、安全、消防及环保问题;

3.了解生产情况,了解现场记录,了解工人活动及其他异常变化;

4.若有需要,可以拍照。

（三）员工访谈

1.工厂管理代表不得参加,在单独房间进行;

2.工人代表由审核员挑选,而不是工厂指派;

3.明确面谈结果,不向工厂管理层透露;

4.了解工厂的管理制度和运作情况;

5.关注工人的感受、体会、想法及应对措施。

（四）文件审核

1.包括工厂简介、营业执照、厂规厂纪、人事资料、劳动合同、工时记录、工资制度、工资表、福利政策、安全制度,培训/会议/检查/演习记录;

2.一般需要检查全部人事资料,至少三个月到一年工时工资记录;

3.核算工时工资的正确性、符合性、一致性;

4.核算工时工资是否符合法律的要求。

（五）总结会议

1.感谢厂方支持、配合和合作;

2.强调审核方法/结果的局限性;

3.强调厂方的长处/强项;

4.汇报审核结果,指出不符合项目法规/标准的要求,回答厂方疑问。

三、接待客户验厂的主要流程(Main Processes of Customer Reception)

接待客户验厂的主要流程包括验厂前的准备工作、陪同客户验厂和验厂后的事务。

表 4.1　接待客户验厂流程

序号	事 项	操作要点
1	验厂前的准备工作	（1）了解客户的具体情况; （2）做好验厂的部署和准备工作; （3）确定客户验厂的日程安排,部署好接待工作。

序号	事项	操作要点
2	陪同客户验厂	(1)准备验厂时所需要的工具和设备; (2)打印相关资料; (3)配合客户对员工进行抽查访谈; (4)配合客户查阅各种文件资料和生产记录; (5)解答客户的各种疑问。
3	验厂后的事务	(1)及时整理和撰写验厂反馈报告,并在企业内进行发布推广; (2)及时与客户进行跟进与沟通。

(一)验厂前的准备工作(Preparation before Factory Audit)

客户一旦愿意来验厂,意味着下单的意愿比较明显了,因此验厂客户接待工作十分重要,要高度重视并做好准备工作。需要准备的内容可包含以下几个内容,见表4.2:

表4.2　验厂前准备工作流程

序号	准备事项	主要细节
1	了解客户的具体情况	(1)客户的详细信息包括公司性质、经营范围、经营能力、采购需求和要求、货物偏好等。 (2)来访企业代表人员的具体情况,包括职务、年龄、学历、兴趣爱好、对产品的认识、以往合作对象等。 (3)了解来访人员的手机或房间的电话号码,来自国家地区的饮食习惯、生意习惯及宗教信仰等。
2	了解企业自身的现状	根据客户验厂拟考察的内容,了解本企业和产品的现状,例如产品特点、优势、报价、设备的位置、功能、产品线的参数等。
3	确定日程安排	(1)和客户商定验厂的日程安排,并做好详细的工作计划。 (2)客户的行程安排,如抵达时间、航班航次、酒店入住安排、离开时间、离开航班航次等。
4	邮件及资料的整理和熟悉	(1)整理并熟读与客户间的邮件往来内容、聊天记录、电话交谈内容,打印其中重要的数据、单据和表格等文件。 (2)收集并打印客户即将要查阅的文件资料,尽量装订精美。

续表

序号	准备事项	主要细节
5	各种验厂所需物品和设备的配备	(1)验厂设备:样品、产品宣传资料、录音设备、电脑、投影仪。 (2)接待物品:咖啡、饮料、小食、水果、杯子、小礼物等。
6	其他	(1)接待人员的商务礼仪、着装及接待场地的布置。 (2)配备一名了解产品的专业翻译,精通客户使用的语言及外贸基本常识。 (3)企业的报价常规及优惠政策。 (4)客户的贴心服务:打火机、充电器、地图等。

为了确保准备工作的完成质量,可以通过填写"准备确认表"来进一步核实。如表4.3:

表4.3　准备确认表

序号	准备内容	是√ 否×	备注
1	客户验厂的日程安排		
2	接待用车落实		
3	和客户的来往邮件整理		
4	客户所需的资料和文件打印		
5	产品介绍的资料、PPT		
6	接待物品和设备的准备		
7	小礼物的准备		
8	接待人员的安排		

（二）陪同客户验厂的接待程序（While Factory Audit）

客户来访验厂时的接待程序一般分为:参观前的准备、参观验厂和谈判三个阶段。各个阶段的实施要点如下:

表 4.4　陪同客户验厂的接待程序

序号	接待阶段	工作要点
1	参观前的准备	(1)内部安排:首先需确认清楚客户访厂需要看的具体产品,并通知生产部、工程部备好样品及所需测试的设备,确保运行良好能够正常演示,所有客户可能到达的区域(展厅、会议室、产线等)均按照验厂标准提前整理,同时确定好人员安排,把相关的业务员、技术人员或经理落实到位。 (2)产品准备:需要对客户想考察的产品相关内容做好充分准备(规格、报价、认证、安装、替换方案等),尽量做到烂熟于心,脱口而出。 (3)酒店接待:提前预订接待的车辆、司机及人员,了解酒店的地址、联系电话、到达酒店的见面时间,尽量拿到客户的中国手机号码,方便联系。 (4)酒店到工厂的路上:尽量与客户能够有工作上或者生活上的话题沟通,新闻、热点、体育、娱乐生活、工作或者生意经等,最好有一定广度和深度的知识面,以客户感兴趣并愿意多聊的话题为准,为后面到工厂参观奠定良好的氛围。 (5)其他物品准备:根据客人的喜好准备好咖啡、茶、矿泉水等饮料,打印好验厂所需的资料,调试好电脑及设备等。
2	参观进行时	(1)公司介绍 PPT 演示(时间控制在 5—10 分钟):此部分是客户到工厂后的第一印象,极其重要。业务员需要把演示过程中所涉及的所有内容熟练地用英语表达出来,尽量做到节奏流畅,发音清晰准确,演示过程中尽量加入互动,如果客户有什么问题,能够及时答疑,增强客户的参与性。 (2)展厅参观:准备好笔和本,随时记录客户感兴趣的产品以及问题,及时答疑,扬长避短,客户需要现场演示的产品,生产和工程需全程陪同参观并演示。 (3)产线参观:对产品生产的流程品质做到完全熟悉,对应物料及生产工艺尽量专业准确,并能够用英语准确表达,对于品质和生产流程的疑问,能够及时清晰地回答。
3	验厂后的谈判	(1)了解客户的兴趣点:了解并记录客户的所有要求(产品、价格、交期、规格、包装、运输等细节),并现场回复和记录客户能够提供的所有方案。 (2)报价:对产品价格了如指掌,包括最低控制价、价格变化情况、原因、优惠政策、付款方式等,并且能使用英语清楚、准确地解释价格内容。 (3)谈判中的综合素质:避免与客户正面争论某个问题,比如价格、交期以及品质等,在理解客户观点的同时,积极自信地表达开启合作的诚意以及对于客户的认可。表达中尽量做到英语流利,自信表达,肢体语言协调,语气温和。

（三）验厂后的事务（After Factory Audit）

验厂结束后,应该做好客户的跟进及总结工作,以收获好的验厂效果。主要的工作思路包括：

1.电话回访、后期跟进,了解客户对此次验厂的反应和计划。

2.召开总结会议,调查不合格问题发生的原因,商讨并落实补救或改进的方案。

3.总结并记录此次接待活动的经验和不足,提出日后接待活动的改进方案。

4.接待小组收集每次接待的相关资料以及图片,整理归档。

问答题：

1.什么是客户验厂？验厂的目的是什么？

2.客户验厂的一般内容有哪些,如何分类？

3.接待客户验厂的准备工作环节主要有哪些注意事项？

4.接待客户验厂前应该准备好的物品有哪些？

5.与客户谈判的过程中应注意哪些事项？

6.客户验厂结束后的主要工作有哪些？目的是什么？

参考文献

[1]阿里巴巴(中国)网络技术有限公司.从 0 开始跨境电商实训教程[M].北京:电子工业出版社,2016.

[2]丁晖.跨境电商多平台运营[M].北京:电子工业出版社,2015.

[3]林俊锋,彭月嫦.跨境电商实务[M].广州:暨南大学出版社,2016.

第六节　站外引流及谷歌推广
（Off-page Optimization and Google Promotion）

随着互联网的普及,跨境电商贸易的推广方式也变得多样化,实现线上线下都能推广。线下推广突破了传统的模式,可以寄送样品等;线上推广的影响力随着 SNS、SEO 等理念深入发展,也得到不断扩大。

一、展会（Fair）

国际展会（International Exhibition）是展会（Trade Fair/Exhibition/Exposition/Show,etc.）的一种形式,具有以下作用:带动相关产业的发展[①],提升区域整体形象[②],促进业内产品等信息的动态更新,提供企业产品展示、洽谈贸易的平台等。传统意义上的国际展会,由于互联网的发展,也不断得到发展,吸引到更多供应商和海外买家参会,国际影响力进一步扩大。大量展会网站上实时更新着国内外展会的召开信息,供应商和海外买家可以选择性地参加。参加展会,通常需要支付部分费用报名。国际展会一般分为综合性展会（Comprehensive Fair）和专业性展会（Specialized Fair）。在中国较有影响力的综合性展会包括中国进出口商品交易会（简称"广交会",英文称之为 Canton Fair）、上海的华交会等;专业性的展会包括中国香港的国际礼品展、德国法兰克福展。

贸易交易会是一种展会,用来展示宣传最新的产品和服务,研究竞争对手的活动,检测最新的市场趋势和机遇。

（一）会展策划与准备（Exhibition Arrangement and Preparation）

参加某个会展活动前,应做好一系列的筹备,即做好会展策划等。做好一个成功的会展策划包括制定可衡量的目标、制定预算、发请柬、设置参展日程、准备样品、采购设备、印制资料、安排人员等与展会有关的一切事务,细化到人,责任到人,一切量化数据化,并且执行下去。

1.精选展品（Selecting Exhibits）

用于展出的产品,对参会者要有一定的吸引力,首先要符合展出的目的,展示新技术,同时也可展示新的服务及理念等。展品与其他同类展品相比,要有独到之处。

2.恰当展示（Exhibiting Properly）

展品本身往往不能说明自身的所有特性和功能,参展公司需要借助其他材料、设备手段来加以说明。例如,免费体验,赠送小包样品等。

3.展台设计（Designing Exhibition Stands）

展台设计要遵循以下原则:着重美观;有一定的吸引力;充分利用展台的空间。

---

① 马骐.会展策划与管理[M].北京:清华大学出版社,北京交通大学出版社,2011:13.
② 马骐.会展策划与管理[M].北京:清华大学出版社,北京交通大学出版社,2011:17.

4.人员配备(Personnel Allocation)

人员配备要遵循以下原则:充分考虑公司人员的特长和素质;根据工作量的大小确定参会人数。

5.客户邀请(Clients Invitation)

客户邀请的方式多种多样:可以对参会客户发请柬;直接登门拜访,发出邀请;通过媒体广告、会刊等方式发出邀请;在会展区现场进行宣传,发出邀请。

6.广告赞助(Advertising Sponsorship)

各大展会往往需要广告赞助商、参展商可以根据展会性质、规模等确定是否担任广告赞助商,参与会刊的编制等。

7.安全与纪律须知(Safety and Discipline Need-to-Know)

参展人员妥善保存好自己的物品,贵重物品请寄存在酒店的保险柜内,或随身携带;展场内注意消防安全,严禁吸烟、不要在展场内使用电熨斗。

8.对外礼仪与形象(Overseas Etiquette and Images)

尊重各国风俗习惯,遵守社会公德;举止端庄,注意言行,注意说话声量和语气等。

9.旅行常识及准备(Common Knowledge and Preparation for Travelling)

备齐晕车药、感冒药等;轻便出行,不准备登机违禁物品。

(二)中国进出口商品交易会(The China Import and Export Fair)

中国进出口商品交易会(广州交易会,简称"广交会",英文是 The China Import and Export Fair 或 Canton Fair),创办于 1957 年,每年春秋两季在广州举办,由中国商务部和广州人民政府联合举办,是中国目前历史最长(the Longest History)、规模最大(the Largest Scale)、商品种类最全(the Most Complete Exhibit Variety)、到会客商最多(the Largest Buyer Attendance)、成交效果最好(the Greatest Business Turnover)的综合性国际贸易盛会(Comprehensive International Trading Event)。中国进出口商品交易会由 48 个交易团组成,有数千家资信良好、实力雄厚的外贸公司、生产企业、科研院所、外商投资/独资企业、私营企业参展。

广交会展馆坐落于广州琶洲岛,总建筑面积 110 万平方米,室内展厅总面积 33.8 万平方米,室外展场面积 4.36 万平方米。2014 年 6 月 19 日,琶洲国际会展中心四期扩建规划通过,四期建好后,展览面积达到 50 万平方米,超过德国汉诺威的 47 万平方米。整个琶洲地区会展面积达到 66 万平方米,规模世界第一。

扩展阅读：

广交会网站

http://www.cantonfair.org.cn

中国会展门户网站

http://www.cnena.com/

二、信用保障服务（Trade Assurance Services）

阿里巴巴国际站（the Alibaba.com International Platform, www.Alibaba.com）的调研显示，64.1%的供应商（Supplier）/卖家（Seller）在订单达成环节遇到买家（Buyer）对交易安全的担忧，遭受几百亿美金订单损失。为解决买家对交易安全的担忧，解决交易过程中的信任问题，快速达成订单，阿里巴巴国际站于2014年底推出信用保障服务，将供应商在国际站上的行为以及真实贸易数据等信息不断沉淀，作为其在信用保障额度累积的依据。

信保推出以后，极大地推动了跨境贸易的发展，2015年阿里巴巴给供应商的信用保障金额超过30多亿美金。全球买家通过信用保障服务共下了120多万个订单，最大订单金额达到5600多万美金（3.6亿多人民币）。截至2017年4月1日的报道，开通信用保障服务的供应商已超过10万家。不断吸引海外买家的关注，知名度和信任度也不断提高，企业的最高信用保障额度达到64万美金，这是一家来自广州的电子音响公司。数据显示，开通信用保障后的供应商比开通信用保障前平均增长了14%。在2015年用信用保障交易的客户中，增加了15%的全新的海外买家。海外买家下单数最近6个月增长率为21%，而通过信用保障成交的外贸订单数最近6个月增长率达到51%。最近6个月供应商信用保障订单出口增长率达到34%。可见，信保在很大程度上促进了国际贸易的发展，在今后的跨境贸易中将成为不可或缺的一股力量。

（一）信用保障服务的内涵

信用保障服务，又称"保障服务""信用保障""信保"（Trade Assurance，缩写为TA），是阿里巴巴国际站在2014年底，根据美国供应商基本信息（Profile）和贸易交易额（Transaction Volume）等综合信息为供应商（卖家）进行评估后计算出一个担保额度（即信用保障额度），一旦买卖双方交易过程中在资金、交期（the Agreed Shipment Date）或质量（Quality）等方面出现问题，阿里巴巴将会在额度范围内根据合同约定为卖家背书，给买家保障；同时通过对卖家交易等级、交易评价等数据进行评估及展示靠前等方式，为买家全方位多维度地展示信用保障服务卖家的综合实力,促成订单的快速转化。同时,信用保障服务支持多种支付方式,除了传统的电子汇付(Telegraphic Transfer,缩写为T/T)和信用卡,还创新推出了E-checking支付,无论选用哪种方式支付,卖家都可以实现快速收款(Prompt Collection of Money)、结汇(Exchange Settlement)、退税(Tax Return upon Exportation)。①

对卖家(供应商)而言,信用保障服务可以帮助卖家展示诚信度(信用额度)和其他买家对卖家的评价;对买家而言,信用保障服务通过买卖双方签订信保合同,能在信用额度内享受保障,消除对卖家的信任和资金安全顾虑,促进买卖双方交易达成和纠纷(Dispute)的处理。

根据《信用保障服务规则》(2017年03月10日版本)A部分第一章第二条"2.4信用保障服务"的规定:信用保障服务,即卖方与买方达成交易合同,承诺按约向买方履行合同交货(Shipment)义务。② 具体表现为:

(1)当卖方发生违约行为时,卖方承诺向买方退还全额预付款或已付合同款的服务,这作为卖方签订信用保障合同的义务(Obligation);而卖方通过信用保障服务此项业务,吸引更多买家,达成更多贸易额。

根据《信用保障服务规则》(2017年03月10日版本)A部分,如果卖方发生以下行为,则视为卖方违约(Commit a Breach of the Purchase Contract)。具体如表4.5:

表4.5 《信用保障服务规则》(2017年03月10日版本)中规定的卖家违约行为及结果

	卖方违约行为	结果
1	未能按约定的"发货日期"发货	导致产品的价值产生重大损失;或导致双方已知或应知的交易的主要商业目标无法达成。
2	及/或,未按约定质量要求供应产品、移交物权凭证、提供单据/证书等文件	
3	或有其他严重违约行为等	

(2)若买方向阿里巴巴提出投诉(Submits a Complaint),使用阿里巴巴国际站提供的纠纷调处服务(the Dispute Determination Service),阿里巴巴在收到买方有效投诉(Receive a Valid Complaint)后,可根据相关证据有权独立做出纠纷

① 阿里巴巴网站信用保障服务详细解读[EB/OL].点津网络技术网,2020-05-12.
② 信用保障服务规则[EB/OL].阿里巴巴网站,2017-03-24.

调处,如阿里巴巴判断卖方违约成立,则一达通(One Touch)有权以交易合同项下"保障额度和冻结资金的总和"为限,自行或委托相关合作方代理卖方向买方进行垫付退款,以保障买方权益。这是买方享受的权利(Right)。

(二)信用保障额度

信用保障额度(Trade Assurance Amount):下称"保障额度"(Assurance Amount),是阿里巴巴根据供应商在国际站上的行为以及真实贸易数据等信息给供应商信保的额度,阿里巴巴在额度范围内帮助供应商向买家提供贸易安全保障,主要体现在信用保障交易订单的额度授予及先行垫付的限额。

1.信用保障额度评估的数据来源

信用保障计划数据来自阿里巴巴一达通平台(http://onetouch.alibaba.com)。一达通主要为中小企业提供外贸综合服务(the Comprehensive International Commercial and Trading Services),如通关、收汇、退税等核心的交易数据,且数据是动态的,每一笔进出口都可追踪,形成真实外贸数据积淀。

2.信用保障额度的评估

额度的评估最主要的参考因素是阿里巴巴可验证的供应商经营能力(Business Capacity)和资信状况(Credit Status),额度在中国时间每个月10号进行更新。保障额度仅供买方参考,不影响买方按交易合同及本规则获得退款。

信用保障额度的评估基于阿里巴巴风险测算模型,考量系数较多,且根据出口行业的变化和信用评估渠道的拓展而不断调整。列举如下:

表 4.6　信用保障额度的评估因素

序号	事项	涉及方面
(1)	供应商公司的基本面情况	工商认证信息(Industrial and Commercial Registration Information)、阿里巴巴合作年限(Term of Cooperation with the Alibaba.com International Platform)、平台操作表现(Performance on the Alibaba.com International Platform)等。
(2)	供应商的经营能力	目前主要参考贸易流水来评估,根据供应商最近 6 个月内达成的贸易流水,进行额度授予,并设置最高上限。根据流水类型设置不同权重,一般情况下:通过信用保障订单产生的流水,权重最高;仅通过一达通完成出口的,权重次之。

续表

序号	事项	涉及方面
(3)	供应商的资信状况	目前主要参考阿里巴巴国际站违规处罚累计扣分(Accumulatively Deducted Points)——扣分会导致信用保障额度降低,超过一定分值(Exceed a Certain Limit)或其他重大违规行为(Major Violation)则无法使用该服务。
(4)	其他风险因素	企业和法人代表征信情况、纠纷处理等。

　　信用保障额度的提升是一个循序渐进的过程,无法通过单个行为或事件迅速提升,需要长期的积累。如出现不可抗力或情势变更的情况(包括但不限于重大灾害事件、受政府机关指令需要停止或调整的、遭受严重网络攻击或因系统故障需要暂停的),阿里巴巴可主张免责。阿里巴巴可根据行业变化及运营需求对额度评估规则进行调整并决定公布的内容和范围。

　　拓展阅读:

　　如何提升信用额度?

　　https://service.alibaba.com/hc/supplier/detail/20144429.htm

　　信用保障服务如何使用?

　　https://service.alibaba.com/hc/supplier/detail/20144397.htm

　　(三)开通信用保障服务

　　1.信用保障服务开通条件

　　符合以下条件的供应商可以开通信用保障服务,国际站非付费会员也可以免费开通:

表4.7　信用保障服务开通条件

序号	信用保障服务开通条件
(1)	公司法人或实际控制人及关联公司无其他不良诚信记录;
(2)	网站累计违规扣分≤24分(若同一公司合作多个主账号,一个账号>24分,则所有账号不能开通信用保障服务);
(3)	网站严重侵权行为累计被投诉<3次(若同一公司合作多个主账号,一个账号累计≥3次,则所有账号不能开通信用保障服务);
(4)	无其他潜在风险;

序号	信用保障服务开通条件
(5)	准入条件后期会随着准入标准的变化而调整,供应商应随时关注《信用保障服务规则》,以便了解准入标准,及时做出应对。

主账号登录 My Alibaba,在页面右上方查看累计违规记录。

2.信用保障服务开通流程

点击一下就可以免费申请信用保障服务,有多种申请方式如下,国际站非会员也可以免费申请开通:直接登录信用担保服务的运营页面(http://bao.alibaba.com),点击"立即申请"。使用阿里巴巴国际站主账号登录阿里巴巴操作后台,后台首页点击"免费开通"。如有任何问题,可以联系本企业的客户经理咨询协助开通此项服务。

3.达成信用保障订单流程

信用保障订单:又称"信用保障交易合同"(Trade Assurance Purchase Contract),或"交易合同"(Purchase Contract),指买卖双方为约定产品出口相关及信用保障服务相关权利义务而使用阿里巴巴国际站认可的方法订立的买卖合同。买家及卖家均可发起信用保障订单。达成信用保障订单流程具体操作流程如下:

(1)由买家通过搜索阿里巴巴国际站网站(alibaba.com.cn),找到开通信用保障服务的卖家,并向卖家提出签订信用保障交易合同书的意向。

(2)卖家收到买家提出的签订信用保障交易合同的意向后,开始起草交易合同;与此同时,卖家的信用保障额度冻结。

(3)买家确认合同后,向合同指定银行(一达通的虚拟子账户)打款;卖家收到通知后,开始备货。

(4)若双方没有发生纠纷,则卖家通过一达通下委托单(出口服务订单确认函),由一达通外贸综合服务出口;若双方发生纠纷,则阿里巴巴会根据《信用保障服务规则》及验货公司的报告等相关信息判定双方责任:若为卖方责任,阿里巴巴在单笔保障额度范围内会先行带卖家向买家垫付退款,之后再向卖家追偿。

(5)买家在收到发货凭证后,即可在后台确认交易,买家对交易和产品做出评价。

4.信用保障服务的附加价值

（1）增加曝光量,产品更容易快速搜索到。

阿里巴巴国际会员可以免费开通信用保障服务。阿里巴巴给供应商的信保往往更容易赢得国际买家的青睐。加入信用保障服务的供应商,其产品更容易被买家搜索到。如果供应商开通了信保服务,客户可以更容易找到该公司的产品,因为客户可以在阿里巴巴首页 Supplier Type 选择"信保"企业,搜索结果区只会排列出加入信保服务的企业。举个例子:A 公司和 B 公司销售同一件商品,关键词相同,但 A 公司开通了信用保障服务,B 公司开通了直通车(P4P 产品),未开通信用保障服务,则客户在阿里巴巴首页 Supplier Type 选择"信保"企业,搜索结果区会排列出 A 公司的产品,B 公司的产品通过这个检索方式是无法搜索出来的。

可见,加入信用保障服务对供应商,尤其是中小型企业而言,是一种节约成本的推广方式,且其推广效果不比付费的推广方式弱,也能为供应商带来曝光量、点击量和询盘。

（2）加入阿里巴巴国际站优商专区①,增强产品推广效果。

信用保障服务出现之后,Alibaba.com 平台上,新增信用保障商城(优商专区的前身)。经统计,在 Alibaba.com 平台上,信保商城的标签产品的效果:10个标签产品＝日均 400 个 PV(曝光)! 10 个标签产品＝日均 10 个询盘! 10 个标签产品＝月均 1 个订单!

后来,信保商城经过全面升级,以期利用一达通的真实海关数据,多维度展现供应商的真实贸易能力,同时引入海量征信通过的高信用买家,打造一个更优质的 B 类专业采购市场,遂更名为"优商专区"(http://selection. alibaba. com/)。可见,加入优商选区,拥有标签产品无疑可以为供应商带来商机:曝光量、询盘和订单。

（3）利用采购直达,获得更多买家(Winning More Buyers)。

信保供应商可以利用 RFQ(Request for Quotation),争取订单采购直达。RFQ,是指买家主动填写采购信息委托阿里巴巴国际站寻找合适的卖家;供应商可查看采购需求,根据买家要求及时报价。

在这个公开的大市场中,买家会主动发布采购需求,供应商可以自主挑选合适的买家进行报价。采购直达服务能够在大幅度提升买家采购效率的同时,

---

① 精品课程.第二届阿里巴巴全球优商高峰论坛[EB/OL].阿里巴巴国际站,2020-11-24.

帮助供应商更好地完成订单转化,并赢取更多高质量买家。

服务流程:采购直达的服务流程是买家在阿里巴巴国际站中发布采购需求,采购需求经过阿里巴巴国际站审核后,阿里巴巴国际站根据采购产品把采购需求发布给阿里巴巴国际站卖家/供应商,供应商通过查看平台信息进行报价,报价传送给买家,买家查看报价,进而开始以达成交易为目的的沟通。

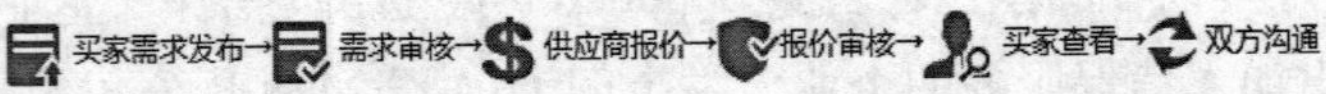

图4-2　采购直达服务流程

获得采购需求的途径:频道搜索(供应商可以进入采购直达公开招标频道挑选合适的 RFQ 进行主动报价)、自主定制(供应商根据自己的经营产品及商业偏好设置产品关键词订阅适合自己的 RFQ)、系统推荐(阿里巴巴国际站根据供应商在网站上发布的产品信息推荐与其主营相关的 RFQ)。

系统推荐的 RFQ 的数量和信用保障订单量及订单金额呈正相关的关系,即供应商的信用保障订单量越多、订单金额数目越大,其获得的 RFQ 越多,能给更多买家报价,更大限度地扩展产品销路,增强国际竞争力。在阿里巴巴国际站里,完成信保订单可以获得奖励。

延伸阅读:

市场表现分规则解读

https://activity.alibaba.com/rfq/f52e8f5f.html

(4)通过信保网站,每天获得批量的"推荐买家"。

开通信保及有信保订单的供应商可以享受阿里巴巴(中国)另一项服务——"推荐买家",一般每天会推荐与供应商主营行业或产品相关的买家(最多 10 个,如果有就推荐),但供应商的信保订单越多,推荐的买家就会越多。具体操作:"My Alibaba"→"商机管理中心(询盘)"→"询盘"(在"询盘"里找到对应的推荐买家)。

同时,可以对推荐的买家做"批量营销",方便快捷。

推荐买家每天最多推荐 10 个,如果有就推荐;这里面的数据每天北京时间上午更新。

三、谷歌推广(**Google Promotion**)

Google 推广是线上推广的重要方式。谷歌网站(https://www.google.

com./）是世界公认的全球最大的搜索引擎，在信息传递、社交等方面有很大推动作用。谷歌在海外许多国家都有网站，拥有较多的使用者。谷歌推广，即利用网络，提升产品获得的网站搜索和浏览流量。

（一）BBS（论坛社区或博客社区）

及时跟帖和回帖；设置个性签名档以吸引眼球、增加曝光；设计加网店地址水印的创意图片广告；将销售产品与热点事件关联，进行销售；积极参与 BBS 线上活动，成为论坛红人。

（二）Twitter（推特服务）

社会性网络服务（Social Networking Services，SNS）概念的提出，对外贸企业和从业人员提出更多要求，外贸从业人员通过 Twitter 更多地了解潜在买家或合作者的生活动态，保持亲密感，建立好关系，为未来的合作奠定基础。

（三）Facebook（脸书服务）

Facebook 是美国的一个社交网络服务网站，创立于 2004 年 2 月 4 日。2015 年 8 月 28 日，其单日用户数突破 10 亿。

（四）收藏各国谷歌网址

谷歌网站在海外多国有网址，如谷歌美国网址（www.google.com）、谷歌加拿大网站（www.google.ca）。外贸从业者需要了解自身产品在国外的进出口、销售数据，无疑在谷歌各国网址里检索是极佳的方式。

（五）利用好谷歌产品关键词

供应商通过谷歌产品关键词检索（http://www.google.com/adwords），可以查明产品的搜索量，及时调整产品关键词，提升搜索热度。

问答题：

1.站外引流主要包括哪些方式？

2.谷歌推广主要包括哪些方式？

参考文献

[1]马骐.会展策划与管理[M].北京:清华大学出版社,北京交通大学出版社,2011.

[2]阿里巴巴网站信用保障服务详细解读[EB/OL].点津网络技术网,2020-05-12.

［3］精品课程.第二届阿里巴巴全球优商高峰论坛［EB/OL］.阿里巴巴国际站,2020-11-24.

［4］信用保障服务规则［EB/OL］.阿里巴巴网站,2017-03-24.

第七节　进出口代理、退税及物流
（Import & Export Agent,Tax Rebate,and Logistics）

一、进出口代理（Import & Export Agent）

阿里巴巴国际站的进出口代理主要是指一达通进出口代理服务（简称 2+N）。2+N 服务是 3+N 服务的补充,可操作范围更广,主要包括通关、外汇两项基础服务,但不包括退税服务。

（一）准入条件

非境外（香港、台湾除外）或个人企业、非福建莆田地区企业;客户须具有《出口退（免）税资格认定》;出口产品非一达通出口代理服务禁止操作产品。

（二）服务流程（Procedures）

一达通出口代理服务流程:确认合作→通关→结汇→一达通开具《代理出口货物证明》→客户自行进行退（免）税申报→结算。

二、出口退税（Exportation Tax Refund）

（一）自行退税（Refunding Taxes）

客户收到一达通开具的《代理出口货物证明》后,自行进行退免税申报。

（二）代理退税（Agency Tax Refund）

一达通出口综合服务（简称 3+N）即指在一达通的服务中通关、外汇、退税三项基础服务需要同时使用。其以一达通名义为卖家办理退税,并垫付退税款;单证齐全 3 个工作日可拿到退税款。一达通出口综合服务流程:产品审核及开票人审核通过→下单→报关出口→收汇→开具增值税专用发票给一达通→一达通垫付退税款→结算。①

----

① 柯丽敏,洪方仁.跨境电商理论与实务［M］.北京:中国海关出版社,2016:168-184.

一达通垫付退税款准入条件:非境外(香港、台湾除外)、个人或非出口综合服务尚未覆盖地区企业(如福建莆田等);出口的产品在一达通可以出口的产品范围内。

增值税专用发票开票人资质条件:

签约深圳一达通客户需满足开票工厂一般纳税人认定时间满两年;

签约福建一达通客户需满足福建本地开票工厂一般纳税人认定时间满一年,但累计下单金额不得超过170万美金,非本省开票工厂满两年;

签约浙江一达通客户需满足浙江本地开票工厂一般纳税人认定时间满半年,非本省开票工厂满两年;

签约山东一达通客户需满足山东本地开票工厂一般纳税人认定时间满半年,非本省开票工厂满两年;

签约其他子公司一达通客户需满足开票工厂一般纳税人认定时间满两年且开票人注册地非内蒙古赤峰巴林右旗、福建莆田、天津武清区(武清区的自行车及其零配件企业除外);HS 编码是 61 章的产品开票人,需满足一般纳税人认定时间满两年。

三、物流服务(Logistics)

物流主要在一达通国际物流服务平台(logistics.alibaba.com)展示,主要包括国际海运、国际空运、国际快递及国际陆运等服务。

(一)国际海运(Worldwide Sea Transportation)

阿里巴巴海运联合各大物流服务商,提供海运整柜、海运拼箱以及船东专区服务。发货卖家可以在线查询船期、订舱、操作,费用透明有效。同时可以办理拖车、报关,散货还有目的港送货到门等业务。已开通八大起运港包括上海、宁波、深圳、大连、天津、青岛、厦门,广州。操作流程:查询价格→选择合适方案→在线下单→安排发货→付款拿提单。

1.海运整柜(Full Container Load,FCL)

海运整柜已基本全航线覆盖,可选海运航线包括欧地线、中东印巴线、东南亚线、日韩、澳大利亚、非洲线、美加、中南美等。开通海运拼箱服务的目的地(Destination)包括日本、韩国、东南亚地区、欧地黑、美国、加拿大、澳大利亚、中东、印巴、南美等航线。

主要服务内容:支持船期、运价明细、费用总计在线查询;在线订舱;在线查询放舱信息;部分提供报关、拖车等服务。可人工询价,即提交询价后,3 小时内平台上会有运价更新(工作时间)。海运整柜服务使用流程:首先,登录国际物流服务平台 logistics.alibaba.com,查询方案,然后,分以下两种方案进行操作:

表 4.8　海运整柜服务使用流程

序号	查询方案结果	操作流程
(1)	符合需求	直接点击【订舱】下单→订舱联系人邮箱接收舱位确认信息→客户邮件提交提单信息,核对提单信息→船离港后发送费用账单至订舱联系人邮箱→客户付款后,传水单到阿里操作→确认费用到账后,寄送提单。
(2)	未查询到合适的船期	查询航线页面,点击【人工询价】→平台工作日 3 小时后点击【运价查询】→选择合适方案,直接点击【订舱】。

2.海运拼箱(Less Than Container Load,LCL)

海运拼箱,又称作"拼柜""拼箱货""散货",指把不足一整箱的零散货拼装于同一只 20 尺 或 40 尺柜中——几个托运人(Shipper)的货装于一只柜中。LCL 柜由承运商(Carrier)负责装箱、计数、加封;至目的地后,由承运商负责拆柜并将货交给几个或一个提单收货人(Consignee,CNEE)。

3.船东专区(Shipowner Division)

船东专区是 2017 年阿里巴巴物贸平台与各大船运公司打造的报价专区。船东专区的报价由船运公司直接在平台上报价,采用预付保证金模式提前锁定运价,产品保舱保柜保上船。第一期主推欧基线和印度线。航线和目的港,如下:

AE1 航线:主要港口,覆盖面广

宁波—上海—盐田—英国(Felixstowe 弗里克斯托)—荷兰(Rotterdam 鹿特丹)—德国(Hamburg 汉堡)—德国(Bremenhaven 不来梅哈芬)

AE5 航线:前往德国,市场最快

新港—青岛—宁波—上海—盐田—德国(Bremenhaven 不来梅哈芬)—德国(Hamburg 汉堡)

CHX 航线:直达金奈,市场罕有

青岛—新港—上海—南沙—印度(Chennai 金奈/Vizag 维扎加帕特南/Krishnapatna 克里什纳帕特南港)

平台上的船有直航和中转,船期内会显示是否"直航"或"中转"。

船东专区服务使用流程:登录国际物流服务平台 logistics. alibaba.com,点击进入"船东专区"查询方案,直接点击【订舱】→系统冻结舱位保证金,订舱联系人邮箱接收舱位确认信息→客户邮件提交补料信息,及核对提单信息→船离港后系统查看实际费用账单→客户自助缴费→确认费用到账后,寄送提单→舱位保证金自动解冻。

(二)国际空运(Overseas Air Transport)

阿里巴巴空运服务是指阿里巴巴与全球优质空运服务商合作,提供在线查看空运运费、在线比价、在线下单的服务。服务商包括全球 TOP 空运服务商之一 DHL Global Forwarding(敦豪全球货运)和 Kuehne + Nagel(德迅),以及 10 家优质空运服务商,如中海环球货运有限公司(简称"中海")、北京民航鹏远航空服务公司(简称"鹏远")等。空港起运城市包括上海、北京、深圳、广州、香港、杭州、合肥、南京、宁波、青岛、无锡、厦门、天津、郑州。Kuehne + Nagel(德迅)目前支持深圳和上海起运,分别覆盖以下区域:

深圳订舱覆盖:福建省、广东省、广西壮族自治区、贵州省、云南省、海南省;

上海订舱覆盖:上海市、浙江省、江苏省、安徽省、江西省、湖南省、湖北省、四川省、重庆市、陕西省、山西省、北京市、天津市、山东省、河北省、河南省、辽宁省、吉林省、黑龙江省、内蒙古自治区、宁夏回族自治区、甘肃省。

国际空运服务使用流程:查询价格→选择合适方案→在线下单→付款→安排发货。

优势:汇集全球优质服务商,线上比价,选择成本低;提供全程和分段运输,满足个性化需求;持续优化的价格竞争力。

(三)国际快递(International Express Service)

国际快递指阿里巴巴与国际知名快递品牌合作,卖家在线上下单支付后,快递公司上门取件服务。北美平均 3 个工作日投递,支持全国 36 个城市上门取件服务,航线覆盖 200 多个目的国。国际快递分类:门到门,以及仓到门。

1.快递门到门服务流程:查询报价,选择物流方案→创建物流订单,填写发货信息,提交物流订单→提交订单,冻结运费→服务商确认订单→服务商上门取件→订单派送完成,余额结算→订单完成。

国际快递门到门服务提供免费上门取件服务,主要优势如下:与快递公司直接沟通,操作高效;减少国内运输成本;价格透明有竞争力;品牌服务商提供更高保障。

2.快递仓到门服务流程步骤①：

第一步：登录 MY Alibaba，"贸易服务"模块中的"在线询价"。

第二步：创建物流订单，填写发货信息，"在线下单"，提交物流订单。

第三步：将货物发到阿里巴巴指定合作仓库，"送货入仓"。

第四步：支付相应费用之后，"结算开票与派送"，仓库安排发货。

因此，阿里巴巴国际快递仓到门服务简易流程：在线查询→在线下单→送货入仓→结算开票与派送。

（四）跨境陆运（International Land Transportation）

国际陆运主要采取三种方式：中港陆运、拖车陆运、铁路陆运。主要包括以下流程：在线查询→在线下单→接单、派车→出账单→付款。

1.珠港陆运 E-CHE

珠港陆运，又称"珠港运输""珠港拼车"，提供从珠三角出口至香港的送货上门服务，同时可从各地送货至深圳仓库（坂田仓库或龙华仓库），集中发货到香港。

卖家（Seller）或供应商（Supplier）可在网上查询、下单和支付并实时监控货物流转状态。运输方式主要是拼车运输，价格为 0.5 元/千克，当天入仓，当天派送。

另外，随着拼车早班车服务开通，香港派送时间提前了半个工作日：当日 10:00 入仓的货物，当日 18:00 前派送到香港收货人处。当日 15:00 前入仓的货物，次个工作日 12:00 前派送到香港收货人处。

一达通报关，需注意提前一天联系服务顾问做好报关资料，在入仓当天中午报关放行；委托报关，需注意提前一天寄出报关资料，报关资料需在货物入仓前寄到指定报关行，报关行地址具体见订单详情中的订单信息。周六有早班车，周日和法定假期没有珠港业务。

2.拖车陆运（Land Transport：Trailers）

拖车陆运，又称作"集港拖车""国内集装箱拖车"指由阿里巴巴一达通联合数十家车队提供国内集装箱拖车运输。截至目前开通服务的港口（Seaport）：深圳、广州、厦门、宁波、上海、天津、香港、福州、大连。

发货客户（Client）可以通过接收到的短信了解集港拖车司机资料，柜号，封

---

① 一达通出口秘籍.阿里物流——国际快递服务［EB/OL］.阿里巴巴，https://activity.alibaba.com/onetouch/bd2ee385.html.

条号等信息,同时也可以通过系统订单管理找到对应集港订单查看跟单信息。

3.铁路陆运(Railway Transportation)

此处的"铁路"指"中俄欧铁路(Sino-Europe Railway)",响应国家"一带一路"号召,实现中国各地到中亚、俄罗斯以及欧洲地区的陆运路线。

运输方式包括从中国主要口岸出发的全铁、海铁以及卡车运输。运输时间比通常的海运运输要缩短将近一倍,且部分运价甚至比海运要低。

发货卖家可以采用多种集装箱发运,如中铁箱、俄铁箱和自备箱发运。其中,俄铁箱集中在主要港口城市,使用费低;中铁箱分布广,使用费高;自备箱,顾名思义,发运卖家自己提供的箱子,可以申请不返回,也可以在3个月内返回中国。

为确保货物在集装箱(Cargo)里面平稳,保持低破损率(Damage Rate),须做到以下四点:重量的合理分配,货物的必要衬垫,货物的合理固定,货物的合理混装。

需装箱时请严格按照以下要求拍照:空箱拍两张(里面和整个外观);装货到一半的时候照一张;全装完打开两个箱门照一张;关上留有箱号的那半个门,打开另外半个箱门照一张;两扇门都关上,封号也卡在箱子上照一张(封号要照上);封号近景照一张(封号要封在箱子上,且一定要清晰)。

如单件货超过1.5吨,需要特殊申请,铁路局对单件超1.5吨的货物固定有严格要求。

优势:铁路线路安全,货损率低;全国可收货,苏州、大连和郑州可直接铁路运输至俄罗斯境内莫斯科等96个城市,可延伸至欧洲华沙和汉堡等地;与海运相比,价格基本持平;与海运相比,时效快一倍左右;一次清关(海运到俄罗斯一般二至三次清关)。

风险:俄罗斯和欧洲其他海运港口的价格不及海运便宜;一旦货物出境,控制不了货权,必须人工及时管控收款(运费)风险。

问答题:

1.一达通进出口代理服务主要内容是什么?

2.一达通有哪些退税方式?

3.一达通主要有哪些物流方式?

参考文献

[1]柯丽敏,洪方仁.跨境电商理论与实务[M].北京:中国海关出版社,2016.

[2]一达通出口秘籍.阿里物流——国际快递服务[EB/OL].阿里巴巴.

第五章

优秀 B2B 外贸企业案例分析
（**Excellent Case Analyses of B2B Foreign Enterprises**）

学习要点

阿里巴巴的基本情况

阿里巴巴存在的优势和问题

阿里巴巴的战略目标

阿里巴巴的目标客户

阿里巴巴的产品和服务

阿里巴巴的收入来源与盈利

阿里巴巴的核心竞争力

阿里巴巴的组织结构

阿里巴巴的人力资源管理

阿里巴巴的企业文化

阿里巴巴的技术模式

阿里巴巴的资本模式

第一节　阿里基本情况、优势与问题
（**Basic Information, Advantages and Problems of Alibaba**）

一、阿里巴巴基本情况（Basic Information about Alibaba）

阿里巴巴集团控股有限公司（Alibaba Group Holding Limited）是全球企业间
（B2B）电子商务的著名品牌,是全球国际贸易领域内最大、最活跃的网上交易
市场和商人社区。公司最早是由以马云为首的 18 人于 1999 年在浙江杭州创

建。"阿里巴巴"意为"芝麻开门",寓意阿里的平台为小企业开启财富之门。2003年5月,阿里巴巴投资成立支付宝公司,面向中国电子商务市场推出基于中介的安全交易服务,目前是国内领先的第三方支付平台。阿里巴巴在香港成立公司总部,在杭州成立中国总部,并在海外设立美国硅谷、伦敦等分支机构,合资企业3家,在中国超过40个城市设有销售中心。①

阿里巴巴集团经营多项业务,另外也从关联公司的业务和服务中取得经营商业生态系统上的支援。业务和关联公司的业务包括:淘宝网、天猫、聚划算、全球速卖通、阿里巴巴国际交易市场、1688、阿里妈妈、阿里云、蚂蚁金服、菜鸟网络等。2014年9月19日,阿里巴巴集团在纽约证券交易所正式挂牌上市,股票代码"BABA",创始人和董事局主席为马云。2016年4月6日阿里巴巴正式宣布已经成为全球最大的零售交易平台。

Alibaba Group was founded in 1999 by 18 people led by Jack Ma, a former English teacher from Hangzhou, China. The founders started the company to champion small businesses, in the belief that the Internet would level the playing field by enabling small enterprises to leverage innovation and technology to grow and compete more effectively in the domestic and global economy.

Alibaba Group is a family of Internet-based businesses that covers business-to-business online marketplaces, retail and payment platforms, shopping search engines and data-centric cloud computing services founded by Jack Ma. The name was inspired by story of Ali Baba and the 40 thieves wherein the main character was a merchant and was popular because of the magic words "open sesame" that opens the door of the cave where the thieves hid their treasures. There are various components that make up this complex group: Alibaba.com, Taobao Marketplace, Tmall.com, eTao, Juhuasuan, AliPay, Alibaba Cloud Computing, and China Yahoo!

阿里巴巴网络是阿里巴巴集团旗下专门从事B2B业务的企业,也是阿里巴巴集团的旗舰子公司。通过旗下三个交易市场协助世界各地数以百万计的买家和供应商从事网上生意,包括:集中服务全球进出口商的国际交易市场的国际站;集中国内贸易的中国交易市场中文站;以及在国际交易市场上的全球批发交易平台速卖通,为规模较小、需要小批量货物快速付运的买家提供服务。

① 赵冬梅.电子商务案例分析[M].北京:机械工业出版社,2014:3.

所有交易市场形成一个拥有来自 240 多个国家和地区接近 6,900 万名注册用户的网上社区。

自从阿里巴巴集团开通速卖通平台以来,经过几年的发展,该平台已经在全球形成了相当的规模,在经营模式上也独树一帜,让很多商家在平台上获得了相当好的收益。

最初,速卖通平台只是阿里巴巴 B2B 国际站的一个补充,国际站的用户可以免费通过速卖通平台将适合 B2B 交易的商品上传到这个平台上,进行小量的销售。当越来越多的国际站用户面临订单缩减问题的时候,速卖通平台因为经营方式灵活,面对的又是范围更广的终端消费者,异军突起,打出了自己的三分天下,最终成为一个独立运营的跨境 B2C 平台。①

二、阿里巴巴的优势与问题(Advantages and Problems of Alibaba)

阿里巴巴是全球最大的 B2B 网站,是电子商务的成功案例。分析阿里巴巴拥有的优势和现存的一些问题,有助于为中国电子商务未来的发展提供有用的借鉴。

(一)阿里巴巴的优势(Advantages of Alibaba)

1.全面布局的生态系统和独一无二的盈利模式。阿里巴巴有一个很好的模式,且难以复制。它有淘宝、天猫,还搭建了支付体系、云计算和智能物流体系,这些体系相互配合,非常强大。阿里巴巴称之为"生态系统"。马云在致投资人的信中 24 次提到了"生态系统"。他说,阿里巴巴坚信,只有打造一个开放、协调、繁荣的商业生态系统,使其成员充分参与,才能真正帮助到客户——小微企业和个人用户。作为这一生态系统的管理者,阿里巴巴的工作重点、心血、时间和精力都花在能让这个生态系统和其参与者更加蓬勃发展上。

Given the scale Alibaba has been able to achieve, an ecosystem has developed around its platforms and businesses that consists of consumers, merchants, brands, other enterprises, third-party service providers and strategic alliance partners. At the nexus of this ecosystem are its technology platform, its marketplace rules and the role it plays in connecting these participants to make it possible for them to discover, engage and transact with each other and manage their businesses anytime and anywhere. Much of its effort, time and energy are spent on initiatives that are for the

---

① 柯丽敏,洪方仁.跨境电商案例解析[M].北京:中国海关出版社,2016:85.

greater good of the ecosystem and on balancing the interests of its participants. All the components of the Alibaba Group work smoothly with one another. Alibaba has offerings for small to medium businesses, as well as those who just want to buy or sell a small amount of items. They also have group offerings, which makes luxury deals affordable for many. Alibaba is an ecosystem wherein each of their components benefit and contribute to the survival of the whole system, and this is what makes their company successful.

目前,阿里巴巴集团通过掌握商家资料(阿里巴巴和淘宝)、付款机制(支付宝)、实时通讯(淘宝旺旺)、内容(雅虎中国)和广告(阿里妈妈),横跨商业、媒体和广告,等于美国互联网公司 Ariba+eBay+PayPal+MSN+Yahoo 的综合体,如此宏伟的布局为全世界首见。与那些依赖出售某一项产品或技术获得收入的高科技公司不同,阿里巴巴依靠运营这个庞大且复杂无比的商业生态系统来产生收入。复杂的生态系统也让商业模式不会简单。同时,因为生态的复杂性,也让阿里巴巴的竞争对手难以复制或模仿。

2.强大的上市吸引力。阿里巴巴集团于 2014 年 9 月 19 日在美国纳斯达克上市,据美国《华尔街日报》报道,消息人士透露,阿里巴巴集团首次公开募股(IPO)的承销商们行使了超额配售权,使之正式以融资额 250 亿美元的规模成为有史以来最大的 IPO。赴美上市也是阿里开拓美国市场的关键一步。在此之前,阿里巴巴已经在美国进行了多笔投资,比如投资美国物流商 ShopRunner。等到阿里在全世界认知度提高到一定层次后,其势必会在美国市场上正面挑战 Amazon,抢占美国乃至欧洲的电商市场份额,让全世界一起来"淘宝"。这无疑会使阿里在国际市场上得以更好、更快的发展。

Alibaba began trading its shares on September 19, 2014 on the New York Stock Exchange. Alibaba raised ＄21.8 billion in its debut, making it the biggest U.S.-listed IPO in history after the IPO of credit card processing company Visa in 2008. If Alibaba's investment banks were to exercise their option to sell an additional 48 million shares, it could make Alibaba's IPO the biggest in the world, beating out the ＄22 billion IPO of Agricultural Bank of China in 2010.

3.全面的信息服务。阿里巴巴每小时更新一次信息的频率使阿里巴巴的信息不会过期,其真实性和可信度较高;信息量大:供求信息,代理信息,加工信息,项目合作,商务服务等多种类别的信息满足了不同公司的需求;信息全面,各个行业都有,并且其行业分类合理,针对企业的需要,既有行业分类也有公司分类。

4.人性化的服务。这类服务是阿里巴巴的一大特色,从人性化的页面到人性化的功能操作以及人性化的论坛,最重要的是人性化的线下和售后服务,以及企业的上网服务。

(二)阿里巴巴存在的问题(Problems of Alibaba)

1.虚拟网络诚信问题还是没能得到很好的解决。虽然阿里巴巴推出了诚信通会员,其他企业可以通过诚信通在网站上了解该企业的第三方评估,但是一些企业通过与其他企业互换好评率来提高自己公司的诚信指数,每天都有人会在贸易通上提出相互好评的要求,有的甚至先给别的公司做了好评,然后再给自己公司好评。

2.平台开办方对平台内商品信息的进入审查、日常监测、违规处置不到位,在处理权益受损者维权诉求和监管部门的执法协查时门槛偏高、效率低下。涉嫌在明知、应知、故意或过失等情况下为无照经营、商标侵权、虚假宣传、传销、消费侵权等行为提供便利和实施条件。

The scale of the fakery is enormous——at any given time Taobao offers millions of suspect goods for sale, from handbags to auto parts, sportswear to jewelry. When Forbes searched for listings on Taobao with the word "Gucci" and set the preferred price range under 300 yuan, or less than \$50, well below the price of real Gucci products, 30,000 results popped up. The sellers of 4 of the items on the first page confirmed in online chatting that they hire factories to produce these wares using the original design. A large number of the rest are of designs similar to those of Gucci products, with slight alterations, such as the replacement of the letter "G" in a handbag's pattern with "D".

3.双重收费。阿里巴巴主要的盈利模式为会员费+增值服务费。虽然诚信通会员的会员费并不高,只有2800元/年,但是加上各种各样的增值服务费就会变成一笔相当大的投入,而作为阿里巴巴网站中的主体——大多数中小企业而言,它们是承受不起如此巨大的投入的,毕竟成本增加后,企业在阿里巴巴的投入与收入能否成正比,还是一个未知数。

Annual fee paying model is the most commonly used among B2B marketplace providers, however, the drawbacks of annual fee model are highly correlated to the numbers of the trade leads that a marketplace can bring to its paid members. For many companies in China, expensive annual fees set by Alibaba and other leading

B2B providers becoming an obstacle for them to use e-commerce.

4.为海外市场提供服务的网站的开发不尽如人意,"中国供应商"作为阿里巴巴的一项增值服务是为那些拓展国际贸易的中小型企业、私营主提供第三方认证的高端服务,然而由于阿里巴巴迅速扩大"中国供应商"的会员数量,使得同类商品过多,外国买家来阿里巴巴出口通网站寻求卖家的时候常常货比许多家,不轻易下单。再加上阿里巴巴透明的价格体系,使得供应商最终都以低价作为最后的手段进行竞争,而且由于价格的波动即使外国买家决定下单,数量也不会很大。

问答题:

1.简述阿里巴巴基本情况。

2.阿里巴巴的优势有哪些?

3.阿里巴巴的问题有哪些?

参考文献

[1]柯丽敏,洪方仁.跨境电商案例解析[M].北京:中国海关出版社,2016.

[2]赵冬梅.电子商务案例分析[M].北京:机械工业出版社,2014.

第二节 阿里巴巴商业模式与理念
(Business Model and Concept of Alibaba)

一、战略目标(Strategic Target)

阿里巴巴的目标是成为一家持续发展 102 年的企业,成为全球十大网站之一,分享数据的第一平台,幸福指数最高的企业。只要是商人,一定要用阿里巴巴。

2016 年 6 月 14 日,阿里巴巴集团在杭州举行投资者日大会。集团董事局主席马云和公司高管团队出席会议,向逾 200 名全球机构投资人和分析师介绍公司最新业务发展和战略目标。阿里巴巴集团 CEO 张勇表示,阿里巴巴集团为自己定下服务全球 1000 万盈利企业和 20 亿消费者的长期战略目标,确定了全球化、农村、大数据和云计算三大战略,并以此形成电商、金融、物流、云计算、全球化、物联网和消费者媒体七大核心业务板块。同时,还在影业、健康、体育、音乐等方面进行了布局。

Over the next 5 years, Alibaba Group aims to become the world's first platform to surpass US $ 1 trillion in GMV. Over the next 10 years, Alibaba Group will establish an ecosystem that serves two billion consumers, supports 10 million businesses and creates 100 million job opportunities. Its key initiatives to achieve this strategic goal include: globalization, rural expansion and big data/cloud computing.

二、目标客户(Target Customer)

阿里巴巴建立的这种网上贸易服务平台,事实上是一个通用的模式,是按照最基本的贸易规则和需求来构建的网络服务平台,可以比较容易地适应各类行业的需要。从当前阿里巴巴涉足的范围来看,已经包含了 27 个大的行业,涉及 1000 多个产品分类,可以说是涵盖了可以公开进行贸易的几乎所有行业和产品种类。

Alibaba's customers include both buyers and sellers on our marketplaces, and they discover, select and transact with each other on its platform. Buyers access its marketplaces free of charge. Buyers include consumers who come to its retail marketplaces to shop for anything anytime anywhere, as well as business buyers who use its wholesale marketplaces to source products for use in their own business or for resale. Sellers use its marketplaces to establish a presence on the Internet and market products and services to hundreds of millions of consumers and other businesses. Sellers include brands, retailers, wholesalers and manufacturers. Alibaba also provides cloud computing services to a wide range of customers including merchants doing business on our marketplaces, systems integrators, mobile app developers and digital entertainment companies.

针对互联网贸易服务平台的特点,阿里巴巴则从另外一个角度来确认了自己的目标客户,那就是要服务于中小企业以及与之相关的市场需求。这一定位并不是一个脉络十分清楚的定位,但却很符合时代和市场的需要。一方面,中国有数量庞大的中小型企业在苦苦地寻求全国以至全球的市场机遇;另一方面,国内和国际上急速增长的需求也在积极地寻找合适的采购对象。

从现实数据来看,截至 2014 年年末,我国中小企业注册数量超过 4300 万家,占全国企业总数的九成以上,它们创造了中国近60%的经济总量,占据中国经济的半壁江山。而根据艾瑞网的统计,2014年中国中小企业B2B电子商务市场总营规模为234.5亿元,增速为32.0%。未来B2B电子商务运营商的在线交易、供应链金融以及质检、物流等配套服务方面将继续深化发展,预计3—4年内,中国中小企业B2B电子商务市场将保持较平稳增长。艾瑞网预测,未来几年中国中小企业B2B电子商务市场营收增速仍保持在20%以上。①

三、产品和服务（**Product and Service**）

目前,阿里巴巴是中国最大的电子商务企业,主要为中小企业提供服务,积极帮助中小企业赚钱,提供的服务也是多方面的。

Alibaba Group provides the fundamental technology infrastructure and marketing reach to help merchants, brands and other businesses that provide products, services and digital content to leverage the power of the Internet to engage with their users and customers. Their businesses are comprised of core commerce, cloud computing, mobile media and entertainment, and other innovation initiatives.

（一）发布信息（Message Posting）

阿里巴巴网站作为商业信息的提供者,既提供最新的宏观的行业信息,也提供大量的微观信息,如产品库、公司库以及供应、求购、代理、合作、投资融资、招聘等,以帮助客户找到有用的商业资讯,做出正确的决策。

（二）提供网上商铺（Online Shops）

阿里巴巴为商家提供网络店铺,开展网络营销,在店铺里,卖家可以发布产品图片和买卖信息,充分利用网络营销产品。

（三）支付管理（Payment Management）

阿里巴巴为客户提供在线支付服务。支付宝是阿里巴巴推出的一款在线安全支付工具。客户可以使用支付宝进行安全支付,保证交易中货和款的安全,同时兼顾了两个方面:买家货到了才付款,卖家款到了才发货。

Alipay provides an escrow service, in which consumers can verify whether they are happy with goods they have bought before releasing money to the seller. This service is offered for what the company says are China's weak consumer protection laws,

---

① 雷兵,司林胜.电子商务案例分析教程（第2版）[M].北京:电子工业出版社,2015:99.

which have reduced consumer confidence in C2C and even B2C quality control.

（四）客户管理系统（Client Management System）

客户管理系统是阿里巴巴为中小企业提供的客户管理工具，帮助企业开拓网上贸易，全程跟踪客户，最后获得订单。

（五）竞价排名（Paid Listing）

阿里巴巴的竞价排名是诚信通会员专享的搜索排名服务，买家在阿里巴巴搜索供应信息时，竞价企业的信息将排在搜索结果的前三位，买家第一时间能找到。竞价会员可在所有买家必经通道上获得全方位推广。

（六）诚信通档案（Trust Pass）

诚信通这项服务是阿里巴巴针对内贸企业量身打造的，以企业诚信体系为内核的电子商务会员服务。升级后的服务以 1688.com 为主，打通多个商业场景（如搜索、社交、IBS、企业工作台、阿里云等）。通过诚信通，中小企业可以与更多的公司交流，扩大自身的渠道，增加自己的销售额。

The Trust Pass certificate is only given to companies that have had their company authenticated and verified by ACP, which checks to make sure your company details are all correct, and that your business is legally registered in your country. By showing the Trust Pass certificate on your website, potential business partners will know that you are a real and legitimate business so that they can trade with you confidently.

诚信通档案可以显示商家的信誉问题，防止客户上当受骗。目前，企业和个人均可申请加入诚信通会员，享受其服务。诚信通所提供的网上服务的主要内容包括独一无二的 A&V（身份）认证，拥有诚信通档案，可以赢得买家信任；拥有诚信通的企业商铺，可以让产品得到热销；提供强大的查看功能，独享大量买家信息，增加订单量；发布商业信息，优先排序，获得买家的关注；方便查看和管理信息。①

诚信通还提供线下服务，包括：一是展会，用户足不出户就可以参加全国商展，推广企业和产品；二是采购洽谈会，用户可以直接与国内外世界级大买家做生意；三是交流，"以商会友"社区，为企业提供最热的行业资讯和讨论；四是专业服务，服务人员为客户提供 365 天，每天 8 小时专业咨询服务。

---

① 雷兵，司林胜.电子商务案例分析教程（第 2 版）[M].北京：电子工业出版社，2015：99.

（七）在线拍卖服务（Online Auction Service）

在线拍卖是阿里巴巴为诚信通会员提供的一项全新网上交易服务，帮助会员将安全产品快速变现。卖家发布产品信息，对交易的产品及交易规则进行详细描述，并设定条件（交易的方式、底价或者加价幅度等），买家通过在线出价购买。

（八）网络联保贷款（Network Joint Guarantee Loan）

网络联保贷款是一款不需要任何抵押的贷款产品，由3家或3家以上企业组成一个联合体，共同向银行申请贷款，同时企业之间实现风险共担。当联合体中有任意一家企业无法归还贷款，联合体其他企业需要共同替它偿还所有贷款本息。

（九）社区产品和服务（Community Product and Service）

除了以上商业服务，阿里巴巴还提供很多社会应用类产品和服务，包括：

1.视频。阿里巴巴有在线直播功能，可以让商家第一时间看到想看的节目，掌握最新资讯。商家可以订阅阿里巴巴的视频节目，也可以自己上传视频，与他人分享。

2.论坛。阿里巴巴的论坛是商家学习和交流的地方，论坛的会员数、原创帖子数、人流量等方面都是很高的，无论是从论坛的规模和管理团队，还是从论坛与会员之间所培养的感情来看，阿里巴巴的论坛绝对是个很不错的论坛。

3.博客。通过博客交流，商家可以聚集与自己相关的人或企业，交流自己的观点、爱好、心得、发现等。

4.资讯。阿里巴巴的资讯提供了最新的有关贸易、采购、会展、生活等信息，内容十分丰富，可以随时了解各个行业的最新动态。

四、收入来源与盈利（Source of Income and Profit）

（一）会员费（Membership Fee）

企业通过第三电子商务平台参与电子商务交易，必须注册为B2B网站的会员，每年要交纳一定的会员费，才能享受网站提供的各种服务，目前会员费已成为我国B2B网站最主要的收入来源。

会员制收费模式简单来说就是依靠收取等级不同的会员费取得收入。阿里巴巴的会员分为两种，一种是中国供应商，一种是诚信通会员。"中国供应商"服务主要面对经营国际贸易的大中型企业、有实力的小企业和私营业主，费用为 6 万元/年—12 万元/年不等,主要包括全英文商铺展示、英文产品、商机图示展示、公司图片全景展示以及海外采购信息等服务内容,另外配套有展会宣传光盘、纸媒宣传等服务内容。"诚信通"会员服务主要针对经营国内贸易的中小企业和私营业主,费用为 2800 元/年,主要包括第三方信用认证,产品展示排名优化,采购信息查阅,产品、供应信息图文发布,网络商铺展示等服务内容。

Alibaba hailed as the world's largest online trading market, not only to promote the establishment of the Chinese commercial credit, also for the majority of SMEs in the fierce international competition brought about more possibilities. Alibaba brought together a large number of market supply and demand information, while value-added services for its members by providing marketing services. Alibaba now mainly relies on Chinese suppliers, commissioned to design the company website, online promotions and integrity through profit. Particularly worthy mentioning is that through faith, because it can help users understand the customer's credit status, and therefore the integrity of e-commerce market, the establishment of deep meaningful.

(二)增值服务(Value-added Services)

B2B 网站通常除了为企业提供贸易供求信息以外,还会提供一些独特的增值服务,包括旺铺 2.0、移动诚信通、商机参谋、中日通、网销宝、黄金展位,其中网销宝和黄金展位是增值服务费的主要来源。

黄金展位是阿里巴巴网络提供的企业品牌展示平台。企业购买黄金展位后,在指定行业列表页的显著位置会以最醒目的形式优先展示企业相关信息,提高企业曝光率,帮助企业提升行业知名度。网销宝是 2009 年 3 月阿里巴巴网络在中国市场推出的按效果付费的关键词竞价系统,原名为"点击推广",后改名"网销宝"。该服务类似于百度的"百度推广"和淘宝的"直通车"服务。①

五、核心竞争力(Core Competitiveness)

阿里巴巴凭借其卓越的成绩和切实为电子商务产业链上下游企业提供的优质服务赢得了市场的青睐,其核心竞争力主要体现在以下几个方面。

(一)极具凝聚力的企业文化(Enterprise Culture With Cohesive Force)

阿里巴巴的董事局主席马云,自阿里巴巴诞生日起,就以高起点、有品质的企业理念来规范企业管理,统领企业人的思想和行为。随着经营管理的发展,

---

① 赵冬梅.电子商务案例分析[M].北京:机械工业出版社,2014:4.

不断创新文化,形成了阿里巴巴独特的文化环境和工作氛围。可以说优质的企业文化是阿里巴巴超速成长的基石,优秀的企业家精神是阿里巴巴在商业上快速成功的基础。

(二)品牌知名度(Brand Recognition)

目前,在中国,阿里巴巴是最有品牌影响力和品牌知名度的 B2B 电子商务网站,对于以信息集散地为基本功能的 B2B 商务网站来说,品牌即价值。另外,阿里巴巴从 2003 年起就开始针对全球买家进行系统的营销和推广,多年经营和推广在全球买家中建立的知名度和信誉,已经成为其他竞争对手难以在短期内超越的核心竞争力。[①]

(三)国际化优势(Advantage of Internationalization)

阿里巴巴具有比跨国公司本土化、比本土公司国际化的优势。在信息技术方面,阿里巴巴可以不断地从国际战略伙伴——雅虎和日本软银那里获得最新的技术,从而可以解决中小企业遇到的技术上的问题,为阿里巴巴的成长提供宝贵的支持和经验。同时,阿里巴巴的国际化可以帮助中小企业打开国际市场。

Chinese market is neither lack of marketing resources, nor lack of channel resources. The market needs differentiation of the core category. Internationalization is one of the options to get the core category. Alibaba is more internationalized that JD and Tencent, because B2B trade started by Alibaba.

(四)优秀的管理团队(Excellent Management Team)

阿里巴巴在多年的发展过程中,积累了一大批具有丰富经验的人才,无论是宣传还是技术,阿里巴巴总是走在别人的前面,使得模仿者苦苦追赶。阿里巴巴管理团队的平均资历在互联网公司中并非最高,但团队执行力是一流的。聚合力的形成,马云的个人魅力功不可没。此外,团队之间聚合力逐渐沉淀成的固有机制和企业文化,为进一步扩大和凝聚这个团队起到了至关重要的作用。

Alibaba Group has an unorthodox approach to governing itself. In filings, it writes that the company has acted like a partnership in many ways since its founders first got together in Jack Ma's apartment in 1999. As a result, in 2010 it established the

---

① 雷兵,司林胜.电子商务案例分析教程(第 2 版)[M].北京:电子工业出版社,2015:101.

"Alibaba Partnership", a now 30-member steering committee made up of managers at Alibaba Group and related companies.Alibaba says this arrangement allows executives to focus on the long-term, collaborate better and "override bureaucracy and hierarchy".

（五）阿里巴巴集团的全面布局（Overall Layout of Alibaba Group）

阿里巴巴的五大子公司：阿里巴巴、淘宝、支付宝、中国雅虎、阿里软件，已经完成了从 B2B、B2C、搜索到支付、中小企业管理等电子商务领域的全方位布局，并在从商品生产到面对消费者销售整个商品流通环节的电子商务进程中占据了绝对优势（至少是在目前的中国市场），这是其他电子商务网站无可比拟的优势。

问答题：

1.阿里巴巴的战略目标和目标客户是什么？

2.阿里巴巴提供哪些商品和服务？

3.阿里巴巴的收入来源有哪些？

4.阿里巴巴的核心竞争力是什么？

参考文献

[1]雷兵,司林胜.电子商务案例分析教程（第 2 版）[M].北京:电子工业出版社,2015.

[2]张秀娟.BAT 三国杀[M].北京:中国财富出版社,2016.

[3]赵冬梅.电子商务案例分析[M].北京:机械工业出版社,2014.

第三节　阿里巴巴经营模式与理念
（Management Model and Concept of Alibaba）

一、阿里巴巴的组织结构（Organizational Structure of Alibaba）

作为快速发展的互联网行业里的一家高速成长的公司,阿里巴巴对组织结构的探索从未停止。以下是阿里巴巴近几年在组织变革上的动作：

2008 年,口碑网与中国雅虎（Yahoo! China）合并,成立雅虎口碑;阿里妈妈与淘宝合并;阿里巴巴集团研发院成立。

2009 年,阿里软件与阿里巴巴集团研发院合并;阿里软件的业务管理软件分部注入阿里巴巴 B2B 公司;口碑网注入淘宝。

2011 年,阿里巴巴集团将淘宝网分拆为三个独立公司:淘宝网(taobao. com)、淘宝商城(tmall.com)和一淘(etao.com)。

2012 年,阿里巴巴集团宣布将现有子公司的业务升级为阿里国际业务、阿里小企业业务、淘宝网、天猫、聚划算、一淘和阿里云 7 个事业群。

2013 年,阿里云计算与万网合并为新的阿里云计算公司。1 月 10 日当天,阿里巴巴集团宣布,为了面对未来复杂的商业系统生态化趋势,以及无线互联网带来的机会和挑战,同时让组织能够更加灵活地进行协同和创新,集团现有业务架构和组织将进行相应调整,将原有的 7 个事业群拆分为 25 个事业部,再进行宏观整合,交由九个集团战略管理执行委员会成员分别负责。

阿里巴巴集团的组织结构变革分两步:第一步是由集权到分权。2012 年之前阿里是"一个人的阿里",所有的战略、决策、人事安排、组织架构,甚至执行都出自马云一个人;从 2012 年开始,这种集权化的管理模式开始出现变化,例如阿里巴巴新的管理体系是由战略决策委员会和战略管理执行委员会两个核心单元构成的,马云只负责前者。第二步是将整个公司打散重构。2013 年 5 月,半年前刚刚成立的 7 个事业群被拆分为 25 个事业部,由集团战略管理执行委员会对应分管,随后的 3 个月,阿里金融集团之下又产生了 4 个事业部。①

Alibaba group was originally comprised of 5 subsidiaries including Alibaba B2B Operations(Alibaba.com), Taobao, Alipay, Alibaba Cloud Computing and Yahoo! China.Since 2011, Alibaba group has made three major changes to reorganize its organizational structure.

In 2011, Alibaba Group reorganized Taobao into three separate companies — Tmall.com, Taobao Marketplace and eTao — to better adapt to China's fast-growing B2C market for e-commerce in June.

In July 2012, Alibaba Group reorganized into seven business groups which Jack Ma called the "seven swords". They are Alibaba B2B International Operations, Alibaba B2B China Operations, Taobao Marketplace, Tmall. com, Juhuasuan, eTao

---

① 刘鹰,项松林,方若乃.阿里巴巴模式:改变游戏规则,在释放草根创新力中成长[M].北京:中信出版社,2014:196-199.

and Alibaba Cloud Computing. Alipay was separated from Alibaba Group and became an affiliate of Alibaba Group.

In 2013, Alibaba Group reorganized again into 25 business units. Alibaba Small and Micro Financial Services Group which includes Alipay, insurance, loans and guarantee services to small businesses was formally founded in March 2013.

二、阿里巴巴的人力资源管理（Human Resource Management of Alibaba）

（一）招聘方式和要求（Ways and Requirements of Recruitment）

阿里巴巴非常重视人才的招聘。根据阿里巴巴的招聘程序，一般新员工都要经过主管业务部门、人力资源部门、主管副总裁等几道面试才能正式入职。

阿里巴巴校园招聘流程共分为四步：第一步是网上海选，填写简历后必须进行一个快速测试，只有通过者才能有效提交简历；第二步是校园宣讲，现场接收简历，但因为这些投简历者没有经过快速测试，录取比例会比较低；第三步是笔试，对笔试的前 10 名给予共大约 10 万元的奖励，第一名为 2 万元；最后，由业务主管、人力资源部门和事业部总经理对通过海选和笔试的人员进行面试。通过这层层考验，应聘者虽然有资格进入阿里巴巴，但还需要经过一番严格的培训，使自己的能力增值。

Alibaba attaches great importance to the recruitment of talents. According to its recruitment process, the new employees cannot officially join the enterprise unless they pass several interviews held by the responsible business department, human resources department, and the vice president.

Alibaba's process of campus recruiting is divided into four steps: the first step is online audition. Those who have filled in the resume forms must take a quick test; only those who pass the test can effectively submit their resumes. The second step is campus talk, during which Alibaba will receive graduates' resumes on the scene. But the acceptance rate will be relatively low because these graduates did not take the quick test. The third step is a written examination. The top 10 who pass the exam will be richly rewarded. Finally, those who have passed online audition and the written examination have to go through a series of interviews held by business executives, human resources department and general manager of the business division. After these tests, although candidates are eligible to enter Alibaba, they still need to accept some strict trainings to improve their abilities.

阿里巴巴的招聘具有多种形式,除了专场招聘会、网络、报纸等传统形式外,还有诸如外资招聘、外部推荐等一些新渠道。阿里巴巴针对外部推荐人员还设立了奖金。在这些渠道中,阿里巴巴40%至50%的新员工来自网络招聘。

阿里巴巴还可以内部招聘,在阿里巴巴有很多业务可供人发展,包括销售、客服、后台研发等,只要在阿里巴巴当前岗位上工作满一年且考评合格的员工,就有资格参加内部招聘。①

阿里巴巴招聘人才的首要要求是诚信,这是最基本的品质。在阿里巴巴做销售员有许多条高压线不能碰,如拜访客户记录造假,恶意拜访同事的客户,互相挖墙脚,从客户那里拿回扣,未经许可泄露客户信息等,都属于员工价值观考核内容。一旦犯了这些错误,势必会被解雇。

(二)平凡人团队(Team of Ordinary People)

一个团队最需要的是团队协作,而不是个人的英勇不凡。阿里巴巴前期也搞过精英团队,后来发现,全明星团队很难管,因为全明星团队每个人都本领不凡,时常认为自己很有道理,坚持己见,反而使团队的力量不能用到一处,每个人的力量都得不到最大的发挥。阿里巴巴表示:"如果只是精英们在一起肯定做不好事情。如果你认为你是英雄,你是不平凡的,请你离开我们,我们并不需要人精到我们这儿。"

What a team needs most is teamwork, not individualistic heroism. During the operation for many years, Alibaba Group set up the elite teams in the early stage; and later it found that the elite teams were difficult to manage, because everyone in the All-Star teams was always considering himself to be extraordinary, always insisting on his opinions. As a result, the potential of the whole team could not be fully realized. Alibaba once said: "If you think you are a hero, and you are extraordinary, please leave us; we do not need elites here."

阿里巴巴不欢迎令人头疼的"天才",在阿里巴巴的团队中,最多的还是平凡的普通人才,不需要多高的智商,只需要有责任感,有团队精神,就是阿里巴巴欢迎的同伴。在阿里巴巴企业内部,听到最多的是这句话——"我们是平凡的人,在一起做一件不平凡的事情。"②

---

① 张继辰,孔艺轩.阿里巴巴的人力资源管理[M].深圳:海天出版社,2015:33.
② 张继辰,孔艺轩.阿里巴巴的人力资源管理[M].深圳:海天出版社,2015:6-7.

（三）有针对性的员工培训体系（Targeted Training Systems for Employees）

对新入职的员工，阿里巴巴都会为其安排一个百年系列的培训，使新员工在进入公司后，能够更快地了解公司的使命、价值观、远景目标、文化、业务等，更好地适应新的环境，从而发挥自己的能力。

For new employees, Alibaba will arrange a series of training to them, so that they can better understand the company's mission, values, vision, culture, business, etc., and adapt to the new environment, thus bringing into full play their own abilities.

根据员工的岗位和职位的不同，对于培训的内容，阿里巴巴会为员工"量体裁衣"。阿里巴巴针对销售人员的培训叫"百年大计"，针对诚信通服务的培训叫"百年诚信"，针对所有员工的培训叫"百年阿里"，对客户的培训叫"百年客户"，这些是阿里巴巴的百年系列。

阿里巴巴的培训体系分为三种类型：新员工的入职培训、在职员工的岗位技能培训和管理人员的管理技能培训。上课的形式分为：课堂、夜校、夜谈。课堂是知识体系相对完整、培训时间需要集中的课程，一般要求授课时间在 7 个小时以上。夜校是针对管理人员上的课程，讲师一般都是公司的高层管理人员。夜谈是知识体系分散、以员工的兴趣爱好或者生活常识为主开设的课程。①

阿里巴巴集团还通过各种制度设计，来保持员工的自主学习能力。第一，园区设置多个专门的培训教室，每间可容纳 80—100 人，教室内各种设施齐全；第二，各个事业部定期组织学习分享会，从集团外部或者其他业务部门邀请专家进行主题分享；第三，内网设置阿里学习平台，邀请集团内外部专家，到集团进行课程分享，课程通过群发邮件、内网公告的方式告知全员，限定报名人数，几乎每期都会爆满，课程主题也五花八门，从大数据到无线互联网，从保险到个人旅行等；第四，内网阿里学习平台，还可以上传、下载学习资料，成为两万多名员工共同创建、学习成长的知识平台；第五，重大项目结束之后，团队集体进行总结学习提升。②

阿里巴巴非常重视对员工的培训，多样化、系统化的培训体系和教学相长、不断提升的文化氛围，保证了每一位员工可以源源不断地获取工作中所需要的知识和技能。

---

① 张继辰，孔艺轩.阿里巴巴的人力资源管理［M］.深圳：海天出版社，2015：73-74.
② 刘鹰，项松林，方若乃.阿里巴巴模式：改变游戏规则，在释放草根创新力中成长［M］.北京：中信出版社，2014：207-208.

（四）快乐的工作环境（Happy and Relaxing Working Environment for Staff）

阿里巴巴每年至少要把 1/5 的精力和财力用在改善员工办公环境和员工培养上。阿里巴巴有一种学校才有的轻松氛围。绿色植物、各种玩偶、贴图……员工的办公室里永远是花花绿绿，而不是整齐划一的。

Every year, Alibaba spends at least 1/5 of its financial resources in improving working environment and training for staff. Alibaba boasts of a relaxing atmosphere similar to that of schools. Green plants, all kinds of toys, maps…the decoration of the employees' offices are always colorful rather than uniform.

阿里巴巴的办公环境，可以说五彩缤纷。主色调是橙色，"因为这是温暖而快乐的颜色，精彩纷'橙'是阿里人的文化符号"。整个阿里巴巴没有空白墙，都被员工设计成了各种颜色的"文化墙"，厕所也不放过。

淘宝进门处有个"淘宝小店"，卖的是带有淘宝 Logo 的各种商品，钥匙扣、雨伞、玩偶，应有尽有，员工能以员工价购买。这些小东西，也是受员工追捧的奖品。每年的年会上，阿里巴巴还会为工作满五年的员工颁奖，奖品是一枚刻有阿里 Logo 和员工名字的白金戒指。这些小细节花费不多，却给员工带来了不少快乐和成就感。

每年的 5 月 10 日更被定为"阿里日"。所有的员工家属，在这一天可以走进阿里巴巴，看看自己亲人的工作环境。

阿里巴巴对员工的工作时间没有严格的打卡要求，只要完成工作任务，随便什么时候上下班。阿里巴巴人事部管理人员说道："像 IT 行业，研发性的工作用脑量大，员工处于紧张繁忙的状态。提供优雅一点的工作环境，可以让员工心情舒畅，开心工作。"

（五）员工考核与薪酬——"271"法则（Employees' Assessments and Salaries— 271 System）

阿里巴巴考核员工有两个标准：一是价值观，二是业绩，员工价值观的考核和业绩的考核对半看待，各占 50 分。价值观的具体考核内容包括六大核心价值观（也被称为"六脉神剑"）——客户第一、团队合作、拥抱变化、诚信、激情和敬业，每一项价值观又分为 5 个小项，总共 30 条考核细则。与考核相对应的是处罚措施，如果员工价值观考核不及格，会直接牵涉到收入，而如果出现完全违背价值观的行为，会遭遇严厉处罚甚至开除。

Alibaba has two criteria on staff assessment: one is employees' values, the other, their performances, each accounting for 50 percent respectively. The specific assessment of employees' values includes six core values (known as the Six Vein Spirit Sword) ——customers first, teamwork, embrace changes, integrity, passion and commitment. Employees who fail to pass the assessment of values will suffer income loss, severe punishment or even be dismissed.

业绩做得很好，但是价值观不达标的员工叫作"野狗"，要"杀"掉；价值观很好，但业绩不好的叫做"小白兔"，也要"杀"掉。价值观不好的一定清除出去，业绩不好的会给机会。阿里巴巴有个特殊的人力资源政策，员工被开除后三个月内还可以再返聘。"小白兔"在离开公司三个月内，还是有机会再进阿里巴巴，只要他能把业绩搞上去，而"野狗"就没有机会了。公司按"271"原则对员工的工作表现进行评估：20%的员工超出期望，这部分人会得到更高的薪金、奖金或者升职；70%的员工符合期望，得到普通的加薪和奖金；最后 10%的人低于期望，没有奖金，有的还会被换岗、降级或者建议离开公司。

2013 年阿里巴巴推行绩效考核改革，"271 法则"变成了"361"法则。

（六）轮岗制度（Post Rotation System）

阿里巴巴一直强调要培养通才型的领导，因此，阿里巴巴一直有着严格的内部轮岗制度，管理层每年都会有调动。阿里巴巴的轮岗，有时跨度非常大。人力资源主管轮岗去主管渠道和大客户，销售部人员轮岗来做人力资源，没有技术背景的网站内容编辑变成技术经理，首席财务官转去管理层从事管理工作……每次大变动，都会涉及很多人的利益。有时变动意味着有些人长期经营的阵地和成果顷刻化为乌有，一切都得从头开始；有时变动意味着相关人员的专业方向、发展方向彻底改变，例如从技术到管理，从前台到后台。

Alibaba has always stressing the need to cultivate generalist leaders, therefore, there exists a strict internal post rotation system in the enterprise. Each time, post rotation has a great bearing on people's interests. Sometimes the rotation means one's position and long-term achievements come to nothing so that he has to start from scratch; sometimes the rotation means a thorough change of one's professional orientation and personnel development, for example, from technology to management.

阿里巴巴资深副总裁邓康明如此解释轮岗的好处："通过岗位的互换，消除岗位之间的壁垒，人们才能学会从不同角度、用不同方法去思考、分析问题，才能真正地培养出系统思维能力。"例如，在淘宝干得不错，明天就可以到支付宝或阿里巴巴 B2B 干两年。干部经过这样的调整，眼光视野就开阔了，可以把阿里巴巴的经验带到淘宝,也可以把淘宝的经验带到阿里软件。①

三、阿里巴巴的企业文化(Corporate Culture of Alibaba)

(一)企业的使命——让天下没有难做的生意(Alibaba Group's Mission is to Make it Easy to Do Business Anywhere)

"让天下没有难做的生意"是阿里巴巴集团的企业使命。事实证明,这个使命感驱使着阿里巴巴继续前进,使阿里巴巴成为世界上最大的 B2B 网站。阿里巴巴为大批中小企业解决了问题,创造了大量的就业机会,同时带来了巨大的财富,因此也受到了广大客户的尊重与热爱。阿里巴巴对这个使命的宣传、推广也做得极其到位,以至于每个员工都熟知企业使命,每位职工都知道阿里巴巴的目标是什么,并且人人都会朝这个目标努力。

The sense of mission has been driving Alibaba to move forward and become the world's largest B2B website. Alibaba has created a large number of job opportunities while brought tremendous wealth to society, therefore won respect and love from customers. Alibaba spares no effort in promoting its mission so that each employee is familiar with it, and will work towards this goal.

(二)企业的愿景(Visions of Alibaba Group)

阿里巴巴集团的愿景可从三个方面来表述,具体如下:

1.分享数据的第一平台(To become the First Platform of Choice for Sharing Data)

这个目标是由阿里云来实现,通过先进的云计算数据中心搭建的平台,云计算将成为一个真正意义上的公共服务,成为广大互联网用户方便获取阿里云产品的公共服务。

Aliyun develops platforms for cloud computing and data management, ensuring that Alibaba's e-commerce portals can handle their massive traffic and transaction volumes.

2.活 102 年(To Live at Least 102 Years)

阿里巴巴不想成为"流星企业"。在阿里巴巴成立时,马云提出阿里巴巴要活 80 年,因为 80% 的中国企业一般寿命都只有六七年,更不用说 13 年、18 年

---

① 刘鹰,项松林,方若乃.阿里巴巴模式:改变游戏规则,在释放草根创新力中成长[M].北京:中信出版社,2014:189.

了,所以根据阿里巴巴的经营马云定下了这个目标。然而在阿里巴巴 5 周年庆之际,马云便提出了公司要活 102 年。原因是:阿里巴巴诞生于 20 世纪末,跨越 21 世纪,22 世纪再活 2 年,使阿里巴巴成为中国最伟大的跨越三个世纪的企业。

For a company that was founded in 1999, lasting at least 102 years means Alibaba will have spanned three centuries, an achievement that few companies can claim. Its culture, business models and system are built to last, so that it can achieve sustainability in the long run.

3.幸福指数最高的企业(To Be an Enterprise with the Highest Employee Satisfaction)

对员工的幸福感,阿里巴巴曾有具体的诠释:幸福感的基础层级是保障个体和家庭安居乐业,幸福感的第二层级是帮助员工找到并实现自我价值,幸福感的第三个层级是群体的使命感。

Alibaba had a specific interpretation on the sense of happiness of the staff: the basic level of the sense of happiness is to ensure an individual and a family's peaceful life and work; the second level is to help employees find and realize their self-worth; and the third level is the sense of mission among the group.

(三)企业的价值观——"六脉神剑"(The values of Alibaba Group—the Six Vein Spirit Sword)

阿里巴巴的价值观"六脉神剑"具体指六个方面:客户第一、团队合作、拥抱变化、诚信、激情和敬业。The values of Alibaba Group include six parts: customers first, teamwork, embrace change, integrity, passion and commitment.具体如下:

1.顾客第一——客户是衣食父母(Customers First)

在服务业,客户是衣食父母。阿里巴巴员工在维护阿里巴巴的形象的同时,尊重每一位顾客。不管是面对客户的投诉还是质疑,在坚持原则、不损害企业利益的前提下,始终都会从客户的角度极力为他们解决问题,达到客户与公司双赢。The interests of their community of consumers and merchants must be their first priority.

2.团队合作——共享共担,平凡人做平凡事(Teamwork)

在阿里巴巴公司内,员工积极参与团队合作,各抒己见,互帮互助,共同承担,共同分享,完美地完成团队任务。阿里员工善于与各种类型的同事共事,坚持"对事不对人"的工作原则,使整个团队的工作氛围融洽。They believe teamwork enables ordinary people to achieve extraordinary things.

3.拥抱变化——迎接变化,勇于创新(Embrace Change)

公司的发展始终会面临变化与挑战,而阿里巴巴一直都在迎接挑战和不断创新。员工面对公司的变化,从不抱怨,而是通过与公司的沟通、配合一起来拥抱这些变化。在这过程中产生的困难,阿里巴巴会用正能量来带动员工一起克服并有所突破。In this fast-changing world, they must be flexible, innovative and ready to adapt to new business conditions in order to survive.

4.诚信——诚实正直,言行坦荡(Integrity)

阿里巴巴一向是诚实正直,言出必行。它永远把客户放在第一位,绝不会为了自己的利益去伤害客户的利益。阿里巴巴直言不讳,通过正确的渠道来表达自己最真诚的观点,从来不播报虚假的消息,以正面的形象来引导客户与消费者。对于别人指出的错误或提出的意见,阿里巴巴一直都肯接受并改正。They expect their people to uphold the highest standards of honesty and to deliver on their commitments.

5.激情——乐观向上,永不言弃(Passion)

在阿里巴巴工作的员工都很喜欢自己的工作,对于自己的岗位拥有着一份激情与热爱。他们不计较个人的得与失,而是具有主人翁的意识,顾全大局,以乐观向上的态度来面对每一天的工作任务,努力提升业绩。在工作中面对困难时,不言放弃,直面困难,突破自己,朝更高的目标前进。They expect their people to approach everything with fire in their belly and never give up on doing what they believe is right.

6.敬业——专业执着,精益求精(Commitment)

阿里巴巴的员工会做到今日事今日毕,绝不把今天的工作留到明天再做。在上班时不做与工作无关的事,用专业的态度完成工作,精益求精,从不因自己的失误造成工作的重复。员工应根据工作的优先级来安排自己做事的顺序,化繁为简,提高工作效率。Employees who demonstrate perseverance and excellence are richly rewarded. Nothing should be taken lightly as they encourage their people to "work happily and live seriously".

(四)侠客文化(Kung Fu Culture)

独特的"侠客文化"使阿里巴巴有了轻松的工作氛围,其中以淘宝网最为独特。在职工平均年龄只有26岁的淘宝网,每位职工都有"花名",如"郭靖""乔峰""令狐冲""风清扬"等,每到举办派对时,他们可以根据自己的花名参加各大帮派,在这期间没有隶属关系,只为夺取"天下第一帮"。而这样的"侠气"在公司随处可见,如"光明顶""桃花岛"是开会、会客的地方,"舞林大会"是淘宝周年庆活动的名字。① The unique Kung Fu Culture bestows Alibaba a relaxing work environment. In Taobao, every employee assumes nicknames taken from characters of Chinese Kung Fu novels such as "Guo Jing" "Qiao Feng" "Linghu Chong" and "Feng Qingyang", etc.

(五)倒立文化(Handstand Culture)

倒立文化是淘宝网特有的文化管理模式。阿里巴巴希望员工能通过倒立学会变个角度看世界。每一个进入淘宝网工作的人,无论胖瘦、高矮,都必须在3 个月内学会靠墙倒立。男性须保持倒立姿势超过 30 秒才算过关,女性 10 秒,否则只能卷铺盖走人。

Handstand culture is a unique cultural management model in Taobao. The company hopes that staff can learn to see the world from a different angle through handstand. Each male employee, regardless of his figure, must learn to stand on his hands leaning against the wall for 30 seconds, and female for 10 seconds, otherwise they have to quit the job.

关于倒立的含义,阿里内外有多种解释,如强身健体、变不可能为可能等,但最具文化意义的还是换个角度思考。马云这样描述倒立:"每个人都要学会倒立,因为当你倒立起来,血液涌进大脑,看世界的角度和平时完全不一样,想问题,也就能找到一个不可思议的角度。"②

问答题:

1.阿里巴巴校园招聘流程共分为哪四步?

2.什么是阿里巴巴的"271"法则?

3.阿里巴巴的企业文化有哪些?

4.阿里巴巴集团的愿景是什么?

5.简述阿里巴巴企业的价值观"六脉神剑"。

---

① 鲍茹萍.阿里巴巴的企业文化研究[J].纳税,2017,11(2):109-111.
② 刘鹰,项松林,方若乃.阿里巴巴模式:改变游戏规则,在释放草根创新力中成长[M].北京:中信出版社,2014:189.

参考文献

[1]刘鹰,项松林,方若乃.阿里巴巴模式:改变游戏规则,在释放草根创新力中成长[M].北京:中信出版社,2014.

[2]张继辰,孔艺轩.阿里巴巴的人力资源管理[M].深圳:海天出版社,2015.

[3]鲍茹萍.阿里巴巴的企业文化研究[J].纳税,2017,11(2).

第四节　阿里巴巴技术模式和资本模式
（Technology Model and Capital Model of Alibaba）

一、阿里巴巴的技术模式（Technology Model of Alibaba）

（一）技术模式的概念（Definition of Technology Model）

技术模式是支撑电子商务系统正常运行和发生意外时保护系统、恢复系统的硬件、软件和人员配置系统。

The technical model is the hardware, software and personnel configuration system that supports the normal operation of e-commerce system and protects and restores systems in case of unexpected accidents.

（二）阿里巴巴的技术模式（Technology Model of Alibaba）

阿里巴巴的网站技术模式定位于系统运行的持续稳定性和安全性方面,阿里巴巴作为信息中介服务平台,它的系统运行要求是严格的。阿里巴巴的通信系统采用互联网和通信网,在服务器的构件上要保证交易信息在通信网络上的安全传递,并保证数据库服务器的绝对安全,防止网络黑客的闯入破坏。它的系统在抗侵入性、边界服务器、采用加密技术的信息完整性、用户和话路的鉴别服务等方面有严格的要求。

Alibaba's website technology model is located in the continuous stability and security of the system operation. As a platform for information intermediary service, Alibaba requires strict system operation. Its communication system uses the Internet and communication network in order to ensure the transfer security of the transaction information through the communications network, and the absolute security of the database server, preventing the intrusion of network hackers. Its system has strict requirements in these aspects such as anti-invasion, border server, information integrity, etc.

阿里巴巴在身份验证和安全监控上也有大的作为。在系统应用软件方面，阿里巴巴采用了网上信用管理系统、网络监控管理系统和网络安全管理系统等，最大程度上保证网站安全、数据安全、交易安全。

目前阿里巴巴中国站采用的是 Linux 操作系统、Apacho Web 服务器软件、Java 的后台语言、Oracle 的数据库。

飞天（Apsara）是由阿里云自主研发、服务全球的超大规模通用计算操作系统。它可以将遍布全球的百万级服务器连成一台超级计算机，以在线公共服务的方式为社会提供计算能力。2008 年 9 月阿里巴巴确定"云计算"和"数据"战略，决定自主研发超大规模通用计算操作系统"飞天"。10 月，飞天团队正式组建。2009 年 2 月飞天团队在北京写下第一行代码。2011 年 7 月阿里云开始大规模对外提供基于飞天的云计算服务。2013 年 8 月阿里云成为世界上第一家对外提供 5K 云计算服务的公司。2016 年 4 月阿里云发布专有云（Apsara Stack），支持企业客户在自己的数据中心部署飞天操作系统。①

二、阿里巴巴的资本模式（Capital Model of Alibaba）

（一）早期融资（Early Financing Stage）

1999 年 3 月，马云和同伴以 50 万元人民币在杭州创建了阿里巴巴集团。

1999 年 7 月 9 日在香港成立阿里巴巴中国控股有限公司。

1999 年 9 月 9 日在杭州成立阿里巴巴（中国）网络技术有限公司。

阿里巴巴成立初期，公司资金紧缺，现任阿里巴巴财务总监的蔡崇信熟悉华尔街资本运作规则并具有风险投资经验，于是他于 1999 年 10 月，为阿里巴巴私募到由高盛公司（Goldman Sachs）牵头，联合美国、亚洲、欧洲一流的基金公司的第一笔天使投资 500 万美元，蔡崇信也作为投资者进入了公司董事会，从而成功地完成第一轮融资。

In March 1999, Jack Ma set up Alibaba Group in Hangzhou with 500,000CNY/￥. On July 9th, 1999, Alibaba's Holding Limited Corporation was established in

---

① 雷兵，司林胜.电子商务案例分析教程（第 2 版）[M].北京:电子工业出版社,2015:102.

Hongkong. From 1999 to 2000, Alibaba Group raised a total of US＄25 Million from Softbank, Goldman Sachs, Fidelity and some other institutions.

2000年,日本软银公司(Softbank)与阿里巴巴集团正式签约,向其投资2000万美元,阿里巴巴完成第二轮融资。

2004年2月,阿里巴巴再次从软银等四家风险投资机构手中募集到了8200万美元,其中软银出资6000万美元,此外还包括富达创业投资部等3家风险投资公司,完成了第三轮融资。这三轮融资合计1.12亿美元,此后阿里巴巴的持股结构改变为:马云及其团队占47%、软银占20%、富达占18%、其他几家股东占15%,马云及其团队并没有改变阿里巴巴大股东的地位。

(二)雅虎入股与香港上市

2005年,雅虎入股阿里巴巴,雅虎以10亿美元现金、雅虎中国的所有业务、雅虎品牌及技术在中国的使用权,换取了阿里巴巴集团39%的股份及35%的投票权。此次并购重组后大大稀释了马云及创业团队的控制权,雅虎占据了阿里巴巴优势控制权。

2007年,阿里巴巴集团旗舰公司——阿里巴巴网络有限公司在香港联合交易所主板挂牌上市,发行价每股13.5港元,共融资15亿美元,不考虑超额配售部分,其当时创下了中国互联网公司融资规模之最。其首日开盘价高达30港元,超过发行价122%,一跃成为中国互联网首个市值超过200亿美元的公司以及全球领先的小企业电子商务公司。

In October 2005, Alibaba Group took over the operation of China Yahoo! as part of its strategic partnership with Yahoo! Inc. In 2007, Alibaba.com completes its initial public offering on the Main Board of the Hong Kong Stock Exchange, successfully listed on the Hong Kong Stock Exchange.

2012年6月,阿里巴巴网络正式从香港联合交易所退市。

2015年4月,阿里巴巴集团以76亿美元的价格回购50%雅虎所持的阿里巴巴股份。此项交易完成后,日本软银公司和雅虎对阿里巴巴集团的股权之和下降到50%以下。阿里巴巴回购雅虎的股份,标志着马云及其管理层团队重新掌握了阿里集团的控股权。

(三)投资运作(Investment Operation)

阿里巴巴最初的投资主要是通过创立与经营电子商务交易平台进行的,其于1999年创立了"企业对企业(B2B)"的网上贸易市场平台。2003年5月,阿里巴巴花 1 亿元人民币投资建立了"个人网上贸易市场平台(C2C)"——淘宝网。2004 年 10 月,阿里巴巴投资成立了面向中国电子商务市场,基于中介安全交易服务的支付宝公司。

Alibaba's earlier investment was mainly through the creation and operation of e-commerce trading platform. In 1999, it set up the "business-to-business(B2B)" on-line trading market platform. In May 2003, Taobao was founded by Alibaba Group as a consumer e-commerce platform. Taobao Marketplace has facilitated consumer-to-consumer(C2C) retail by providing a platform for small businesses and individual entrepreneurs to open online stores that mainly cater to consumers in Chinese-speaking regions(Mainland China, Hong Kong, Macau and Taiwan) and also abroad. In February 2004, Alibaba Group and its founder Jack Ma established Alipay, or Zhifubao in Chinese, a third-party mobile and online payment platform in Hangzhou, China.

2014 年 3 月,阿里巴巴对银泰商业集团进行战略投资,以 53.7 亿港元入股后者,最多持有了 26% 的股权,以此构建了一套打通线上线下商业的基础体系,实现线上线下的商品交易、会员营销及会员服务无缝联通;2014 年 4 月,阿里巴巴以 5.86 亿美元购入新浪微博公司;同月阿里巴巴和云锋基金以 12.2 亿美元入股优酷土豆;2013 年 5 月阿里巴巴以 2.94 亿美元购买高德软件公司 28% 的股份后,2014 年 4 月再次收购高德公司剩余的 72% 的股份,高德由此成为阿里巴巴 100% 子公司。2014 年 6 月 5 日,阿里巴巴收购恒大足球俱乐部。2014 年 9 月,阿里巴巴成功在美国纽交所上市,市值约达 2500 亿美元。雅虎当时也立马兑现承诺,以 68 美元的 IPO 价格出售 1.4 亿股股票,获取了高额收益,同时持股比率下降到 15%。

(四)结语

阿里巴巴的成功说明恰当地运用并购等资本扩张运作手段,以及必要时候运用回购等资本收缩的运作方式能使企业获得超常规发展,其成功上市能更好地服务于顾客,也给其投资者、债权人、员工等利益相关者带来了较大利益,实现了"多赢"的结果。[①]

---

① 王心蕊.阿里巴巴成功的财务管理与资本运作案例剖析[J].科技创业月刊,2015,28(8): 51-52.

问答题：

1.简述阿里巴巴的技术模式。

2.简述阿里巴巴的早期融资阶段。

参考文献

[1]雷兵,司林胜.电子商务案例分析教程(第2版)[M].北京:电子工业出版社,2015.

[2]王心蕊.阿里巴巴成功的财务管理与资本运作案例剖析[J].科技创业月刊,2015,28(8).

第六章

跨境电商商务礼仪与人员素质要求
（Cross-border E-commerce Business Etiquette and Quality Requirements for Talents）

学习要点

商务礼仪的不同方面,包括称谓礼仪、言谈礼仪、介绍礼仪、握手礼仪、名片礼仪、电话礼仪等

世界各大洲部分国家的文化与商务礼仪

不同国家客户的消费习惯

外贸常见的单证的含义

外贸常见的不同种类的单证

外贸常见的结算方式

报关的含义、范围和分类

一般进出口货物的基本报关程序

一般进出口货物申报的要求,海关对进出口货物申报的规定

报关单的分类

外贸从业者应该具备的心态

外贸常用的聊天工具及其使用方法

外贸从业者与客户在线交流应注意的问题、与客户沟通的时机和技巧

跨境电商公司主要岗位及其人才的素质要求

第一节 商务礼仪文化以及外国客户消费习惯
（**Business Etiquette culture and Consumption Customs of Foreign Clients**）

不同的国家和地区,有着不同的语言文字、风俗习惯、教育水平、宗教信仰、价值观念、审美观念以及仪表理解与性格,这些对于国际商务活动具有重要的影响。托马斯孟(Thomas Mun)曾在其出版的《英国得自对外贸易的财富》第一章"一个全才外贸商人所必须具备的知识和素质"中说,一个全才的商人所要具备的品质之一是能说几国外语,对外国的法律、风俗、政策、礼仪、宗教、艺术等都应该具有敏锐的洞察力。① 所以,在跨境电商中,从业人员必须具有广泛的世界文化背景知识,通晓目标市场国的文化环境,了解不同国家的消费习惯,才能顺利地进行贸易活动。

一、商务礼仪(**Business Etiquette**)

作为礼仪的一方面,商务礼仪是人们在长期的商务活动中形成的一种约定俗成的行为方式和行为准则,以相互尊重、互相理解为前提,用来约束交易双方的语言和行为,可以称得上是商务活动中的一门交往艺术。② 下面介绍跨境电商中需要注意的商务礼仪。

（一）称谓礼仪(**Appellation Etiquette**)

由于各国、各民族历史文化不同,风俗习惯各异,人们的姓名结构和称呼习惯也有差异,在国际交往中,了解各国人民的姓名结构和称呼习惯,正确地、恰当地称呼对方,不仅反映了自己的教养和对对方的尊重,还决定着社交的效果。

1.姓名结构(Name Structure)

我国姓名是姓在前,名在后,日本也是一样,但姓名字数常常比汉族姓名字数多。最常见的由四个字组成,如"小泽一郎""木村拓哉""矢野浩二"等,前两个字为姓,后两个字为名。为了避免出错,与日本人交往,一定要了解哪部分是姓,哪部分是名。姓名结构为前姓后名的国家还有其他一些亚洲国家,例如韩

---

① THOMAS M. England's Treasure by Foreign Trade [M]. Boston：Adamant Media Corporation, 2005：2.

② 柯丽敏,洪方仁.跨境电商理论与实务[M].北京：中国海关出版社,2016：236.

国、朝鲜、越南、柬埔寨等。位于欧洲中部的匈牙利也是姓在前,名在后。

在美国、加拿大、英国、澳大利亚等英语国家,人们的名字通常是名在前,姓在后。例如,比尔·盖茨(Bill Gates),比尔是名,盖茨是姓。女子婚前一般都使用自己的姓名,婚后,姓名一般是自己的名,加上丈夫的姓。在商务交往中,称其姓,加上"先生"(Mr.)、"小姐"(Miss)、"夫人"(Mrs.)等称呼。

有些国家的人名是有名无姓的,例如缅甸。缅甸人名字前常冠以表示性别、长幼、地位的字或词。常见缅甸人名字前的"吴"(U)不是姓,而是一种尊称,是"大叔""大伯"或"先生"的意思。成年、幼年或少年男子的名字前,往往加"貌"(Maung),意思即自谦为"弟弟",如:貌西图(Maung Sithu)。"杜"(Daw)意为女士,如:杜钦梅丹(Daw Khin May Than);"玛"(Ma)意为姐妹,"郭"(Ko)意为平辈。

2.称呼方式(Ways of Appellation)

礼貌、友好的称呼在人际交往中尤其重要。掌握称呼的基本规律和通行的做法,并注意国与国之间的差别,有助于我们成功地进行商务活动。

(1)泛尊称(General Title of Honor)

泛尊称适合各种社交场合。对男子一般称"先生",对女子称为"夫人""小姐""女士"。在称呼女子时,要根据其婚姻情况,已婚女子称为"夫人",未婚女子称"小姐"。对不知婚否和难以判断的,可以称为"女士"。在一些国家,"阁下"一词也可以作为泛尊称。在正式场合,泛尊称可以和姓名、姓氏和行业性称呼分别组合在一起,如"盖茨先生""经理先生""秘书小姐"等。

(2)职务称(Position Title)

在公务活动中,可以用对方的职务相称,如称其为"大客户部经理""产品中心主任"等。这些职务称呼还可以与泛尊称、姓名、姓氏分别组合在一起使用,如"周经理""部长先生"等。

(二)言谈礼仪(Speech Etiquette)

语言是双方信息沟通的桥梁,是双方沟通情感的渠道。语言在人际交往中占据着最基本最重要的位置。说话礼貌的关键在于尊重对方和自我谦让。通过以下几点可以做到礼貌说话。

1.使用敬语、雅语(The Use of Polite Expressions)

敬语也称为"敬辞",是表示尊敬礼貌的词语,多使用敬语,可以体现一个人的文化修养。敬语适用于以下场合:第一,比较正规的社交场合;第二,与师长或身份、地位较高的人交谈;第三,与人初次打交道或会见不太熟悉的人;第四,会议、谈判等公务场合。常用的敬语有很多,包括"请""您""阁下""尊夫人""贵方"等。

雅语是指一些较文雅的词语。多用雅语,能体现出一个人的文化素养及尊重他人的个人素质。在待人接物中,要是你正在接待客人,在端茶时,你应该说"请用茶",如果还用点心招待,可以说"请用一些茶点"。假如你先于别人结束用餐,你应该向其他人打招呼说,"请大家慢用"。言谈举止彬彬有礼,别人会对你的个人修养留下较深的印象。

2.日常场合应对(Dealing with Daily Occasions)

(1)与人保持适当距离(Keep Proper Distance)

从礼仪上说,说话时与对方离得太远,会使对话者误以为你不愿向他表示友好的亲近。如果在较近的距离和人交谈,稍有不慎会把唾沫溅在别人脸上。因此从礼仪的角度来讲,一般保持一两个人的距离最为合适。

(2)恰当地称呼他人(Address Others Appropriately)

对有头衔的人称呼他的头衔,就是对他莫大的尊重。直呼其名适用于关系密切的人之间。若在公众和社交场合,即便与对方关系亲密,还是称呼他的头衔会更得体。对于知识界人士,可以直接称呼其职称,但对于学位,除了博士外,其他学位不能作为称谓来用。

(三)介绍礼仪(Introduction Etiquette)

得体的介绍往往会给对方留下良好的第一印象。在人际交往中,介绍有很多技巧。介绍的顺序、介绍的内容等决定着介绍的成功与否。

对于介绍的顺序,一般原则是地位高的人有优先知情权,地位高的一方应该后介绍,地位低的一方应该先介绍。介绍晚辈和长辈,一般要先介绍晚辈,介绍上级和下级,一般要先介绍下级。介绍主人和客人一般要先介绍主人,介绍职务低和职务高的一方一般要先介绍职务低的。

(四)握手礼仪(Handshake Etiquette)

握手是在相见、离别、恭贺或致谢时相互表示情谊、致意的一种礼节,往往表示友好,表示对另一方的尊敬、景仰、祝贺、鼓励。

握手礼仪伸手顺序的总体原则是:位高者居前,先伸手。因此,主人、长辈、上司、女士主动伸出手,客人、晚辈、下属、男士再相迎握手。

握手的方法:

(1)一定要用右手握手,这是约定俗成的礼貌。在一些东南亚国家,如印度、印度尼西亚,人们不用左手与他人接触,因为他们认为左手是用来洗澡和上卫生间的。

(2)要紧握双方的手,时间一般以2—5秒为宜。过紧的握手或用手指部分漫不经心地触碰对方的手都是不礼貌的。另外,在握手的同时要注视对方,态度真挚亲切,切不可东张西望。若是戴着手套,握手前应先脱下手套。不过在隆重的晚宴上,女士如果穿着晚礼服并戴着长手套则可不必脱下。

(3)被介绍之后,最好不要立即主动伸手。年轻者、职务低者被介绍给年长者、职务高者时,应根据年长者和职务高者的反应行事。当年长者、职务高者用点头致意代替握手时,年轻者、职务低者也应随之点头致意。和年轻女性或异国女性握手,一般男士不要先伸手。

(五)名片礼仪(Business Card Etiquette)

在人际交往中,名片不仅能推销自己,也能很快地帮助你与对方熟悉。把名片递给别人时,往往应该是地位低者先递。如晚辈先递给长辈,下级先递给上级,主人先递给客人。男士应先递名片给女士。把名片递给多人时,要循序渐进。一是按照职务由高到低进行;二是循序渐进,由近及远;三是顺时针方向进行,如大家围坐在圆桌边时。

(六)电话礼仪(Phone Etiquette)

在正式的商务和社交活动中,电话形象包含三个要素:打电话时空的选择、通话态度、通话内容。打电话时,如非重要事情,尽量避开受话人休息、用餐的时间,也不应在节假日打扰对方。打电话或接电话尽量不要在公共场合高声喧哗。电话接通后,应先做自我介绍,请受话人找人或代转时,应说"劳驾"或"麻烦您"。

电话铃声响起三声之内,应立即接起电话。在商务交往中,接电话时所讲的第一句话应该是问候语加上单位名称:"您好! ×××公司"。

二、世界各大洲部分国家文化与商务礼仪(Cultures and Business Etiquette of Major Countries in Seven Continents around the World)

(一)欧洲主要国家商务礼仪(Business Etiquette of Major European Countries)

1.德国(Germany)

德意志联邦共和国(The Federal Republic of Germany),简称德国,是位于中

欧的联邦议会共和制国家。该国由 16 个联邦州组成,首都为柏林,领土面积357 021 平方千米,以温带气候为主,人口约 8267 万人,是欧洲联盟中人口最多的国家,以德意志人为主体民族,官方语言为德语。

德国人在人际交往上对礼节非常重视:与德国人握手时,第一,要坦然地注视对方;第二,握手的时间宜稍长一些,晃动的次数宜稍多一些,握手时所用的力量宜稍大一些。

交谈时尽量说德语,或携同译员同往。商人多半会说一些英语,但使用德语会令对方高兴。称呼对方多用"先生""女士"。对方多半为你穿、脱外套,不妨接受,再说声"谢谢"。有机会,也替对方或其他人穿、脱外套。

2.法国(France)

法兰西共和国(The French Republic),简称法国,是一个本土位于西欧的半总统共和制国家,海外领土包括南美洲和南太平洋的一些地区。法国为欧洲国土面积第三大、西欧面积最大的国家,东与比利时、卢森堡、德国、瑞士、意大利接壤,南与西班牙、安道尔、摩纳哥接壤。本土地势东南高西北低,大致呈六边形,三面临水,南临地中海,西濒大西洋,西北隔英吉利海峡与英国相望,科西嘉岛是法国最大岛屿。

法国人性格爽朗热情,谈吐幽默风趣。去拜访公司与个人时,须提前预约。双方见面时,通常会握手,并说一声"幸会"(Nice to meet you/Pleasure to meet you);如果见面的双方关系亲密,如亲朋好友,则会以亲吻或拥抱代替握手。在自我介绍时,一般先通报自己的姓名及职务。同事之间一般以"先生"(Mr.)、"夫人"(Mrs.)、"小姐"(Miss)相称,较少以名字相称。

应邀到法国人家做客时,应带上小礼品,如送给小孩的糖果、巧克力,送给女主人的鲜花等,送花时,通常为单数,忌送康乃馨。法国本土产的香槟酒、白兰地、香水、艺术品、书籍等也是不错的选择。应注意,男士不可送香水给女士。①

3.俄罗斯(Russia)

俄罗斯位于欧亚大陆北部,地跨欧亚两大洲,国土面积为 1712.52 万平方千米,是世界上面积最大的国家,也是一个以俄罗斯人为主体民族,由 193 个民族构成的统一多民族国家,俄罗斯人占总人口的 81%。

俄罗斯商人有着俄罗斯人特有的冷漠与热情的两重性。商人们初次交往

---

① 李菁.国际商务文化与礼仪实践教程[M].北京:中国水利水电出版社,2013:172.

时,往往非常认真、客气,见面或道别时,一般要握手或拥抱以示友好。俄罗斯商人非常看重自己的名片,一般不轻易散发自己的名片,除非确信对方的身份值得信赖或是自己的业务伙伴才会递上名片。① 在进行商业谈判时,俄罗斯商人对合作方的举止细节很在意。站立时,挺胸收腹;坐下时,两腿不要抖动不停。

许多俄罗斯商人的思维方式比较古板,固执而不易变通,所以,在谈判时要保持平和宁静,不要轻易下最后通牒,不要就想着速战速决。对商品的看法,俄罗斯商人认为,商品质量的好坏及用途是最重要的,买卖那些能够吸引和满足广大消费者一般购买力的商品是很好的生财之道。

大多数俄罗斯商人做生意的节奏缓慢,讲究优雅,因此,在商业交往时宜穿庄重、保守的西服,而且西服最好不要是黑色的,俄罗斯人较偏爱灰色、青色。衣着服饰考究与否,在俄罗斯商人眼里不仅是身份的体现,而且还是此次生意是否重要的主要判断标志之一。

4.瑞士(Switzerland)

瑞士联邦(Swiss Confederation),简称瑞士,是中欧国家之一,全国划分为26个州。瑞士北邻德国,西邻法国,南邻意大利,东邻奥地利和列支敦士登。全境以高原和山地为主,有"欧洲屋脊"之称。

瑞士的商务活动宜穿有背心的三件套保守式样西装。拜访公私机构均须先预约,并一定要守时。一般主管人员于上午7—8时即到班,由于时间安排都很精细,最好在7时至7时半之间打电话到主管办公室,要求预约。

瑞士人作风保守、谨慎,甚至也会露出顽固的一面,你得耐心等待。一旦对方决定买你的产品,几乎就会一直无限期买下去,很少中断。相反,如果对方说了"不",你也就别想让他改变主意了。遵守契约,诚实不阿,瑞士人堪称模范。

当你写信给一个瑞士公司时,信封上应只写该公司的名号,不要写主管个人的姓名。因为,如果该主管不在的话,这封信将无人敢拆,只有搁在一边了。瑞士商人对"老店号"较有信心,如果你的牌子老,别忘了在信封、信纸上处处注明设立的年份,效果一定出人意料得好。

5.英国(The United Kingdom of Great Britain and Northern Ireland)

英国是由大不列颠岛上的英格兰(England)、威尔士(Wales)和苏格兰(Scotland)以及爱尔兰岛东北部的北爱尔兰(Northern Ireland)以及一系列附属

---

① 李菁.国际商务文化与礼仪实践教程[M].北京:中国水利水电出版社,2013:173.

岛屿共同组成的一个西欧岛国。除本土之外,其还拥有十四个海外领地,总人口超过 6500 万,以英格兰人(盎格鲁-撒克逊人 Anglo-Saxon)为主体民族。

英国人彼此第一次认识时,一般都以握手为礼,随便拍打客人被认为是非礼的行为,即使在公务完结之后也如此;在英国经商,必须恪守信用,答应过的事情,必须全力以赴,不折不扣地完成。

英国人待人彬彬有礼,讲话十分客气,"谢谢""请""对不起"字不离口;很注意尊重妇女,"女士优先"已成为社会习惯。① 对英国人讲话也要客气,不论他们是服务员还是司机,都要以礼相待,请他们办事时说话要委婉,不要使人感到有命令的口吻,否则,可能会使你遭到冷遇。英国人的时间观念很强,拜会或洽谈生意,访前必须预先约定,准时很重要,最好提前几分钟到达。他们相处之道是严守时间,遵守诺言。如因故延误或临时取消约会,要设法用电话通知对方。英国人注意服装,穿着要因时而异。他们往往以貌取人,仪容态度尤须注意。②

英国商人并不喜欢长时间讨价还价。他们希望谈一两次便有结果。除了重要谈判,一般有一小时已足够。他们有时还利用午餐讨论业务。如果对方邀请可以参加。同英国人谈生意,讲究谈判的方法和策略。重要的业务谈判,要与公司的决策人物,如董事长、执行董事兼总经理商谈,而且要提前约见。英国人在商谈中讲究礼节,保持矜持,不过分流露感情,因此同英国人谈生意,要仪表整洁,谈吐文雅,举止端庄。

英国商人在商谈中既保守又多变,所以,要不卑不亢,把握火候,力争双方达成协议。有时在谈判中,商人突然改变自己的主意,特别是谈判后如果不及时签订合同,他会反悔已谈妥的条款。因此,抓住时机,及时签约是一个招数。

英国商人对建设性意见反映积极。英国人一般不善交际,但有时为了生意的需要,也做一些必要的应酬。而这种应酬,也显得保守古雅。

(二)美洲国家商务文化礼仪(Business Etiquette of American Countries)

1.美国(America)

美利坚合众国(The United States of America),简称美国,是由华盛顿哥伦比亚特区、50 个州和关岛等众多海外领土组成的联邦共和立宪制国家。美国面积 936 万平方千米,人口 3.2 亿,通用英语,是一个移民国家。

---

① 李菁.国际商务文化与礼仪实践教程[M].北京:中国水利水电出版社,2013:171.
② 蔡颖华.国际商务礼仪[M].北京:中国人民大学出版社,2014:107.

美国人与客人见面时,一般都以握手为礼。美国人大多信奉新教和罗马天主教,其次为犹太教、东正教、伊斯兰教,印度教和佛教只有少量信徒。美国人忌讳"13""星期五""3",认为这些数字和日期,都是厄运和灾难的象征;他们忌讳有人冲他们伸舌头,认为这种举止是污辱人的动作;他们讨厌蝙蝠,认为它是吸血鬼和凶神;美国人还有三大忌:一是忌有人问他们的年龄,二是忌问他们买东西的价钱,三是忌在见面时说:"你长胖了!";他们忌讳同性人结伴跳舞;忌讳黑色;特别忌讳赠礼带有你公司标志的便宜礼物;他们忌向妇女赠送香水、衣物和化妆用品;美国妇女因有化妆的习惯,所以他们不欢迎服务人员送香巾擦脸;他们不喜欢人在自己的餐碟里剩食物,认为这是不礼貌的。①

2.加拿大(Canada)

加拿大位于北美洲最北端,英联邦国家之一,素有"枫叶之国"的美誉,首都是渥太华(Ottawa)。领土面积为998万平方千米,位居世界第二。

在加拿大从事商务活动,首次见面一般要先做自我介绍,在口头介绍的同时递上名片。在商务活动中赠送礼品,最好赠送具有民族特色的、比较精致的工艺美术品。在正式谈判场合,衣着要整齐庄重。

3.墨西哥(Mexico)

墨西哥合众国(The United States of Mexico),简称墨西哥,为北美洲的一个联邦共和制国家,北部同美国接壤。其面积达近200万平方千米,为美洲面积第六大和世界面积第十三大的国家。其总人口超过1.2亿,为世界人口第十一大的国家,西班牙语世界第一人口大国及拉丁美洲第二人口大国。

墨西哥人在社交场合最常用的礼节是拥抱和握手。墨西哥人与熟人、亲戚朋友或情人之间相见,一般都惯以亲吻和拥抱为礼节。

墨西哥人绝大多数信奉天主教,另有少部分新教徒。墨西哥人忌讳"13""星期五",他们视公共场所出现"男子穿短裙女子穿长裤"为有失体面,认为"男子穿西服,女子穿长裙"才合情理;他们忌讳有人送给他们黄色的花和红色的花,认为黄色意味着死亡,红色花会给人带来晦气;他们忌讳蝙蝠及其图案和艺术造型,认为蝙蝠是一种吸血鬼,给人以凶恶、残暴的印象;他们忌讳紫色,认为紫颜色是一种不祥之色,只有棺材才涂这种颜色。

---

① 蔡颖华.国际商务礼仪[M].北京:中国人民大学出版社,2014:107.

(三)亚洲国家商务礼仪(Business Etiquette of Asian Countries)

1.日本(Japan)

日本位于东亚,国名意为"日出之国",领土由北海道、本州、四国、九州四个大岛及7200多个小岛组成,总面积37.8万平方千米。主体民族为大和族,通用日语,总人口约1.26亿。

日本人相互见面多以鞠躬为礼。他们在社交场合上也施握手礼。进入日本人的住家前应脱鞋,但若是西方式的住房就可以不必脱鞋。要准备交换商业名片。切不要以名字称呼日本人,只有家里人和非常亲密的朋友之间才以名字相称。在称呼对方"某某先生"时,就在他的姓氏后加上"San"字。无论是商务还是社交方面的约会,都应准时到达。日本商人经常邀请他们的商业伙伴赴宴,宴席几乎总是设在日本饭店或夜总会里,十分丰盛,往往要延续好几个小时。

在私人家里招待客人是难得的事。如果你真去日本人家里做客的话,那么按习惯,要给女主人带上一盒糕点或糖果,而不是鲜花。如果日本人送你礼物,要对他表示感谢,但要等他再三坚持相赠后再接受。收受礼物时要用双手接取。

2.韩国(Korea)

大韩民国(The Republic of Korea),简称韩国。位于东亚朝鲜半岛南部,总面积约10万平方千米(占朝鲜半岛总面积的45%),主体民族为朝鲜族,通用韩语。首都为首尔(旧称:汉城)。

韩国是一个礼仪之邦,特别是在与长辈握手时,要以左手轻置于其右手之上。按照韩国的商务礼俗,宜穿着保守式样的西装。商务活动、拜访必须预先约会。韩国人和外国人打交道时,总是准时的。宜持英文、朝鲜文对照的名片,可在当地速印。商界人士多通晓英语,老人多通晓汉语。决策均由最高层做出。进主人的屋子或饭馆要脱鞋。他们很重视业务交往中的接待,宴请一般在饭馆或酒吧间举行,他们的夫人很少在场。

无论在什么场合,韩国人都不大声说笑。韩国人对日常的礼节相当重视。当几个人在一起,要根据身份和年龄来排定座次。身份、地位、年龄都高的人排在上座,其他的人就在低一层的地方斜着坐下。男女同坐的时候,一定是男士在上,女士在下。

韩国人重视对交易对象的印象,从事商业谈判的时候,若能遵守他们的生活方式,他们对你的好感倍增。用餐时,不可边吃边谈。他们认为,吃饭的时候不能随便出声。

韩国人以其文化悠久为荣,相处时,宜少谈当地政治,多谈韩国的文化艺术。

3.印度(India)

印度共和国(The Republic of India),通称印度,南亚次大陆最大的国家,总面积约297.47万平方千米,人口约13.24亿。东北部同中国、尼泊尔、不丹接壤,孟加拉国夹在东北部国土之间,东部与缅甸为邻,东南部与斯里兰卡隔海相望,西北部与巴基斯坦交界。东临孟加拉湾,西濒阿拉伯海,海岸线长5560千米。

在印度,初次访问公司商号或政府机关,宜穿西服,并事先预约,尽量按时赴约。印度商人善于钻营,急功近利,图方便,喜欢凭样交易,洽谈中应多出示样品,广为介绍经济实惠的品种。商务谈判他们往往细细研究,费时较久。同时,在进行某种商业谈判时,他们会觉得钱较多的人,或是较受欢迎的人应该付钱买单。

4.新加坡(Singapore)

新加坡共和国(The Republic of Singapore),简称新加坡,旧称新嘉坡、星洲或星岛,别称为狮城,是东南亚的一个岛国,政治体制实行议会制共和制。新加坡还拥有深受传统及外界因素影响的四种官方语言(马来语、汉语、泰米尔语、英语)和多民族文化。

新加坡属于国际大都会,商场上基本遵循的是国际标准。即便如此,新加坡人在生意场上还是有以下几点讲究。首先是着装。新加坡地处赤道以北1°多一点,气候炎热潮湿。因此,不用穿夹克或西服,穿着精干的商务衬衫和裤子或裙子即可。如果不是太正式的见面,连领带都不用打。第一次与商业伙伴见面,握手就可以了。

商务名片在新加坡发挥着重要作用,人们初次见面几乎都要递上名片。礼貌的递法是名片内容正对对方,双手递上。接名片也要用双手,以示尊重。接过名片后,要稍微看一下,并在手里拿一会儿。会谈过程中,让名片正面朝上留在桌上。虽然大多数人不会介怀你把名片立刻放入口袋,但有些人可能会。所以,最好按以上步骤去做。某些办公场所和几乎所有的私人地方都会要求脱掉鞋子,这很正常。如果有这样的要求,那么应该脱掉鞋子放在门口。送礼物也要注意。应商务伙伴之邀参加社交聚会,象征性带瓶酒即可,如果主人因宗教原因不能饮酒,就带巧克力。

5.印度尼西亚(Indonesia)

印度尼西亚共和国(The Republic of Indonesia),通称印度尼西亚,简称印尼,是东南亚国家,首都为雅加达(Djakarta)。印尼与巴布亚新几内亚、东帝汶和马来西亚等国家相接。印尼由约 17 508 个岛屿组成,是马来群岛的一部分,也是全世界最大的群岛国家,疆域横跨亚洲及大洋洲,别称"千岛之国",也是多火山多地震的国家。面积较大的岛屿有加里曼丹岛、苏门答腊岛、伊里安岛、苏拉威西岛和爪哇岛。

印尼人在社交场合与客人见面时,一般以握手为礼。与熟人朋友相遇时,传统礼节是用右手按住胸口互相问好,也可以点点头。对男士一般称先生、女士称夫人。在普通场合,男人之间打招呼可称兄弟。商务交往一定要互送名片,否则会遭受到冷落。①

三、外国客户消费习惯(Consumption Customs of Foreign Clients)

消费习惯,是指消费主体在长期消费实践中形成的对一定事物具有稳定性偏好的心理表现。② 东西方国家有着不同的消费趋势和习惯,了解这些差异,有助于我们的贸易活动有的放矢。

(一)美国(America)

和产品的价格和包装相比,美国人更重视产品质量,产品质量的优劣是能否进入美国市场的关键。商品质量有缺陷,就只能放在商店的角落低价处理。其次,产品不但要质量好,也要包装精美,给人良好的视觉体验。

美国版图大,横跨三个时区,所以不同的买家上网采购的时间不同,为了提高卖家发布产品的关注率,卖家应积极总结,选择一个买家上网采购时间比较密集的时间段来发布产品。

每个季节都有一个商品换季的销售高潮,掌握季节的销售特点,有助于更好地销售商品。美国的大商场和超级市场的销售季节是:1—5 月为春季,7—9月为升学季,主要以销售学生用品为主;11—12 月为圣诞季,又是退税季节,所

---

① 李菁.国际商务文化与礼仪实践教程[M].北京:中国水利水电出版社,2013:159.
② 柯丽敏,洪方仁.跨境电商理论与实务[M].北京:中国海关出版社,2016:239.

以这个时候人们会添置很多生活用品,购买圣诞礼物,这两个月的美国市场是最为火爆的,所以卖家要好好利用这个时机进行节日营销。

（二）加拿大（Canada）

加拿大地处寒带,冬季长夏季短,所以对冬季服装的需求较大,比如羽绒服、滑雪服等。冰鞋、滑雪板等冰雪运动相关的器械需求量也大。虽然夏天不长,但加拿大人也会利用这个时间外出游玩。他们喜欢露营、登山、游泳、骑自行车、垂钓等,所以帐篷、运动鞋、游艇、帆船、山地车、渔具等在加拿大市场销路都较好。加拿大是美国跨境电商的重要市场之一,60%的加拿大人从美国网购。加拿大信用卡的使用率非常高,81%的在线支付都是使用信用卡,紧随其后的是 PayPal。①

此外,加拿大的宠物用品市场发展潜力巨大。里贾纳、萨斯卡通、本拿比、温莎市四个城市宠物玩具和零食的购买量最大。他们给狗买的用品比猫多,还有给兔子、鸟、仓鼠等购买玩具、食品和服装的。

（三）意大利（Italy）

意大利人与外商做交易的热情不高,他们更愿意与国内企业打交道,认为国内企业产品质量较高。所以,和意大利人做生意要有耐心,要让他们相信你的产品比他们国内生产的产品更好。

意大利的骑行行业跨境电商潜力巨大。2013—2014 年,跨境电商骑行行业热度持续上升,相关产品的搜索及销量大幅上涨。敦煌网的数据显示,自行车重点产品线为自行车零件、骑行服、自行车配件等。其中,销售额占比最大的是自行车零件产品,约为 46%,如车架、车轮、车把等;其次是骑行服,占 34%;而自行车配件的销售额仅占 10%。② 3D 打印机、童装、玩具等产品也颇受欢迎,在意大利跨境市场占比持续增加。

（四）巴西（Brazil）

巴西电子商务发展快,消费人群以女性为主,因此消费趋势主要为服装配饰、化妆品、手机等。该国女性喜欢的服装风格主要是休闲大气的欧美风,喜欢有色彩冲击并颜色搭配漂亮的产品。巴西人在消费方面重视售后服务和产品的耐用性。同时,他们喜欢包邮的产品。

① 柯丽敏,洪方仁.跨境电商理论与实务[M].北京:中国海关出版社,2016:240.
② 柯丽敏,洪方仁.跨境电商理论与实务[M].北京:中国海关出版社,2016:242.

巴西拥有超过 1 亿的互联网用户,智能手机的覆盖率达到 70.3%,手机购物在巴西逐渐成为主流,61% 的网民有过网购经验。巴西人购买东西后,如果产品质量好,会向朋友推荐,或者在 Facebook 上面分享。

巴西买家喜欢购买折扣商品和参加促销活动,所以可以抓住节假日进行有特色的促销活动。巴西用户的付款方式主要是信用卡支付,喜欢分期付款,约占交易总量的 80%。从厕纸到整容手术,几乎任何的东西在巴西都能通过分期付款进行购买。据统计,巴西家庭每月收入的 40% 要用来还分期付款的债。

Netshoes 是巴西本国最大的运动品牌零售网站,其 50% 的流量来自手机端,Netshoes 将优化手机端的购物体验作为产品的关键运营策略,如果打算拓展巴西市场,完善移动端的购物体验会有助于获得更多巴西用户。

(五)俄罗斯(Russia)

俄罗斯的冬天很冷,所以人在室外非常注重保暖,帽子、围巾、手套是必备品;女性还特别热衷购买动物皮毛的外套。所以在冬季热销的商品有帽子、手套、围巾、皮草长大衣、皮草短大衣等。俄罗斯人在家一定会换家居服,洗澡完会披浴袍,睡觉的时候又会穿上薄一点舒服一点的睡衣。所以家居产品热销的有家居鞋,家居衣和睡衣等。

运动是俄罗斯人生活的重要组成部分,他们会经常购买专门的运动服、运动鞋及配件,像跑步、游泳之类的产品。他们有度假的习惯,特别是年轻人和孩子,一般喜欢去海滩,所以会购买很多海滩上用的东西,像泳装、海滩上穿的衣服和沙滩鞋等。

俄罗斯女性一般都会打扮、化妆,所以对美容类产品的需求大,但是他们更喜欢购买有品牌的化妆品。

每年新年、妇女节、男人节、情人节,俄罗斯人都要送礼,这时候提供创意类的礼物非常对他们胃口。同时他们对初生的婴儿十分重视,有朋友生孩子也有送礼物的习惯。

问答题:

1.称谓礼仪主要包括哪几种称呼方式?

2.介绍的顺序是什么?

3.打电话和接电话应注意什么?

4.亚洲主要国家的文化与商务礼仪有哪些主要差异和共同之处?

5.简述美国买家的消费习惯。

参考文献

［1］蔡颖华.国际商务礼仪［M］.北京:中国人民大学出版社,2014.

［2］柯丽敏,洪方仁.跨境电商理论与实务［M］.北京:中国海关出版社,2016.

［3］李菁.国际商务文化与礼仪实践教程［M］.北京:中国水利水电出版社,2013.

［4］THOMAS M.England's Treasure by Foreign Trade［M］.Boston:Adamant Media Corporation,2005.

第二节 外贸单证和国际结算方式
(Foreign Trade Documents and Mode of International Settlement)

一、外贸单证(Foreign Trade Documents)

（一）外贸单证的含义和分类(Meaning and Classification of Foreign Trade Documents)

外贸单证,就是进出口业务中应用的单据、文件与证书,买卖双方凭借这些单据、文件与证书来处理货物的交付、运输、保险、商检、报关、结汇等工作。在国际贸易中,由于买卖双方相对遥远,"银货两讫"的结算方式不能满足交易的需求,双方商品的买卖往往表现为单据的买卖,即借助于单据来处理货物的交付、运输、商检、保险、报关、结汇等。①

在国际贸易中,外贸单证起着非常重要的作用,它贯穿于进出口企业的外销、进货、运输、收汇的全过程。例如,运输单据代表货物所有权的归属,保险单据是货物在运输过程中一旦发生损坏灭失可以获得相应经济补偿的依据,各种商检证明是保障货物品质、规格、数量、质量的官方或非官方凭证,产地证是证明货物的原产地并凭此享受差别优惠关税的依据等。

---

① 金晓宸.外贸单证实务［M］.北京:机械工业出版社,2017:1.

信用证下的单据可以分为四大类：

1.运输单据(Transport Documents)，包括海运提单、海运单、航空运单、铁路运单、货物承运收据和多式联运单等。

2.保险单据(Insurance Documents)，包括保险单、保险凭证、预报单等。

3.商业发票(Commercial Invoice)。

4.其他单据，包括装箱单、重量单和各种证明。

（二）备货相关单证(Documents Concerned with Stocking)

1.发票(Invoice)

发票是商业发票(Commercial Invoice)的简称，是卖方(出口商)向买方(进口商)开具的载有交易货物名称、数量、价格等内容的总清单。[①] 外贸的"发票"概念和国内的财务发票完全不同，不能将两者混淆。发票格式不拘，但必须包括上述要素，并全名落款。发票必须注明一个发票号码(自己拟定)和出票时间。可以按照需要一式几份；由若干正本和副本组成的，应注明"ORIGINAL""COPY"字样。发票的末端通常有 E.&O.E.字样，意为"有错当查"，即此份发票如有错漏允许更改。

A commercial invoice is a document used in foreign trade. It is used as a customs declaration provided by the person or corporation that is exporting an item across international borders. Although there is no standard format, the document must include a few specific pieces of information such as the parties involved in the shipping transaction, the goods being transported, the country of manufacture, and the Harmonized Tariff System codes for those goods. A commercial invoice must also include a statement certifying that the invoice is true, and a signature.[②]

一般来说，发票的首文部分包括发票名称、号码、出票日期和地点、抬头人、合同号、运输线路等。本文部分包括货物描述、唛头、单价、数量、总金额等。结文部分包括有关货物产地等各种证明句、制作人签章等。以下为发票样单：

---

① 金晓宸.外贸单证实务[M].北京:机械工业出版社,2017:25.
② 陈鑫,赵加平.报关与国际货运专业英语[M].天津:天津大学出版社,2012:137.

表6.1 发票样单

绍兴四叶草纺织品有限公司① SHAOXING SAMLLFOUR TEXTILECO,LTD. 8/F,NO.15,GLOD ROAD,CHANGNING,SHANGHAI,CHINA				
COMMERCIAL INVOICE②				
To：	SUNSHINECO.,LTD.③ 07/63 HO HOCLAM STREET, AN LAC WARD, BINH TAN DISRICT, HOCHIMINH CITY,VIETNAM.	INVOICE NO.：		SF20170088④
		INVOICE DATE：		July 21,2017⑤
		CONTRACT NO.：		25BD6892⑥
		L/C NO.：		KEL2642⑦
		TERMS OF PAYMENT：		L/C AT SIG HT⑧
FROM SHANGHAI,CHINA TO HOCHIMINH,VIETNAM⑨				
MARKS AND NUMBERS⑩	DESCRIPTION OF GOODS⑪	QUANTITIES ⑪	UNIT PRICE⑫	AMOUNT⑫
ORDER NO.：0087 COLOR： MADE IN CHINA	FOB SHANGHAI,CHINA 100% COTTON DYED FABRRIC WITHTH 57/58" WEIGHT：166G/M	25000YDS	USD2.0/YD	USD50000.00
TOTAL：		250000YDS		USD50000.00
TOTAL：SAY U.S.DOLLARS FIFTY THOUSAND ONLY⑫ WE HEREBY CERTIFY THAT THE INVOICEIS TRUE AND CORRECT.⑬				
			绍兴四叶草纺织品有限公司 SHAOXING SAMLLFOUR TEXTILECO,LTD.	

①出口商名称与地址(Exporter's Name and Address)

一般情况下,出票人就是出口公司,制作时在发票的顶端必须有醒目的出口商的中英文名称和详细地址。很多企业通常采用印刷空白发票,或在电脑制单时就印刷这些内容。

②发票名称

发票名称必须醒目地标出"COMMERCIAL INVOICE"或"INVOICE"。

③发票抬头人名称和地址(Addressee's Name and Address)

当采用信用证支付方式时,如果信用证上有指定抬头人,则根据来证要求制单,否则,在一般情况下抬头人填写成开证申请人(进口商)的名称和地址。如果支付方式为汇款或托收时,发票抬头人为合同买方的名称和地址。

④发票号码(Invoice No.)

发票号码由出口商根据本公司的实际情况统一编制。

⑤发票日期(Invoice Date)

在所有结汇单据中,发票是签发日期最早的单据,该日期可以早于开证日期,但不能迟于信用证有效期及交单日期。

⑥合同号码(Contract No.)

合同是一笔业务的基础,内容完善的发票应包含合同号。合同号应与信用证上列明的一致。

⑦信用证号码(L/C No.)

采用信用证支付方式时,参照信用证填写信用证号码。如采用其他方式支付时,此项不用填写。

⑧支付方式(Terms of Payment)

填写该笔业务的付款方式,如 L/C、T/T。

⑨起运地和目的地(From …To…)

该栏目为非必需栏目,可以省略。如不省略,填写货物实际的起运港(地)、目的港(地)以及运输方式。

⑩唛头(Marks)

发票的唛头应按信用证或合同的规定填写,并与提单中的唛头保持严格一致。

⑪货物描述(Description of Goods)

货物描述主要包括商品的名称、规格、数量、重量、包装及尺码等。

⑫单价、总值及贸易术语(Unit Price、Total Amount & Trade Terms)

价格内容是发票的主要项目,在发票中分别由两个栏目表示:单价(Unit Price)和总额(Amount)。

⑬发票上加注各种证明(Certification)

国外来证时有时要求在发票上加注各种费用金额、特定号码、有关证明句,一般可将这些内容打在发票商品栏以下的空白处,比如"We hereby certify that the content of invoice herein are true and correct"(兹证明发票的内容正确真实)。

⑭出单人签名或盖章(Name of Beneficiary and Signature)

商业发票只能由信用证中规定的受益人出具,除非信用证另有规定。如果以影印、自动或电脑处理或复写方法制作的发票,作为正本者,应在发票上注明"正本"(ORIGINAL)字样,并由出单人签字。如果信用证没有规定,用于对外收汇的商业发票不需要签署(但用于报关、退税等国内管理环节的发票必须签署),如来证规定"SIGNED COMMERICAL INVOICE…",则必须签署。签名在无手签要求的情况下,可以使用印鉴,但若来证要求"MANUALLY SIGNED",则必须手签。对墨西哥、阿根廷出口,即使信用证没有规定,也必须手签。

2.形式发票(Proforma Invoice)

形式发票是指纯为形式的、无实际意义的发票。① 它样式近似商业发票,几乎可以直接把商业发票拿过来,标题改为"PROFORMA INVOICE"即可。形式发票的用处类似于单方面合同,作为报价和确定交易的工具。一些国家的客户喜欢"确认形式发票"的形式作为合同。因此,除了和商业发票相同的内容外,还可以根据需要在空白处以"REMARK"加注的形式增加条款,比如交货期等,以进一步落实交易。此外,对于那些需要进口许可或外汇使用额度的交易,客户也需要形式发票来做前期申请。在采用国际快递寄送货物的时候,也需要附上形式发票,作为快递公司统一报关计用。

3.海关发票(Customs Invoice)

海关发票,是应进口商海关要求,由出口商填制的特定格式的发票,进口商凭此向海关办理进口报关、纳税等手续。海关发票也被称为价值与原产地联合证明书(Combined Certificate of Value and Origin),或证实发票(Certified Invoice)等。它的基本内容同普通的商业发票类似,其格式一般由进口国海关统一制定并替代,主要是用于进口国海关统计、核实原产地、查核进口商品价格的构成等。就目前而言,主要有美国、加拿大、新西兰、尼日利亚、加纳、赞比亚、肯尼亚和牙买加等国家要求提供海关发票。其格式可在各国海关的官方网站上下载。

4.领事发票(Consular Invoice)

领事发票是由进口国驻出口国的领事出具的一种特别印就的发票。这种

---

① 金晓宸.外贸单证实务[M].北京:机械工业出版社,2017:37.

发票证明出口货物的详细情况,为进口国用于防止外国商品的低价倾销,同时可用作进口税计算的依据,有助于货物顺利通过进口国海关。出具领事发票时,领事馆一般要根据进口货物价值收取一定费用。这种发票主要为拉美国家所采用。

5.装箱单(Packing List)

装箱单,又称包装单,俗称花色码单,主要用于说明货物的包装情况,如品名、数量、包装方式、毛重、体积。它的主要用途是作为海关验货、公证行核对进口商提货点数的凭证。装箱单还可以作为商业发票补充文件,来补充说明各种不同规格货物所装的箱号及各箱的重量、体积、尺寸等内容。样式与发票相仿,只是不需要注明货物价值。通常也需要若干正本和副本。

The packing list is an extension of the commercial invoice, as such it looks like a commercial invoice. Customs uses the packing list as a check-list to verify the outgoing cargo(in exporting) and the incoming cargo(in importing). The importer uses the packing list to inventory the incoming consignment. The exporter or his/her agent—the custom broker or the freight forwarder reserves the shipping space based on the gross weight or the measurement shown in the packing list.[①]

(三)国际货物运输单据(Documents Concerned with International Cargo Transportation)

提单(Bill of Lading)是货物交付货运公司以后,由货运公司出具的证明,用以代表物权,以及在目的地提货。每个船运公司都有自己式样的提单,但内容则大同小异。提单是最核心单证,某种意义上就是货物的代表,货款的价值。根据运输方式的不同,分为空运提单(Air Way Bill,简称 AWB)和海运提单(Ocean Bill of Lading,简称 B/L)及其他。但实务中以海运提单最为常见,空运提单次之。

The Bill of Lading is the central document of a sea export transaction. The shipper fills the form provided by the shipping company as soon as he has all the details of the goods. Then he sends the Bill to the ship where an officer of the shipping company checks that the goods are in good order and condition and signs the Bill when the goods are loaded over the ship's rail. The Bill must be in the hands of the shipping

---

① 陈鑫,赵加平.报关与国际货运专业英语[M].天津:天津大学出版社,2012:138.

company or their agents by the time the consignment is ready to be loaded.①

提单由货运公司根据发货人提供的发货人姓名和收货人地址、目的地、货物描述等相关数据来填制,经发货人确认无误后签章出具。一般三正三副,任何一份正本均可提货。一经提货,其余两份即告失效。为防止提单在传递过程中遗失,如果客户没有指明要求的话,可以只给客户一份或两份正本。除了提单上的固定栏目外,海运提单在签发的时候还必须加注"上船时间"(ON BOARD DATE)字样,这是计算实际交货期的标准。

(四)保险单据(Insurance Documents)

保险单是保险人根据投保人或被保险人的要求,表示已经承诺保险责任而出具的凭证,也是保险人与投保人之间的正式合同,其效力随着货物安全抵达目的地即告终止。② 保险单据包括保险单(Insurance Policy)、保险凭证(Insurance Certificate)、预约保险单(又称开口保单,Open Cover)、保险批单(Endorsement)和暂保单/承保条(Cover Note/Slip)等。

1.保险单

为防范国际货物运输中可能发生的毁损,对一些价值较高的货物,贸易商通常会办理保险。保险单俗称"大保单",是正式的保险单据。

保险公司根据投保的险种开具保险单,作为货物单据之一。海运货物保险的险别,分为基本险别和附加险别两类。

(1)基本险别有平安险(Free from Particular Average,F.P.A)、水渍险(With Average or With Particular Average,W.A or W.P.A)和一切险(All Risk,A.R.)三种。

①平安险的责任范围:被保货物在运输过程中,由于自然灾害造成整批货物的全部损失或推定全损。由于运输工具遭受意外事故,货物在此前后又在海上遭受自然灾害落海造成的全部或部分损失。在装卸或转运时,由于一件或数件货物落海造成的全部或部分损失。被保人对遭受承保范围内的货物采取抢救、防止或减少货损的措施而支付的合理费用,但以不超过该批被救货物的保险金额为限。运输工具遭难后,在避难港由于卸货所引起的损失以及在中途港、避难港由于卸货、存仓以及运送货物所产生的特别费用。共同海员的牺牲、分摊和自救费用。运输合同订有"船舶互撞责任条款",根据该条款规定应由货

---

① 陈鑫,赵加平.报关与国际货运专业英语[M].天津:天津大学出版社,2012:126.
② 金晓宸.外贸单证实务[M].北京:机械工业出版社,2017:81.

方偿还船方的损失。

②水渍险的责任范围:除平安和水渍险的各项责任外,还负责被保货物由于自然灾害造成的部分损失。

③一切险的责任范围:除平安险和水渍险的各项责任外,还负责被保货物在运输途中由于一般外来原因所造成的全部或部分损失。①

(2)附加险别是基本险别责任的扩大和补充,它不能单独投保,附加险别有一般附加险和特别加险。一般附加险有 11 种,它包括:偷窃、提货不着险(Theft,Pilferage and Nondelivery——T.P.N.D),淡水雨淋险(Fresh Water and/or Rain Damage),短量险(Risk of Shortage in Weight),渗漏险(Risk of Leakage),混杂、玷污险(Risk of Intermixture and Contamination),碰损、破碎险(Risk of Damage and breakage),串味险(Risk of Odour),受潮受热险(Sweating and Heating),钩损险(Hook Damage Risk),包装破裂险(Breakage of Packing Risk),锈损险(Risk of Rust)。特殊附加险包括:交货不到险(Failure to Deliver Risk),进口关税险(Import Duty Risk),舱面险(On Deck Risk),拒收险(Rejection Risk),黄曲霉素险(Aflatoxin Risk),卖方利益险(Seller's Contingent Risk),出口货物到港九或澳门存仓火险责任扩展条款,罢工险(Fire Risk Extention Clause for Storage of Cargo of Destination Hongkong Including Kowloon,or Macao),海运战争险(Ocean Marine Cargo War Risk)等。

投保的时候,投保金额一般是 CIF 价格加上 10% 的加成。保险费的计算公式为:

保险金额=CIF 货值×(1+加成率)

不必先算保险费,可以直接根据已知的 CNF 价格换算 CIF 即是:

CIF=CFR/[1-保险费率×(1+加成率)]

实际操作中,如果货值不大,例如在 2000 美金以下的,一般做简易处理,统一收取 100 元人民币左右作为保险费。

2.保险凭证

保险凭证俗称"小保单",是一种简化的保险单据,其背面是空白的,没有列入保险条款。但其他内容与保险单基本一致,且与其具有同样的法律效力。一般来说,如果来证要求提供保险单,不能提供保险凭证。如果来证要求提供保险凭证,则可以提供保险单。

---

① 俞涝,朱春兰.外贸单证[M].杭州:浙江大学出版社.2004:114.

3.预约保险单

预约保险单也叫开口保险单、"敞口保单"，是保险公司承保被保险人在一定时期内发运的，以 CIF 价格条件成交的出口货物或以 FOB CFR 价格条件进口货物的保险单。

预约保险单载明保险货物的范围、承保险别、保险费率、每批运输货物的最高保险金额以及保险费的计算办法。在实际业务中，一般是在每批货物装运后，由被保险人向保险公司或进口商发出"保险声明"（Insurance Declaration）或装运通知（Shipment Advice），其上列明货物的详细情况，包括品名、数量、重量、金额、运输工具、运输日期以及信用证中的预约保险单号码，直接通知保险公司和进口商，并以其作为正式保单生效的依据。

4.保险批单

保险批单是指保险人签发的同意被保险人要求变更保险单内容的书面文件，一般附贴在原保险单或保险凭证上。根据法律规定，在保险合同有效期内，合同双方可以通过协商来变更保险合同的内容。变更方式有三种：一是另行签订书面协议；二是在原保险单或保险凭证上加批注；三是在保险单或保险凭证上附贴批单。在保险合同中，批单具有和保险单同等的法律效力。

（五）商检证书、质量证、重量证、卫生证等（Inspection Certificate of Quantity, Weight, Health, etc.）

根据产品的不同，根据国家规定或按照客户需求、行业习惯，部分商品出口必须经过国家检验检疫局强制检验并出具检验证书。根据检验项目的不同分为质量证、重量证、卫生证等。出口必须检验的商品，厂商须先经过商检局备案登记。出口前，填制商品检验申请单（在商检局那里取得），将该商品的样品送至商检局检验。检验合格后，商检机关出具商品检验放行单，凭放行单方可报关出口。

实际上，很多商品的常规检验都包含了质量、重量、卫生、重金属等检测项目，至于检验证书的名称是什么，则可根据客户的要求选择。即证书内容一样，标题不同罢了。

（六）汇票（Bill of Exchange, Draft）

汇票是由出票人签发的，要求付款人在见票时或在一定期限内，向收款人或持票人无条件支付一定款项的票据。[①] 汇票是国际结算中使用最广泛的信用

---

① 金晓宸.外贸单证实务［M］.北京：机械工业出版社，2017：111.

工具。

按照不同的划分标准,汇票可以分为以下几种:

1.按出票人的不同可以分为银行汇票、商业汇票。

银行汇票(Banker's Draft)是出票银行签发的,由其在见票时按照实际结算金额无条件支付给收款人或持票人的票据。银行汇票的出票行是银行汇票的付款人。

商业汇票(Commercial Draft)是由出票人为企业法人、公司、商号或者个人,付款人为其他商号、个人或者银行签发的汇票。

2.按有无附属单据可以分为光票汇票、跟单汇票。

光票汇票(Clean Draft)本身不随附货运单据,银行汇票多为光票。

跟单汇票(Documentary Draft)又称信用汇票、押汇汇票,是需要附带提单、仓单、保险单、装箱单、商业发票等单据,才能进行汇款的汇票。

3.按付款时间可以分为即期汇票、远期汇票。

即期汇票(Sight Draft,Demand Draft)是指持票人向付款人提示后对方立即付款,又称见票即付汇票。

远期汇票(Time Draft,Usance Draft)是在出票一定期限后或特定日期付款的汇票。

4.按承兑人不同可以分为商业承兑汇票、银行承兑汇票。

商业承兑汇票(Commercial Acceptance Bill)是以银行以外的任何商号或个人为承兑人的远期汇票。

银行承兑汇票(Banker's Acceptance Bill)是以银行为承兑人的远期汇票。

5.按流通地域不同可以分为国内汇票、国际汇票。

国内汇票(Inland Bill 或 Domestic Bill)是指在本国签发并在本国支付的汇票,亦即在本国范围内流通的汇票,是不具有涉外因素的汇票。

国际汇票(International Bill of Exchange)又称"国外汇票",是指汇票签发和付款行为发生于国外,或者汇票转让行为涉及不同国家的汇票。

二、国际结算方式(**Modes of International Settlement**)

以一定的条件实现国际货币收付的方式称为国际结算方式。在国际贸易中,进出口商要将商定采用的结算方式列入合同的支付条款中并予以执行。经办银行应客户的要求,在某种结算方式下,以票据和各种单据作为结算的重要凭证,最终实现客户委办的国际债权债务的清偿。① 国际结算方式主要包括汇款、托收、信用证、保付代理、担保业务、包买票据等类型。

（一）汇款（Remittance）

汇款又称汇付,是银行（汇出行）应汇出人的要求,以一定的方式将款项通过国外联行或代理行（汇入行）交付收款人的结算方式。② 按照汇款使用的支付工具不同,可分为电汇、信汇、票汇三种。

1.电汇（Telegraphic Transfer,T/T）

电汇是汇出行根据汇款人的申请,通过加押电传或环球银行间金融电讯网络（SWIFT）方式,指示汇入行付款给收款人的一种汇款方式。其特点是:交款迅速、安全便利、费用高,通常适用金额较大的汇款或急用的汇款。T/T 成本低,但风险大,生意虽然做成了,可一旦发生贸易纠纷,由于结算方式上的缺陷,往往造成钱货两空的境地。

2.信汇（Mail Transfer,M/T）

信汇是汇出行应汇款人的申请,用航空信函指示汇入行解付一定金额给收款人的汇款方式。信汇业务的程序与电汇程序基本相同,差别是汇出行应汇款人的申请,以信汇委托书（M/T Advice）或支付委托书（Payment Order）作为结算工具,通过航空邮寄至汇入行,委托其解付。信汇的主要特点是:费用低廉;速度较慢,收款时间较长;资金可被银行短期占用。目前,信汇在大多数发达国家和新兴市场国家已经逐渐被淘汰。

3.票汇（Remittance by Banker's Demand Draft,D/D）

票汇,是汇出行应汇款人的申请,代其开立以汇入行是付款人的银行即期汇票,并交还汇款人,由汇款人自寄或自带给国外收款人,由收款人到汇入行凭票取款的汇款方式。票汇的主要特点是:取款灵活;票汇中的汇票可代替现金流通;票汇是由汇款人自己将汇票寄给收款人或自己携带出国,并根据收款人的方便,在有效期内随时到银行取款;票汇的汇入行无须通知收款人取款,由收款人持汇票登门自取。

---

① 庞红,尹继红,沈瑞年.国际结算［M］.北京:中国人民大学出版社,2016:4.
② 庞红,尹继红,沈瑞年.国际结算［M］.北京:中国人民大学出版社,2016:60.

（二）托收（Collection）

托收是银行根据委托人的指示处理金融单据或商业单据,目的是取得承兑或付款,并在承兑或付款后交付单据的行为。简单来说托收是指债权人（出口人）出具债权凭证（汇票等）委托银行向债务人（进口人）收取货款的一种支付方式。

1.光票托收（Clean Collection）

光票托收是指不附带任何货运单据的票据,而只附有"非货运单据"（发票、垫付清单等）。这种结算方式多用于贸易的从属费用、货款尾数、佣金、样品费的结算和非贸易结算等。

光票托收有三个要素:日期、金额、印鉴;有三个基本关系人:出票人、付款人、受益人。出票人签发票据给受益人,指示付款人向其指定的受益人（收款人）支付一定金额的款项。受益人将票据提交当地银行,当地银行作为受托银行接受票据受益人的委托,向异地的付款行收款。如果受托行与付款行没有建立直接账户,则委托其国外联行或代理行代为向付款行收款,这个过程为光票托收。

2.跟单托收（Documentary Bill for Collection）

跟单托收是随附货运单据的托收,它是指银行受出口商委托,凭汇票、发票、提单、保险单等商业单据向进口商收取货款的结算方式。跟单托收有两种不同的交单方式,即付款交单和承兑交单。

（1）付款交单（Documents Against Payment,D/P）

付款交单是委托人指示托收行、代收行在付清托收款项后将单据交给付款人。付款交单都是见票即付。在实际工作中,付款交单又分为两种:

一种是即期付款交单（D/P at Sight）,即当跟单汇票寄达进口方所在国的代收行后,由代收行向进口方提示,经后者审单无误后即付款赎单,货款与货运单据随之易手,此项托收业务即告完成。

另一种是远期付款交单（D/P XX Days After Sight）,是付款人在审单无误后应向代收行确定到期的日期和付款的承诺,单据只能在到期付款后交给付款人。

（2）承兑交单（Documents Against Acceptance,D/A）

委托人指示托收行、代收行在付款人审单后接受单据时,由付款人在汇票上按远期天数承兑,代收行审查承兑手续齐全后留下汇票,单据交给付款人,已承兑的汇票是否退给托收行,按委托书规定而定。

承兑交单的风险是在买方未付款之前,即可取得货运单据,凭以提取货物。一旦买方到期不付款,出口方便可能银货两空。因而,出口商对采用此种方式应持严格控制的态度。

（三）信用证（Letter of Credit,L/C）

信用证方式是银行信用介入国际货物买卖价款结算的产物。它的出现不仅在一定程度上解决了买卖双方之间互不信任的矛盾,而且还能使双方在使用信用证结算货款的过程中获得银行资金融通的便利,从而促进了国际贸易的发展。因此,被广泛应用于国际贸易之中,成为当今国际贸易中的一种主要的结算方式。

1.跟单信用证和光票信用证（Documentary Credit and Clean Credit）

根据信用证项下汇票是否附有货运单据,可分为:跟单信用证和光票信用证。跟单信用证是指凭跟单汇票或代表物权的商业票据付款的信用证。国际结算中使用的信用证绝大部分是跟单信用证。光票信用证,是指凭不附单据的汇票付款的信用证。

2.可撤销信用证和不可撤销信用证（Revocable Credit and Irrevocable Credit）

根据开证行对信用证的责任,可分为:可撤销信用证和不可撤销信用证。

可撤销信用证是指开证行对所开信用证不必征得收益人同意即有权随时撤销的信用证。当然,倘若通知行在接到通知前,已经议付了信用证,开证行仍应负责偿付。

不可撤销信用证,是指信用证一经开出,在有效期内,未经信用证各有关当事人同意,开证行不得修改或撤销的信用证。

3.即期信用证、延期付款信用证、承兑信用证（Sight Credit,Deferred Payment Credit and Acceptance Credit）

根据 UCP500 的规定,按使用信用证金额的不同方式,一切信用证均表明它适用于即期付款、延期付款、承兑或议付。

即期信用证,是指开证行或付款行收到符合信用证条款的单据后,立即履行付款义务的信用证。

延期付款信用证,是指信用证规定货物装船后若干天付款,或开证行见单后若干天付款的信用证。延期付款信用证一般不需要汇票。

承兑信用证要求受益人开立以指定银行为付款人的远期汇票,连同规定单据向指定银行做交单,该行确认汇票和单据表面合格后,即收下单据并将已承兑的汇票交还给受益人（或受益人的委托银行）,负责到期付款。承兑行可以是开证行,也可以是开证行指定的其他银行,如付款行、保兑行和通知行等。①

4.可转让信用证、不可转让信用证和背对背信用证

可转让信用证(Transferable Credit),是指在受益人的要求下,信用证的全部或部分可以转让给第二受益人的信用证。信用证转让后,由第二受益人办理交货,但原受益人仍须负买卖合同上卖方的责任。

不可转让信用证(Non-transferable Credit),是指受益人不能将信用证权利转让给他人的信用证。除非明确注明"可转让"(transferable),否则即为不可转让信用证。

背对背信用证(Back to Back Credit)又称对背信用证,是指一张信用证的受益人以这张信用证为保证,要求该证的通知行或其他银行在该证的基础上,开立一张以本地或第三国的实际供货人为受益人的新证,这张新证就是背对背信用证,它是一种从属性质的信用证。

问答题:

1.常见的外贸单证有哪些?

2.商业发票应包含哪些内容?

3.常见的国际结算方式有哪些?

4.简述汇款的种类。

参考文献

[1]陈鑫,赵加平.报关与国际货运专业英语[M].天津:天津大学出版社,2012.

[2]金晓宸.外贸单证实务[M].北京:机械工业出版社,2017.

[3]庞红,尹继红,沈瑞年.国际结算[M].北京:中国人民大学出版社,2016.

[4]俞涔,朱春兰.外贸单证[M].浙江:浙江大学出版社,2004.

---

① 庞红,尹继红,沈瑞年.国际结算[M].北京:中国人民大学出版社,2016:127-129.

第三节 通关
（Customs Clearance）

一、报关（Customs Declaration）

（一）报关的含义（Definition of Customs Declaration）

报关——进出境运输工具负责人、进出境货物收发货人、进出境物品的所有人或者其他代理人向海关办理运输工具、货物、物品进出境手续及相关手续的全过程。

其中，进出境运输工具负责人、进出境货物收发货人、进出境物品的所有人为报关行为的承担者，是报关的主体，即报关人。所以，报关人既包括法人和其他组织，也包括自然人。例如，进出口企业、报关企业即属于报关法人；物品的所有人即是报关自然人。报关的对象是进出境运输工具、货物和物品。报关的内容是办理运输工具、货物、物品进出境手续及相关手续。[①]

表6.2 报关手续申请

报关	主体	报关自然人——物品的所有人 报关法人——进出口企业、报关企业
	对象	进出境运输工具、货物和物品
	内容	办理运输工具、货物、物品进出境手续及相关手续

（二）报关的范围（Scopes of Customs Declaration）

按照法律规定，所有进出境运输工具、货物、物品都需要办理报关手续。报关的具体范围如下：

---

① 李秀华.国际物流报关与报检[M].北京:清华大学出版社,2013:2.

表6.3　报关手续范围表

报关的范围	(1)进出境运输工具	用以载用人员、货物、物品进出境,并在国际运营的各种境内或境外船舶、车辆、航空器和驮畜等。
	(2)进出境货物	一般进出口货物、保税货物、暂准进出境货物、特定减免税货物,过境、转运和通用及其他进出境货物。
	(3)进出境物品	进出境的行李物品、邮递物品和其他物品,以进出境人员携带、托运等方式进出境的物品为行李物品;以邮递方式进出境的物品为邮资物品;其他物品主要包括享有外交特权和被豁免的外国机构或者人员的公务用品或自用物品,以及通过国际速递进出境的部分快件等。

（三）报关的分类（Classifications of Customs Declaration）

1.按照报关的对象分类

按照报关的对象,可以分为运输工具报关、物品报关和货物报关。

2.按照报关的目的分类

按照报关的目的,可以分为进境报关和出境报关。

由于海关对运输工具、货物、物品的进境和出境有不同的管理要求,运输工具、货物、物品根据进境或出境的目的分别形成了一套进境报关和出境报关手续。

另外,由于运输或其他方面的需要,有些海关监管货物需要办理从一设关地点至另一设关地点的海关手续,在实践中产生了"转关"的需要,转关货物也需办理相关的报关手续。

3.按照报关的行为性质分类

（1）自理报关

自理报关——进出口货物收发货人自行办理报关业务。根据我国海关目前的规定,进出口货物收发货人必须依法向海关注册登记后方能办理报关业务。

（2）代理报关

代理报关——接受进出口货物收发货人的委托,代理其办理报关手续的行为。我国海关法律把有权接受他人委托办理报关业务的企业称为报关企业。

报关企业必须依法取得报关企业注册登记许可,并向海关注册登记后才能从事代理报关业务。

表 6.4 代理报关手续注册登记表

报关的分类	按照对象分类	运输工具报关 物品报关 货物报关
	按照目的分类	进境报关 出境报关
	按照行为性质分类	自理报关 代理报关

二、一般进出口货物的报关(Declaration of General Import and Export Goods)

(一)一般进出口货物的含义(Definition of General Import and Export Goods)

一般进出口货物是一般进口货物和一般出口货物的合称,是指在进出境环节缴纳了应征的进出口税费并办结了所有必要的海关手续,海关放行后不再进行监管,可以直接进入生产和消费领域流通的进出口货物。[①]

(二)一般进出口货物的三个特征:交税、交证、放行即结关

1.进出境时缴纳进出口税费(交税)

一般进出口货物的收发货人应当按照《海关法》和其他有关法律、行政法规的规定,在货物进出境时向海关缴纳应当缴纳的税费。

2.进出口时提交相关的许可证件(交证)

货物进出口应受国家法律、行政法规管制的,进出口货物收发货人或其代理人应当向海关提交相关的进出口许可证件。

3.海关放行即办结了海关手续(放行即结关)

海关征收了全额的税费,审核了相关的进出口许可证件,并对货物进行实际查验(或做出不予查验的决定)以后,按规定签章放行。这时,进出口货物收发货人或其代理人才能办理提取进口货物或者装运出口货物的手续。

---

① 李秀华.国际物流报关与报检[M].北京:清华大学出版社,2013:28.

对一般进出口货物来说,海关放行就意味着海关手续已经全部办结,海关不再监管,可以直接进入生产和消费领域流通。

(三)一般进出口货物的范围(the Scopes of General Import and Export Goods)

实际进出口货物,除特定减免税货物外,都属于一般进出口货物的范围.主要包括:

1.一般贸易进口货物;

2.一般贸易出口货物;

3.转为实际进口的保税货物、暂准进境货物或转为实际出口的暂准出境货物;

4.易货贸易、补偿贸易进出口货物;

5.不批准保税的寄售代销贸易货物;

6.承包工程项目实际进出口货物;

7.外国驻华商业机构进出口陈列用的样品;

8.外国旅游者小批量订货出口的商品;

9.随展览品进境的小卖品;

10.免费提供的进口货物,如:外商在经济贸易活动中赠送的进口货物,外商在经济贸易活动中免费提供的试车材料等,我国在境外的企业、机构向国内单位赠送的进口货物。

(四)一般进出口货物的基本报关程序(Basic Customs Declaration Procedures of General Import and Export Goods)

一般进出口货物的报关程序由 4 个环节构成,如图 6.1。

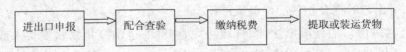

图 6.1　一般进出口货物报关流程图

1.进出口申报(Import and Export Declaration)

(1)申报的含义(Definition of Declaration)

申报——进出口货物收发货人、受委托的报关企业,依照《海关法》以及有关法律、行政法规的要求,在规定的期限、地点,采用电子数据报关单和纸质报关单形式,向海关报告实际进出口货物的情况,并接受海关审核的行为。

（2）申报地点（Place of Declaration）

进口货物应当由收货人或其代理人在货物的进境地海关申报；出口货物应当由发货人或其代理人在货物的出境地海关申报。

经收发货人申请，海关同意后，进口货物的收货人或其代理人可以在设有海关的货物指运地申报，出口货物的发货人或其代理人可以在设有海关的货物起运地申报。

（3）申报日期（Date of Declaration）

申报日期是指申报数据被海关接受的日期。进出口货物收发货人或其代理人的申报数据自被海关接受之日起，其申报的数据就产生法律效力，即进出口货物收发货人或其代理人应当向海关承担"如实申报""如期申报"等法律责任。因此，海关接受申报数据的日期非常重要。

先以电子数据报关单申报而后提交纸质报关单的，或者仅以电子数据报关单方式申报的，申报日期为海关计算机系统接受申报数据时记录的日期。该日期将反馈给原数据发送单位，或者公布于海关业务现场。

电子数据报关单经过海关计算机检查被退回，视为海关不接受申报，进出口货物收发货人或其代理人应当重新申报，申报日期为海关接受重新申报的日期。

先以纸质报关单申报，而后补交电子数据报关单的，或者只提供纸质报关单申报的，海关工作人员在报关单上做登记处理的日期，为海关接受申报的日期。

（4）申报期限（Time Limit of Declaration）

进口货物的申报期限——自装载货物的运输工具申报进境之日起14日内。申报期限的最后一天是法定节假日或休息日的，顺延至法定节假日或休息日后的第一个工作日。进口货物自装载货物的运输工具申报进境之日起超过3个月仍未向海关申报的，货物由海关提取并依法变卖。对属于不宜长期保存的货物，海关可以根据实际情况提前处理。

出口货物的申报期限——货物运抵海关监管区后、装货的24小时以前。

经电缆、管道或其他特殊方式进出境的货物，进出口货物收发货人或其代理人应当按照海关的规定定期申报。

（5）滞报金（Fee for Delayed Declaration）

进口货物收货人未按规定期限向海关申报产生滞报的，由海关按规定征收滞报金。进口货物滞报金应当按日计征。计征滞报金起始日为运输工具申报进境之日起第 15 日,截止日为海关接受申报之日(申报日期)。起始日和截止日均计入滞报期间(滞报天数从运输工具申报日的第二天开始计算,即运输工具申报日不计入)。

滞报金的日征收金额为进口货物完税价格的千分之零点五,以人民币"元"为计征单位,不足人民币一元的部分免予计征。征收滞报金的计算公式为:

进口货物完税价格 × 0.5‰ × 滞报期间(滞报天数)

滞报金的起征点为人民币 50 元。滞报金起征日如遇有休息日或者法定节假日的,顺延至休息日或者法定节假日之后的第一个工作日。

(6)申报程序(Declaration Procedures)

①准备单证(Prepare Declaration Documents)

准备申报的单证是报关员开始进行申报工作的第一步,是整个报关工作能否顺利进行的关键一步。申报单证可以分为主要单证和随附单证两大类,其中随附单证包括基本单证和特殊单证,如表 6.5 所示。任何货物的申报,都必须有报关单(证)和基本单证。

表 6.5 报关单(证)表

申报单证	主要单证	报关单——报关员按照海关规定格式填制的申报单证,是进出口货物报关单或者带有进出口货物报关单性质的单或证。
	随附单证	基本单证——进出口货物的货运单据和商业单据(进口提货单据、出口装货单据、商业发票、装箱单等)。
		特殊单证(进出口许可证、加工贸易手册、特定减免税证明、出口收汇核销单、原产地证明书、贸易合同等)。

准备申报单证的原则:

A.基本单证、特殊单证必须齐全、有效、合法;

B.填制报关单(证)必须真实、准确、完整;

C.报关单(证)与随附单证数据必须一致。

②申报前看货取样(Examine the Goods and Sample before Declaration)

《海关法》规定,进口货物的收货人经海关同意,可以在申报前查看货物或者提取货样,需要依法检验的货物,应当在检验合格后提取货样。

申报前看货取样的条件:如果货物进境已有走私违法嫌疑并被海关发现,

海关将不同意。同时,只有在通过外观无法确定货物的归类等情况下,海关才会同意收货人提取货样。收货人放弃行使看货取样的权利所产生的法律后果(如申报不符),由收货人自己承担。

③申报方式(Ways of Declaration)

办理进出口货物的海关申报手续,应当采用纸质报关单(Paper Declaration Form)和电子数据报关单(Electronic Declaration Form)进行申报。纸质报关单和电子数据报关单具有相同的法律效力。随着我国电子通关工程的不断完善,电子数据报关已成为主要的申报方式。

进出口货物收发货人或其代理人将报关单内容录入海关电子计算机系统,生成电子数据报关单。进出口货物收发货人或其代理人在委托录入或自行录入报关单数据的计算机上接收到海关发送的接受申报信息,即表示电子申报成功;接收到海关发送的不接受申报信息后,则应当根据信息提示修改报关单内容后重新申报。

海关审结电子数据报关单后,进出口货物收发货人或其代理人应当自接到海关"现场交单"或"放行交单"通知之日起10日内,持打印的纸质报关单,备齐规定的随附单证并签名盖章,到货物所在地海关提交书面单证,办理相关海关手续。①

2.配合查验(Cooperation with the Customs Examination)

(1)海关查验(Customs Examination)

①海关查验的含义(Definition of Customs Examination)

进出口货物在通过申报环节后,即进入查验环节。海关查验是指海关在接受报关单位的申报后,为确定进出境货物收发货人向海关申报的内容是否与进出口货物的真实情况相符,或者为确定商品的归类、价格、原产地等,依法对进出口货物进行实际核查的执法行为。

②海关查验地点(Place of Customs Examination)

查验应该在海关监管区内实施。因货物易受温度、静电、粉尘等自然因素的影响,不宜在海关监管区内实施查验,或者因其他特殊原因,需要在海关监管区外查验的,经进出口货物收发货人或者其他代理人书面申请,海关可以派员到海关监管区外实施查验。

---

① 李秀华.国际物流报关与报检[M].北京:清华大学出版社,2013:34.

③海关查验时间(Time of Customs Examination)

当海关决定查验时,即将查验的决定以书面形式通知进出口货物收发货人或其代理人,约定查验的时间。查验时间一般约定在海关正常工作时间内。

在一些进出口业务繁忙的口岸,海关也可以接受进出口货物收发货人或其代理人的请求,在海关正常工作时间以外安排实施查验。对于危险品或者鲜活、易腐、易烂、易失效、易变质等不宜长期保存的货物,以及因其他特殊情况需要"紧急验放"的货物,经进出口货物收发货人或其代理人申请,海关可以优先实施查验。

④海关查验方法(Ways of Customs Examination)

海关实施查验时可以彻底查验,也可以抽查。彻底查验是指对一票货物逐件开拆包装、验核货物实际状况;抽查是指按照一定比例有选择地对一票货物中的部分货物验核实际状况。查验操作可以分为人工查验和设备查验。

人工查验包括外形查验和开箱查验。外形查验是指对外部特征直观、易于判断其基本属性的货物的包装、运输标志和外观等状况进行验核;开箱查验是指将货物从集装箱、货柜车箱等箱体中取出并拆除外包装后对货物实际状况进行验核。

设备查验是指以技术检查设备为主对货物实际状况进行验核。

海关可以根据货物情况以及实际执法需要确定具体的查验方式。

(2)配合查验(Cooperation with the Customs Examination)

海关查验货物时,进出口货物收发货人或其代理人应当到场,配合海关查验。进出口货物收发货人或其代理人配合海关查验时应当做好以下工作:

①负责按照海关要求搬移货物、开拆包装以及重新封装货物。

②预先了解和熟悉所申报货物的情况,如实回答查验人员的询问以及提供必要的资料。

③协助海关提取需要做进一步检验、化验或鉴定的货样,收取海关出具的取样清单。

④查验结束后,认真阅读查验人员填写的"海关进出境货物查验记录单"。

3.缴纳税费(Payment of the Duties)

缴纳税费的具体操作步骤如下:

(1)进出口货物收发货人或其代理人将报关单及随附单证提交给货物进出境地指定海关,海关对报关单进行审核,对需要查验的货物先由海关查验,然后核对计算机计算的税费,开具税款缴款书和收费票据。

（2）进出口货物收发货人或其代理人在规定时间内，持缴款书或收费票据向指定银行办理税费交付手续；在试行中国电子口岸网上缴款和付费的海关，进出口货物收发货人或其代理人可以通过电子口岸接收海关发出的税款缴款书和收费票据，在网上向指定银行进行电子支付税费。

（3）一旦收到银行缴款成功的信息，即可报请海关办理货物放行手续。

4.提取或装运货物（Taking or Shipment of the Goods）

（1）海关进出境现场放行和货物结关（The Customs Release the Goods on the Scene and Customs Clearance of the Goods）

①海关进出境现场放行（The Customs Release the Goods on the Scene）

海关进出境现场放行：海关接受进出口货物的申报，审核电子数据报关单和纸质报关单及随附单证、查验货物、征免税费或接受担保以后，对进出口货物做出结束海关进出境现场监管决定，允许进出口货物离开海关监管现场的工作环节。

海关进出境现场放行一般由海关在进口货物提货凭证或者出口货物装货凭证上加盖海关放行章。进出口货物收发货人或其代理人签收进口提货凭证或者出口装货凭证，凭证提取进口货物或将出口货物装到运输工具上离境。

在实行"无纸通关"申报方式的海关，海关做出现场放行决定时，通过计算机将海关决定放行的信息发送给进出口货物收发货人或其代理人和海关监管货物保管人。进出口货物收发货人或其代理人从计算机自行打印海关通知放行的凭证，用以提取进口货物或将出口货物装到运输工具上离境。

海关不予放行的情况如下：

A.违反海关法和其他进出境管理的法律、法规进出境的；

B.单证不齐或未办纳税手续，且又未提供担保的；

C.包装不良的；

D.有其他未了事情尚待处理的；

E.根据海关总署指示，不准放行的。①

②货物结关（Customs Clearance of the Goods）

货物结关："进出境货物办结海关手续"的简称。进出境货物由收发货人或其代理人向海关办理完所有的海关手续，履行了法律规定的与进出口有关的一

---

① 李秀华.国际物流报关与报检[M].北京：清华大学出版社，2013：39.

切义务,就办结了海关手续,海关不再进行监管。

(2)提取或装运货物(Taking or Shipment of the Goods)

提取货物:进口货物收发货人或其代理人签收海关加盖了海关放行章戳记的进口提货凭证,凭此凭证到货物进境地的港区、机场、车站、邮局等地的海关监管仓库办理提取进口货物的手续。

装运货物:出口货物收发货人或其代理人签收海关加盖了海关放行章戳记的出口装货凭证,凭此凭证到货物出境地的港区、机场、车站、邮局等地的海关监管仓库办理将货物装上运输工具离境的手续。

三、报关单概述(Customs Declaration Form)

(一)报关单的含义(Definition of Customs Declaration Form)

报关单是一种海关规定的对进出境货物进行进出口申报的固定格式表格,要求货物的收发货人或其代理人据此填报,以此对进出口货物的实际情况做出书面申明,并根据相关海关监管制度办理通关手续的法律文书。[①]

(二)报关单的分类(Classification of Customs Declaration Forms)

表6.6 报关单的分类表

报关单	按表现形式分	纸质报关单 电子数据报关单
	按进出口状态分	出口货物报关单(表6.8) 进口货物报关单(表6.9)
	按使用性质分	进料加工进出口货物报关单(粉红色) 来料加工及补偿贸易进出口货物报关单(浅绿色) 外商投资企业进出口货物报关单(浅蓝色) 一般贸易及其他贸易进出口货物报关单(白色) 需国内退税的出口贸易报关单(浅黄色)

---

① 唐超平.进出境货物报关实务[M].北京:对外经济贸易大学出版社,2011:231.

（三）进出口货物报关单各联的用途（The Usage of Every Page of Paper Declaration Form for Import and Export Goods）

表6.7 进出口货物报关单各联用途表

纸质进口货物报关单（共5联）	纸质出口货物报关单（共6联）
海关作业联	海关作业联
海关留存联	海关留存联
企业留存联	企业留存联
海关核销联	海关核销联
进口付汇证明联	出口收汇证明联
	出口退税证明联

1.海关作业联和海关留存联

进出口货物报关单海关作业联和留存联是报关员配合海关审核、海关查验、缴纳税费、提货和装货的重要单据。

2.进出口货物报关单企业留存联

进出口货物报关单企业留存联作为合法出境货物的依据，是在海关放行货物和结关之后，向海关申领进出口货物付汇、收汇证明联和出口货物退税证明联的文件。

3.进出口货物报关单海关核销联

海关核销联是指口岸海关对申报进出口货物所签发的证明文件，是海关办理加工贸易合同核销、结案手续的重要凭证之一。加工贸易收发货人在货物进出口后申领报关单核销证明联，凭此联向主管海关办理加工贸易登记核销手续。

4.进口付汇证明联、出口收汇证明联

进口付汇证明联、出口收汇证明联是海关对于实际申报进出口货物所签发的证明文件，是银行和国家外汇管理部门办理售汇、付汇、收汇及核销手续的重要凭证之一。对需要出口收汇核销的货物，发货人向海关申领收汇证明联。对需要进口付汇核销的货物，收货人申领付汇证明联。

5.出口货物报关单出口退税证明联

出口退税证明联是海关对已申报出口并装运出境的货物所签发的证明联，是国税部门办理出口货物退税手续的凭证之一。对可退税货物，出口发货人或其代理人在货物出运后，向海关申领出口退税证明联，海关核准后签发；不属于退税范围的货物，海关不予签发。

表 6.8　中华人民共和国海关出口货物报关单
（Export Cargo Declaration）

预录入编号：　　　　　　　　　海关编号：

出口口岸		备案号	出口日期	申报日期
经营单位		运输方式	运输工具名称	提运单号
发货单位		贸易方式	征免性质	结汇方式
许可证号	运抵国(地区)		指运港	境内货源地
批准文号	成交方式	运费	保费	杂费
合同协议号	件数	包装种类	毛重(公斤)	净重(公斤)
集装箱号	随附单据			生产厂家
标记号码及备注				
项号　商品编号　商品名称、规格型号　数量及单位　最终目的地(地区)　单价　总价　币制　征免				
税费征收情况				
录入员　　　录入单位		兹声明以上申报无讹并承担法律责任	海关审单批注及放行日期(签章)　审单　　　　　　审价	
报关员 单位地址 邮编　　电话		申报单位(签章) 填制日期	征税　　　　　统计	
			查验　　　　　放行	

表 6.9 中华人民共和国海关进口货物报关单

（**Import Cargo Declaration**）

预录入编号： 海关编号：

进口口岸	备案号		进口日期	申报日期
经营单位	运输方式		运输工具名称	提运单号
发货单位	贸易方式		征免性质	征税比例
许可证号	起运国（地区）		装货港	境内目的地
批准文号	成交方式	运费	保费	杂费
合同协议号	件数	包装种类	毛重（千克）	净重（千克）
集装箱号	随附单据			用途

标记号码及备注

项号 商品编号 商品名称、规格型号 数量及单位 最终目的地（地区） 单价 总价 币制 征免

税费征收情况

录入员 录入单位	兹声明以上申报无讹并承担法律责任	海关审单批注及放行日期（签章） 审单 审价
报关员 单位地址 邮编 电话	申报单位（签章） 填制日期	征税 统计
		查验 放行

253

问答题:

1.简述一般进出口货物的特征。

2.简述一般进出口货物的基本报关程序。

3.申报前如何看货取样?

4.简述一般进出口货物申报地点与期限的规定。

参考文献

[1] 李秀华.国际物流报关与报检[M].北京:清华大学出版社,2013.

[2] 唐超平.进出境货物报关实务[M].北京:对外经济贸易大学出版社,2011.

第四节　了解常见外贸聊天工作及跨境电商人才素质要求
（Common Chat Work for Foreign Trade
and Quality Requirements for Cross-border E-commerce Talents）

一、做外贸应该具备的心态（The Mentality that A Foreign Trade Employee Should Have）

做一个合格的外贸从业人员,应该具备以下心态:

（一）热情（Enthusiasm）

热情是具有感染力的一种情感,当你很热情地去和客户交流时,你的客户也会"投之以李,报之以桃"。或许,你的热情就促成一笔新的交易。

（二）真诚（Sincerity）

态度是决定一个人做事能否成功的基本要求。外贸从业人员必须抱着一颗真诚的心,诚恳地对待客户,对待同事,只有这样,别人才会尊重你,把你当作朋友。外贸人员是企业的形象,企业素质的体现,是连接企业与消费者的纽带,因此,外贸人员的态度直接影响着企业的产品销量。

（三）平常心（Common Heart）

外贸从业人员应锻炼自己有平常心,得之淡然,失之坦然。例如,你今天发了500封邮件,一个回复都没有,很沮丧,很丧气,没有动力明天继续发了,那你就要想,不回复很正常,你要继续发,发得越多,收到客户回复的概率就越高;再如,跟进了某个客户很久,结果因为价格或者付款方式停滞了,客户要求与老板要求的差距很大,你夹在中间很难受,最终丢了单子,非常懊恼,觉得快到手了又丢了。遇到这样的情况,要保持平常心,尽力而为,如果有些条件真的做不到,客户就是非常苛刻,单子丢了也就丢了,至少你知道了你自己的产品该怎么定位,或者调整,或者坚持,这就是进步。

（四）自信（Self-confidence）

外贸人员要能够看到公司和自己产品的优势,并把这些熟记于心。要和对手竞争,就要有自己的优势,就要用一种必胜的信念去面对客户和消费者。很大一部分购买者做决定购买某种产品是源于销售者对自己产品的自信。信任是会传染的。例如,有的客户迟迟不付款,拖了一个星期了,遇到这种情况,你不妨直接回复客户:价格有效期快结束了,请你把握时间。这透露出一种心态:洒脱和决绝。洒脱和决绝来源于自信。外贸人员首先要自己相信,我的产品是最好的,我的价格是最合适的,你跟我签单是最好的选择。如果你自己都不相信自己的产品,不相信自己的公司,你也不可能让客户相信你。

（五）等价交换,身份平等的心态（the Mentality of Exchange of Equal Values and Equal Identity）

很多人做外贸都会放低姿态,就如同求着客户购买自己的产品,否则这些产品就销售不出去了似的。记住,企业与客户之间是等价交换,你给我钱我给你货,没什么谁高谁低,你觉得合适才会买,我觉得合适才会卖,没合作之前,你再大对我也没意义;合作之后,你再大也得靠我服务。外贸是双向选择,客户选择企业,企业也在选择客户。①

二、常见贸易聊天工具介绍及使用方法（Introduction of Common Chat Tools for Trade and their Methods of Usage）

（一）Skype 的使用方法（Usage of Skype）

Skype 是一款即时通信软件,它具备 IM（Instant Messaging）所需的功能,例如视频聊天、多人语音会议、多人聊天、传送文件、文字聊天等功能。它可以与其他用户高清晰语音对话,也可以拨打国内国际电话,无论固定电话、手机、小灵通均可直接拨打,并且可以实现呼叫转移、短信发送等功能。

Skype 的主要功能有三个:即时通信（Instant Messaging）、全球电话（Global Telephone）和增值功能（Value-added Function）。

Skype 的具体使用方法如下:

---

① JAC.JAC 外贸工具书——JAC 和他的外贸故事[M].北京:中国海关出版社,2015:38-39.

第一步，下载并安装 Skype 软件至电脑上。

第二步，注册一个 Skype 账号，在如实填写完相关信息后，Skype 进入到登录界面。输入用户名和密码后即可开始使用 Skype。如果已有一个 Skype 账号，可直接登录。

第三步，登陆成功后，检查音频和视频，以确保用户可以进行音频和视频呼叫。

第四步，添加联系人。点击页面菜单的"联系人"，单击"新联系人"，然后再输入要添加联系人的 Skype 号，点击"查找"，找到后，点击"添加联系人"。

第五步，发送消息。添加完联系人后，我们可以点击任何一个联系人开始聊天，发送信息。

第六步，与联系人视频通话。选取任意一个联系人，然后点击"视频通话"，便可与对方进行视频通话。

第七步，拨打电话。国际卡的用户使用 Skype 时可以直接拨号即可，而国内卡的用户需要在所拨打的电话号码前加拨"＊"。用户可以直接用鼠标或者按键盘上的数字键拨号。

（二）WhatsApp 的使用方法（Usage of WhatsApp）

WhatsApp（WhatsApp Messenger）是一款目前可供 iPhone 手机、Android 手机、Windows Phone 手机、WhatsApp Messenger、Symbian 手机和 Blackberry 手机用户使用的，用于智能手机之间通信的应用程序。本应用程序借助推送通知服务，可以即刻接收亲友和同事发送的信息。可免费从发送手机短信转为使用 WhatsApp 程序，以发送和接收信息、图片、音频文件和视频信息。

WhatsApp 的主要功能有以下几个：

（1）免费短信（Free Message）

下载了 WhatsApp 的用户，可以和同样下载本程序的亲人和朋友尽情聊天，且无须支付短信费用。每位用户可以每日免费向好友发送一百万条信息。但要注意的是，使用 WhatsApp 时需要连接互联网，在无网络状态下无法使用。

（2）多媒体短信服务（Multimedia Messaging Service，MMS）

用户可以向好友发送视频、图片和语音文件。

（3）免添加好友（Dispense with Friends）

该应用程序可利用用户手机通讯录中的信息，自动实现用户和其联络人之间的连接。已经安装了 WhatsApp Messenger 的联络人将自动显示在"Favorites"名单下，这类似于一份好友名单。

（4）离线信息（Off-line Message）

即使用户关闭了手机，或错过了该应用的推送通知，WhatsApp 也会保存用户在离线状态时所接收的信息,用户在下次使用该应用程序时可以找回并查看这些信息。

（5）显示状态（Display Status）

用户可以使用 WhatsApp 的"状态"功能,选择繁忙、开会中、健身中或在线等状态,以告知用户的联系人其状态信息。

WhatsApp 的具体使用步骤如下（手机版）：

第一步,下载并安装 WhatsApp 软件至手机上。打开 App,这时会出现一个对话框"WhatsApp 想访问您的通讯录",选择"好",方便用户与其他使用 WhatsApp 的好友联系。

第二步,点击"同意并继续",接着输入用户所在国家的国际区号和电话号码。

第三步,输入号码后,需要填写手机验证码。系统会给刚刚所填写的电话号码发送验证码短信,输入验证码,即可完成注册。

第四步,完善个人资料。输入名字并添加个人头像,方便家人和朋友找到自己。

第五步,点击"完成"后,就进入到登录页面。可以在"设置"中更改想要更改的信息。

第六步,WhatsApp 可以自动匹配手机通讯录的联系人,用户的通讯录里如果有人也下载使用了 WhatsApp,系统就会自动把该联系人添加到"个人收藏"。

第七步,开始对话。点击"对话"之后,接着点击页面右上方的图标,可以开始新的对话。

三、与客户在线沟通（Online Communication with Customers）

（一）与客户在线交流应注意的问题（Problems to Which Attention Should Be Paid in Communicating with Customers Online）

跨境电商与客户的沟通交流工作基本通过网络进行。不同于见面交流能通过一些身体语言以及环境信息进行辅助,如何能让网络那头的客户感到舒服,把握好交流的尺度很重要。

1.不要随意去打扰线上的客户（Don't Disturb Customers Online）

商务活动中,如果大家有同时在线的习惯,这样大家的沟通就很方便。但是每个客户都有自己的贸易习惯,因为是国际贸易,其中还涉及时差所造成的贸易时间差别。因此,外贸业务员结识客户时,应先问客户一些基本问题,例如一天中他通常什么时间有空等;如果确实需要较长时间跟客户线上交流,应先给他发一个邮件,说明希望什么时候跟他在线上交流一下,甚至是谈话内容都预先告知,而不是随意地去打扰他们。

2.线上交流时间不要过长,切记商务交流不等于聊天(Avoid Chatting for a Long Time Online Because Business Communication Is Not Casual Chat in Daily Life)

商务交流,在某种意义上类似于一个会议,所以一般时间不要持续太长。比较得体的做法:最好在交流开始之前,业务员给自己列出一个提纲,其中包含在这次沟通中需要着力讨论的一些问题,尽量在比较短的时间内进行完整的交流,切忌聊天式的漫谈。

3.注意自己的文字态度(Pay Attention to Your Literal Attitudes)

这是很多外贸操作员通过聊天软件进行贸易交流时最常犯的错误,也是最容易真实体现企业形象的一个关键点。与当面交流相比,在线上交流,人下意识会变得比较随意和自由,这主要体现在用语和一些语气上。但外贸从业人员始终要牢记:毕竟是在进行商务交流,所以在线的语言态度、措辞等应该非常认真、严谨。

4.避免一些不必要的话题(Avoid Discussing Some Unnecessary Topics)

这主要是在国际贸易的背景下,交流双方因为国籍、文化背景、政治背景、信仰等不同呈现多元化,因此在商务沟通的过程,若无需要,应尽量避免探讨这样的话题,毕竟如果把握不好,很可能直接影响双方的贸易。①

(二)把握与客户沟通的时机(Master the Art of Timing to Communicate with Customers)

对于外贸从业工作人员来说,把握好与客户在线沟通的时机,可以大幅度地提高与客户沟通的效率。从业者应充分利用交易前、交易中、交易后的时机,保持和客户或者潜在客户的沟通。

首先,交易前。如果卖的是很受欢迎的商品,可能会收到不少询盘。如果商品描述不够详细的话,毫无疑问会收到客户的进一步咨询。建议外贸业务员回答所有的客户提问,提高销售的可能性。

其次,交易中。但凡有买家购买商品,都应给他们发去对应金额的发票。在收到货款后,打包商品并快递运输,最好在货物中添加一张感谢卡给客户好的体验。如果想给买家留下一个好印象,发送一封站内信,告诉客户货物已经开始运送,很多买家都喜欢这种方式,因为他们可以由此推算出到货时间。如果有包裹追踪号码,最好一并提供。

最后,交易后。建议在货物送出的数天或数周后和客户确认是否到货,并询问买家是否喜欢该货物。最好能在跟踪站内信中加入感谢的词句,感谢每一

① 朱秋成.网商如何用好即时通信工具[J].电子商务世界,2008(11):52.

个有过合作的买家,并表示出希望以后继续交易的愿望。当今社会,虽然很多客户的确希望能再次合作,但是已经很少有卖家愿意为此表示谢意了。写些感谢的词句虽然会占用业务员几分钟的时间,但它们有时会成为客户再次上门的理由。

随着竞争日益激烈,要想获得更多的利润,就必须做得比其他的卖家更好。做到这点最好的方法,就是能为客户想得更多。在交易前、交易时以及交易后,保持和客户的沟通,能赢得更多的好评,同时也会获得更多的回头客。外贸业务员应当牢记:客户才是利润的源泉。

（三）常见与在线客户沟通的技巧（Common Skills for Communicating with Customers online）

1.资料须充实完备（Well-prepared and Complete Materials）

具体的物品通常比口头描述更有说服力。如果你平时资料搜集得全面,便能有问必答,这在商务沟通上是非常有利的。

2.询问对方的意见（Ask for the Other Side's Opinions）

每个人都希望自己的意见受到重视。当你和他人进行沟通时,除了说出自己的想法以外,随时可加上一句"What is your opinion?"（你的意见是?）或"I'd like to hear your ideas about the problem."（我想听听你对这个问题的看法。）这不但让对方感觉受到重视,更能使你们因思想的交流而逐渐达成协议。

3.适时承认自己的过失（Confess Your Fault）

如果你明显地犯了错,并且对别人造成或大或小的伤害,一句充满歉意的"I'm sorry. It's my fault."（对不起,是我的错。）通常能够获得对方的原谅。就算他实在很恼怒,至少也能稍微缓和一下情绪。做无谓的辩解,只能火上浇油,扩大事端。

4.要有解决问题的诚意（Show Your Best Sincerity to Solve Problems）

当客户向你提出抱怨时,你应该做的事是设法安抚他。最好的办法就是对他提出的抱怨表示关切与解决的诚意。你的一句"Please tell me about it."（请告诉我这件事的情况。）或"I'm sorry for my error and assure you I will take great care in performing the work."（我为我的错误感到抱歉,并向您保证,我会尽全力处理此事。）令对方觉得你有责任感,也会恢复对你的信任。

5.适时提出补救方法（Timely Bring Forward Solving Methods）

当损失已经造成时,适时地提出补救方法,往往能使沟通免于陷入僵局,甚至得以圆满地达成协议。例如:你运送到客户手上的货物,的确不是订单上所标明的,而你又能立即向他保证"We'll send you a replacement right away."（我们会立即寄给您一批替换品。）那么,客户心中的忧虑必定立刻减半,而愿意考虑你的提议。

6.做适当的让步(Make Appropriate Concessions)

沟通双方的互相让步,最常见的例子就是讨价还价。买方希望卖方减价一百五十元,而卖方只想减价五十元,双方一阵讨价还价之后,最后减了一百元。不论你的对手如何咄咄逼人,你总得做一个最后让步:"The best compromise we can make is…"(我们所能做的最好的折中办法是……)或是"This is the lowest possible price."(这是可能的最低的价格了。)然后坚定不移,否则如果让步得太多,你可就要有所损失了。

7.说"不"的技巧(Learn to Say "No")

在商务沟通上,该拒绝时,就应该斩钉截铁地说"No"。拐弯抹角地用"That's difficult."(那很困难。)或"Yes, but…"(好是好,可是……)来搪塞,会令对方觉得你答应得不够干脆,而不是在委婉地拒绝。如果你说"No, but…"对方便清楚地知道你是拒绝了,但似乎还可以谈谈。这个时候,因为你已先用"No"牵制了对方,就站在沟通的有利位置上了。

8.不要仓促地做决定(Avoid Making Decisions in a Hurry)

在商场上讲求信用,一旦允诺人家的事情,要再反悔,会令人产生不良印象。因此,在下决定之前,务必要经过深思熟虑。如果你正在和客户商谈一件无法马上下决定的事,不妨请他给你一点时间"Please let me think it over."(请让我考虑一下。)或"Would it be all right to give you an answer tomorrow?"(明天再答复您行吗?),仓促地下决定往往招致严重的后果。

9.不要催促对方下决定(Don't Urge Your Customers to Make Decisions)

当你的沟通对象需要时间来考虑一下方案时,千万不要一直催促他"Have you decided?"(你决定了没有?)那样,你不但干扰了他的思考,也可能激怒他。结果原本可能达成的协议或许就此泡汤了。

10.向谈判对手略施压力(Put Gentle Pressure on the Other Side)

为了促使谈判对手尽快做决定,略施压力有时也是值得考虑的手段。例如,聪明的卖主都知道,订出"最后期限",能够刺激原本无心购买或犹豫不决的买主。一句"Unless you order in February, we won't be able to deliver in April."(除非您在二月就下订单,否则我们无法在四月交货。)或者"The Special price will be effective until May 30."(特价的有效期限到五月三十日。)都能使潜在的买主迅速地在心里盘算一番,尽快作出决定。①

---

① 张永捷,姜宏,李冰.跨境电子商务新手攻略[M].北京:对外经济贸易大学出版社,2015:63-66.

（四）制定常用沟通模板（Designing Common Templates of Communication）

在外贸交易中，卖家良好的沟通技巧可以给买家带来很好的购物体验，从而提升交易的成功率和重复购买率，商户如果能够总结自己与客户沟通的常见问题，制定常用沟通模板，将大大提高与客户沟通的效率。以下是买卖双方日常沟通常用模板示例：

例1 欢迎买家光顾店铺

Hello, my dear friend. Thank you for your visiting to my store, you can find the products you need from my store. If there are no items you need, you can also tell us so that we can help you find the source. Please feel free to buy anything! Thanks again.

例2 鼓励买家提高订单数量和金额

Thank you for your inquiry, here is the product's link you need. If you could buy more than 100 pieces, we can give you a wholesale price, $25/piece.

例3 完成交易表示感谢，并希望再次光临

Thank you for your purchase. I have prepared you some gifts, which will be sent to you along with the goods. Sincerely hope you will like it. I'll give you a discount if you would like to purchase other products in my store.

例4 采购季节推广新产品

Hi friends, Christmas is coming and Christmas gift has a large potential market. Many buyers bought them for resale in their own stores. It is a high profit margin product. Please click our Christmas gift link to check them. If you could buy more than 10 pieces, we can offer you a wholesale price. Best Regards.

例5 货物断货推荐其他款式

货物偶尔的断货只要认真地解释一下，买家能够理解，最好的办法是告诉买家自己会尽量帮他找到他所需的产品，同时向他介绍类似的款式供其选择。

Hi, my dear friend, we are really sorry that the shoes you order are out of stock at the moment. I will contact the factory immediately to see when they are going to be available again. I would like to recommend you some other pretty shoes of the same style. Hope you like them as well. You can click on the following link to check them out. If there's anything I can help, please feel free to contact us. Best Regards.[1]

---

[1]　张永捷,姜宏,李冰.跨境电子商务新手攻略[M].北京:对外经济贸易大学出版社,2015:66-67.

四、跨境电商公司岗位与人才素质要求(Cross-border E-commerce Company Positions and Talents Quality Requirements)

(一)跨境电商公司主要岗位介绍(Introduction of Main Positions in a Cross-border E-commerce Company)

目前,跨境电商工作主要是外贸企业从事电子商务运营和物流服务相关的工作,主要工作岗位和具体工作内容有:

1.初级岗位(Primary Position)

初级岗位的特点是掌握跨境电商技能,懂得"如何做"跨境电商。目前岗位需要:

(1)客户服务:能采用邮件、电话等沟通渠道,熟练运用英语及法语、德语等小语种和客户进行交流,售后服务还需了解不同国家的法律,能够处理知识产权纠纷。

(2)视觉设计:既精通设计美学又精通视觉营销,能拍出合适的产品图片和设计美观的页面。

(3)网络推广:熟练运用信息技术编辑、上传、发布产品,利用搜索引擎优化、社区营销、数据分析方法进行产品推广。

2.中级岗位(Intermediate Position)

中级岗位的特点是熟悉现代商务活动,掌握跨境电商运营和管理知识,懂得跨境电商"能做什么"。目前岗位主要需要:

(1)市场运营管理:既精通互联网,又精通营销推广,了解当地消费者的思维方式和生活方式,能够运用网络营销手段进行产品推广,包括活动策划、商品编辑、商业大数据分析、用户体验分析等。

(2)采购与供应链管理:所有电商平台的成功都是供应链管理的成功,跨境电商从产品方案制订、采购、生产、运输、库存、出口、物流配送等一系列环节都需要专业的供应链管理人才。

(3)国际结算管理:灵活掌握和应用国际结算中的各项规则,有效控制企业的国际结算风险,切实提升贸易、出口、商品及金融等领域综合管理能力和应用法律法规水准。

3.高级岗位(Senior Position)

高级岗位的特点是熟悉跨境电商前沿理论,能够从战略上洞察和把握跨境电商的特点和发展规律。具有前瞻性思维,引领跨境电商产业发展,需要熟悉跨境电商业务的高级职业经理人,以及促进跨境电商产业发展的领军人物。

目前众多跨境电商企业多处于初创阶段,客服人员、视觉设计人员、网络推广人员等是最迫切需要的初级人才。随着企业向纵深发展,竞争不断加剧,负责跨境业务运营的商务型中级人才需求也会越来越迫切。而有 3—5 年大型跨境电商企业管理经验,能引领企业国际化发展的战略管理型高级综合人才更是难求。①

（二）跨境电商人才素质要求（Quality Requirement for Cross-border E-commerce Talents）

随着跨境电子商务平台的迅速发展以及中小型外贸企业转型升级的迫切要求,跨境电商领域急需复合型的跨境电商外贸人才。跨境电商涉及国际贸易和电子商务两大现代服务业领域,其人才表现出较强的专业性和复合性特征,既要掌握一定的外语、跨文化和国际商务知识,又要熟悉电子商务基本知识,具备跨境电商平台管理和营销能力。

1.熟练掌握英语及小语种的交流能力

Amazon、eBay 等主要跨境电商平台以欧美发达国家为主要市场,国内跨境电商从业者需要和境外客户在线交流,对英语要求较高。美国等传统出口市场依然是跨境电商的热点,另外一些新兴市场如俄罗斯、巴西、阿根廷、西班牙、乌克兰、以色列等也迅速崛起。新兴市场的发展使得跨境电商领域对俄语、西班牙语、意大利语、德语、阿拉伯语等小语种人才的需求也急剧增加,这就需要从业者不但能熟练掌握英语,最好还能掌握除英语外的一些常用小语种。

2.了解海外客户网络购物的消费理念和文化

跨境电商面对的是境外消费者,由于文化和生活习惯不同,其消费理念和国内消费者也有很大差别,这就需要跨境电商从业人员对国外采购者的采购习惯和中国供应商的出口业务现状有一定认识,了解不同行业采购的特点,熟悉某个行业的商品属性、成本、价格和对贸易的影响,对某些商品的生产、分销、消费者购买习惯等有较深入的理解。

3.熟悉行业背景

跨境电商从业者应努力研讨、熟记产品资料、说明书、广告等,注意收集竞争对手的广告、宣传资料、说明书等加以研究、分析,真正做到知己知彼,采取相应对策。平时应多读有关经济、销售方面的书籍、杂志或报纸,了解国家、社会消息、新闻大事,这往往是拜访客户或与客户交流最好的话题,且不至于孤陋寡闻、见识浅薄。

4.了解相关的国家知识产权和法律知识

由于我国外贸企业长期处于低附加值和无品牌贸易阶段,侵犯知识产权的情况时有发生,据专业机构统计,大部分的跨境电商企业遇到过知识产权纠纷问题,涉及商标、图片、专利等多种载体。信息发布中还存在商品信息不实,语

---

① 柯丽敏,洪方仁.跨境电商理论与实务[M].北京:中国海关出版社,2016:187-188.

言翻译不实等问题。跨境电商从业人员需要了解各类电子商务相关法律,如《中华人民共和国商标法》《中华人民共和国著作权法》《中华人民共和国专利法》《互联网信息服务管理办法》《网络信息传播权保护条例》等。

5.熟悉电子商务技术,尤其是熟悉各大跨境电商平台不同的运营规则

跨境电商由于平台众多,如 B2B 有阿里巴巴、敦煌等,B2C 有速卖通、兰亭集势、eBay 等,从业人员必须熟悉各种跨境电商网站的运营规则,具有针对不同需求的业务模式进行多平台运营的技能。对主要电商网站的引流、转化等有一定的认识。具备文案撰写、图片处理、广告推广、网络营销、交易纠纷处理、关键词与搜索引擎优化等技能,能利用网站后台进行订单跟进和客户维护。掌握相关业务的记录和分析技能,以及基本的用户调研和网站数据分析能力。

6.具备较强的政策和规则敏感性

由于电子商务的发展,全球贸易规则正在发生巨大的变化,需要跨境电商从业者及时了解国际贸易体系、政策、规则、关税细则等方面的变化,对进出口形势也要有更深入的了解和分析能力。

问答题:
1.做一个合格的外贸从业人员,应该具备怎样的心态?
2.外贸从业人员与客户在线交流时应注意什么问题?
3.外贸从业人员如何把握与客户沟通的时机?
4.跨境电商的从业人员要求具备哪些素质?

参考文献

[1]JAC.JAC 外贸工具书——JAC 和他的外贸故事[M].北京:中国海关出版社,2015.

[2]柯丽敏,洪方仁.跨境电商理论与实务[M].北京:中国海关出版社,2016.

[3]张永捷,姜宏,李冰.跨境电子商务新手攻略[M].北京:对外经济贸易大学出版社,2015.

[4]朱秋成.网商如何用好即时通信工具[J].电子商务世界,2008(11).